能源效率驱动下京津冀协同发展研究

杨秀瑞 著

Research on the Coordinated Development of
Beijing-Tianjin-Hebei Region Driven by Energy Efficiency

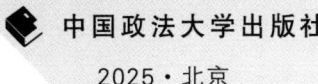

中国政法大学出版社

2025·北京

图书在版编目（CIP）数据

能源效率驱动下京津冀协同发展研究 / 杨秀瑞著. -- 北京 ： 中国政法大学出版社，2025. 6. -- ISBN 978-7-5764-2190-3

Ⅰ. F127.2

中国国家版本馆 CIP 数据核字第 2025X95Y31 号

出 版 者	中国政法大学出版社
地　　址	北京市海淀区西土城路 25 号
邮寄地址	北京 100088 信箱 8034 分箱　邮编 100088
网　　址	http://www.cuplpress.com (网络实名：中国政法大学出版社)
电　　话	010-58908586(编辑部) 58908334(邮购部)
编辑邮箱	zhengfadch@126.com
承　　印	固安华明印业有限公司
开　　本	880mm×1230mm　1/32
印　　张	8.625
字　　数	240 千字
版　　次	2025 年 6 月第 1 版
印　　次	2025 年 6 月第 1 次印刷
定　　价	56.00 元

前　言

实现京津冀协同发展是我国至关重要的战略选择，更是全面深化京津冀体制改革的首要内容。目前，京津冀地区市场相对割裂，资源要素因受到能源发展行政壁垒的阻碍而无法自由流动，资源枯竭及生态环境破坏问题日趋严峻。作为经济社会发展的"血液"与"基石"，能源对区域协同发展举足轻重，是影响京津冀协同发展的核心要素与物质基础。就当前经济发展趋势而言，京津冀地区即将迈进后工业化发展阶段，能源需求逐步上升且保持稳定。然而，京津冀地区却以高达10%的能源消费，仅仅只创造了8.42%的国内生产总值（GDP），万元GDP能耗高至0.7062吨标准煤，能效水平与长三角、珠三角两地相去甚远，严峻的现实迫切需要京津冀实现能源效率提升的根本性变革。而在此过程中，参与京津冀协同发展的多元主体因利益诉求差异而产生迥异的协同策略，其利益博弈过程与协调结果将深刻影响京津冀协同发展的深度与广度。随着京津冀经济、社会的稳步增长，如何在能源效率驱动下有效协调多元主体利益，实现区域协同发展问题已成为当前党和国家、京津冀各级政府以及学术界普遍关注的焦点。

本书基于京津冀地区2011年至2021年省级面板数据，构建数据包络分析（DEA）模型和复合系统协同度模型测度京津冀能源效率及协同发展水平；运用灰类和对应白化权函数，诊断能源效率驱动下京津冀协同发展多元利益主体的认知水平及存在的群体差异，探析认知度与能源效率及京津冀协同发展的辩证关系；结合博弈模型，纳入多元主体认知水平效应及能源效率要素构建多元主体博弈的复制动态方程，分析能源效率驱动下京津冀协同发展多元主体的利益博弈与均衡，并以系统论为指导，基于Fuzzy-Dematel模型对能源效率驱动下京津冀能源协同发展的关键障碍因子进行识别，进一步揭示关键障碍因子障碍度的区域差异；进而提出能源效率驱动下京津冀协同发展的对策建议。

本书的创新性主要集中于以下几方面：①置京津冀能源效率于绿色全要素视角下进行测度。在非期望产出指标中纳入雾霾（CO、$PM_{2.5}$等）等绿色要素指标测度京津冀能源效率，在一定程度上丰富和深化了能源效率测度的方法体系。②制定能源效率驱动下的京津冀协同发展认知度测度指标体系及测度方法。融合能源效率要素构建京津冀协同发展认知度测度指标体系，特色化地将AHP模型与多层次灰色评价模型应用于能源效率驱动下京津冀协同发展认知度评价测度中。③完善能源效率驱动下京津冀协同发展多元利益主体博弈过程研究，揭示多元利益主体博弈策略选择。基于系统理论与演化博弈理论，纳入多元主体认知与能源效率驱动要素构建多元主体博弈的复制动态方程，探讨能源效率驱动下京津冀协同发展多元区域主体及多元社会主体的利益博弈与均衡。④设计能源效率驱动下京津冀协同发展关键障碍因子的识别方法。基于制度、市场、组织、观念构建能源效率驱动下的京津冀协同发展障碍因子体系，融合Fuzzy-Dematel模型与阻碍度模型识别关键障碍因子并揭示关键因子障碍度的多元区域主体差异及多元社会主体差异。

本书的核心观点和结论主要有：

第一，2011年至2021年，京津冀地区绿色全要素能源效率相对较低，其中，河北整体绿色全要素能源效率测度值明显低于体同向发力，合作共赢。对所有主体而言，要提升认知，激发协同意愿。对多元区域主体而言：利益共享，责任共担。其中北京：发挥模范带头作用，促进资源合理转移；天津：疏解非首都功能，建设清洁能源供给集散枢纽；河北：承接京津产业转移，建设绿色低碳能源服务基地。对多元社会主体而言：多维联动，同向发力。其中政府：规划调控与立法监督；企业：积极响应，持续提高能源效率；公众：热情参与，加强舆论监督。

在本书的出版过程中，太原理工大学经济与管理学院栗继祖教授、文法与外语学院张振宇副教授给予了本人很大的帮助与支持，向他们表示最诚挚的感谢！同时感谢中国政法大学出版社丁春晖编辑的辛勤付出！

尽管做了很多努力，但由于笔者学识和能力有限，书中不足之处，敬请各位读者不吝指正！

杨秀瑞

2024 年 12 月

京、津两地，而京津冀总体协同度处于一般协同水平，但协同度一直呈现上升趋势，京津冀地区绿色全要素能源效率与总体协同度具有因果关联性。

第二，多元利益主体对能源效率驱动下京津冀协同发展的认知水平有待提升。因信息识别能力与偏好差异，不同背景特征的多元区域利益主体、多元社会利益主体对能源效率驱动下京津冀协同发展的认知水平存在明显的群体差异特征。

第三，若无中央政府调控约束，多元区域利益主体"京、津、冀"三方的能源协同收益不稳定，而在有中央政府调控约束的情况下，京津冀三方受能源合作收益、合作成本以及中央政府宏观调控等多重影响，更易达成协同发展联盟，增加京津冀协同发展系统朝"三方都协同"方向演进概率。

第四，在能源效率驱动京津冀协同发展系统中，多元社会利益主体"政府、企业、公众"总是基于利己倾向进行协同决策，政府主体通过能源规划调控与立法监督，引导企业主体与公众主体参与京津冀协同发展，形成以政府为主导，企业为主体，公众积极参与的能源协同机制。在此过程中，企业主体（规范生产）和公众主体（合作监督）的策略选择取决于政府主体（调控监督）的策略行动。

第五，能源体系顶层设计缺乏、能源合作利益共享机制缺失、能源区域封锁、能源发展行政壁垒和能源协同认知局限是能源效率驱动京津冀协同发展的关键障碍因子，上述关键障碍因子的障碍度存在显著的多元区域主体差异，河北与京、津相比，协同发展的各项关键障碍因子的障碍度更高一些。同时也存在显著的多元社会主体差异，企业对障碍因子的感知最为强烈，政府、公众紧随其后。

第六，实现能源效率驱动京津冀协同发展，需要全部利益主

目 录

绪 论 ……………………………………………… 001

一、研究背景 ……………………………………… 001

二、研究意义 ……………………………………… 003

三、研究现状综述 ………………………………… 006

四、研究内容与研究方法 ………………………… 027

五、本书创新点 …………………………………… 034

第一章 能源效率驱动下京津冀协同发展相关理论基础 … 036

第一节 能源效率概述 …………………………… 036

第二节 协同理论 ………………………………… 047

第三节 利益相关者理论 ………………………… 053

第四节 博弈论 …………………………………… 057

本章小结 …………………………………………… 063

第二章 能源效率驱动、京津冀协同发展与多元主体协同的
辩证关系 ………………………………………… 064

第一节 能源效率驱动京津冀协同发展的内在逻辑 … 064

第二节 能源效率驱动京津冀协同发展的价值逻辑 ……… 067

第三节 能源效率驱动、京津冀协同发展与多元主体协同 … 070

本章小结 …………………………………………… 078

第三章　京津冀能源效率及协同发展水平测度 ·············· 079

第一节　京津冀能源生产消费现状及特征 ············· 079

第二节　京津冀能源效率测度——基于绿色全要素视角 ····· 087

第三节　京津冀协同发展水平测度——基于复合系统

协同度模型 ······························· 098

第四节　京津冀能源效率与协同发展的关联性 ············· 108

第五节　京津冀能源效率提升与协同发展面临的主要问题 ··· 112

本章小结 ······································ 114

第四章　能源效率驱动下多元利益主体认知诊断及其

群体差异分析 ····························· 116

第一节　认知与能源效率驱动及京津冀协同发展的

辩证关系 ······························· 117

第二节　京津冀协同发展的多元利益主体构成 ············· 118

第三节　京津冀协同发展的多元利益主体认知诊断 ··········· 122

第四节　多元区域利益主体的认知度差异 ············· 140

第五节　多元社会利益主体的认知度差异及其方差分析 ····· 142

本章小结 ······································ 147

第五章　能源效率驱动下京津冀协同发展的多元主体

利益博弈与均衡 ····························· 149

第一节　能源效率驱动下京津冀多元主体系统协同的

动力机制分析 ······························· 149

第二节　能源效率驱动下京津冀协同发展的多元区域

主体利益博弈与均衡 ····················· 155

第三节　能源效率驱动下京津冀协同发展的多元社会

主体利益博弈与均衡 ····················· 177

　　本章小结 ·· 188

第六章　能源效率驱动下京津冀协同发展关键障碍

　　　　因子识别研究 ································· 191

　　第一节　能源效率驱动下京津冀协同发展障碍

　　　　　　因子体系构建 ························· 191

　　第二节　京津冀协同发展关键障碍因子识别 ·········· 195

　　第三节　关键障碍因子的障碍度及其主体差异 ········· 206

　　本章小结 ·· 210

第七章　能源效率驱动下京津冀协同发展策略研究 ········ 212

　　第一节　提升多元主体认知，激发主体协同意愿 ······· 212

　　第二节　多元区域主体协同：利益共享，责任共担 ········ 214

　　第三节　多元社会主体协同：多维联动，同向发力 ········ 226

　　本章小结 ·· 234

第八章　研究结论与展望 ······························· 236

　　第一节　研究结论 ·································· 236

　　第二节　研究局限与未来研究展望 ··················· 238

参考文献 ·· 241

附　录 ·· 257

　　调查问卷一：京津冀协同发展认知度调查问卷 ·········· 257

　　调查问卷二：能源效率驱动下京津冀协同发展障碍因子

　　　　　　　相互影响程度调查问卷 ················· 265

绪　论

一、研究背景

2015 年 4 月 30 日，中共中央政治局在首都北京召开扩大会议，广泛听取社会各界宝贵意见，审议通过了于 2014 年编制完成的《京津冀协同发展规划纲要》，标志着京津冀协同发展正式上升为国家战略，寄望在协同发展驱动下，京津冀地区成为引领我国北方经济崛起与区域高质量发展的重要引擎[1]。并在 2020 年新华社受权发布的《中华人民共和国国民经济和社会发展第十四个五年规划和 2035 年远景目标纲要》进一步建议，将京津冀地区打造成以首都北京为核心的世界级城市群，不断拓展区域参与国际竞争新优势，加快推进我国区域重大战略向纵深发展。

作为与南方核心经济带长三角、珠三角并驾齐驱的唯一北方超级城市群，位于东北亚环渤海心脏地带的京津冀地区具有政治、科技、教育、文化等诸多优势，是我国北方经济规模最大、综合竞争力最强、文化最开放、经济最活跃的地区以及至关重要的增长极和城市群，更是我国经济保持快速增长的重要支撑。2021 年，京津冀地区共实现生产总值 96 355.9 亿元，占国内生产总值 1 143 670 亿元的 8.43%。其中，河北生产总值 40 391.3 亿

---

〔1〕 江曼琦：《京津冀协同发展战略下的京津雄功能重构与产业协同发展》，载《上海交通大学学报（哲学社会科学版）》2022 年第 2 期。

元居于第一位，占国内生产总值的 3.53%，北京和天津紧随其后，生产总值分别为 40 269.6 亿元、15 695.1 亿元，占国内生产总值的 3.52% 和 1.37%，而北京、天津、河北的生产总值分别占京津冀地区的 41.79%、16.29%、41.92%。在协同发展战略实施下，京津冀区域经济发展规模不断跃升，产业结构转型升级提速，科技创新能级全面提升，北京疏解、津冀承接的协同创新格局已初步形成。然而，近十年来，京津冀协同发展水平始终滞后于长三角和珠三角经济圈，尤其是城市群内部发展极不均衡，北京高歌猛进，而天津和河北则日渐"消瘦"，差距悬殊，区域间的利益藩篱和政策壁垒依然存在，导致京津冀深度协同停滞不前，发展鸿沟亟须破除[1]。人们不禁要问：京津冀协同发展力不从心的原因何在？协同发展向纵深推进之路在何方？

能源是区域经济社会发展的物质基础与动力来源，而京津冀经济的高速增长带来能源需求总量的持续攀升。作为我国重要的能源消费中心，京津冀的能源消费总量长期约占全国的 10%[2]。然而，京津冀地区长期高耗能工业粗放型发展方式、能源消费结构性不平衡矛盾突出、能源消费比重高、能源利用效率低——仅为世界先进水平一半左右，导致津冀地区大气、水资源、土壤等污染问题频繁出现，生态环境失衡，经济发展质量与效益低下，严重制约京津冀协同发展的广度和深度[3]。提升能源效率，实现能源生产和利用方式的根本性变革已成为驱动京津冀协同发展至关重要的必然选择。

---

〔1〕 郑志丹：《京津冀协同发展背景下金融聚集的溢出效应——基于长三角、珠三角空间面板的对比分析》，载《经济管理》2016 年第 3 期。

〔2〕 王彩明、李健：《一次能源消费结构调整对京津冀碳强度目标的贡献力分析》，载《科技管理研究》2017 年第 7 期。

〔3〕 申伟宁等：《京津冀生态环境治理的制约因素与协同机制研究》，载《华北理工大学学报（社会科学版）》2020 年第 3 期。

　　以能源效率驱动京津冀协同发展无疑是一项系统性工程与历史性变革，涉及利益主体多元，交织成复杂的利益网络关系，区域内各主体的行为逻辑及其产生原因受制于利益博弈过程，因此，驱动京津冀协同发展成功与否的关键在于多元主体间利益关系的平衡与协调。如同分权式的协同结构往往导致政府间的激烈竞争，部分政府可能一心追求短期利益而忽视长期有助于经济发展的区域协同。而且，区域内不同主体存在能源资源禀赋、经济发展、治理能力、开放程度、技术水平的差异，可能导致并非全部主体均能在协同之后获得预期收益，而部分主体选择放弃协同行为，不利于京津冀协同发展。鉴于此，从多元利益博弈视角出发，探索能源效率驱动下京津冀协同发展策略，对推动京津冀协同发展迈向更高水平、促进我国能源效率提升以及经济社会的可持续发展具有重要的理论价值和现实意义。

二、研究意义

　　能源是京津冀协同发展的重要支撑力量，对区域协同发展起着举足轻重的作用，是京津冀协同发展的重要前提以及经济社会发展的"血液"。从当前的经济发展阶段来看，京津冀地区即将迈进后工业化发展阶段，能源需求逐步上升且趋于稳定。但相较于北京和天津，河北煤炭消费比重高，导致京津冀地区及周边地区大气污染问题突出。且京津冀地区以10%的能源消费，仅创造了8.42%的GDP，万元GDP能耗为0.7062吨标准煤，高于同一时期长三角与珠三角地区的万元GDP能耗（分别为0.4960吨标准煤和0.4559吨标准煤），能效水平与长三角、珠三角两地相去甚远[1]。能源与经济、环境的协调发展已成为影响京津冀经济

---

　　〔1〕　孟璐莎等：《西部大开发二十年贵州省能源效率评价及影响路径研究》，载《煤炭经济研究》2022年第5期。

和社会可持续发展的基础性要素。

由于长期以来多元主体利益失衡，京津冀地区能源利用效率低下，能源安全以及环境污染问题日趋严重，高耗能、高污染、高排放的经济增长模式已不再适应新时期京津冀一体化发展的新国情[1]。在能源效率驱动下，京津冀协同发展问题已成为党和国家、京津冀各级政府以及学术界普遍关注的重要问题。基于多元利益博弈视角，能源效率驱动下京津冀协同发展研究对推动京津冀地区经济高质量发展、化解新时代社会的深层次矛盾、提出解决环境问题的治本之策以及丰富我国绿色低碳循环发展理论具有重要的理论价值与实践意义。

（一）理论意义

第一，丰富和拓展了能源效率与区域协同发展的研究内容。众多学者虽然基于不同角度与方法融合能源效率理论与区域协同发展理论探索京津冀能源协同发展路径，但对能源效率如何驱动京津冀协同发展并未阐明，且以定性分析为主，缺乏数理基础的定量化研究。本书以系统动力学为研究工具，揭示能源效率驱动下京津冀多元主体系统协同的动力来源以及可控性，并基于演化博弈理论，分析政府、企业与公众等多元利益主体在能源效率驱动京津冀协同发展过程中的利益博弈与均衡，为区域协同发展研究提供了新的理论依据。此外，在能源效率的测度上，在投入指标（变量）以及期望产出、非期望产出指标中纳入绿色要素指标进行计算，丰富和完善了能源效率测度的方法和内容。

第二，进行了多元利益博弈下能源效率驱动京津冀协同发展的尝试性研究。目前，理论界多集中于京津冀环境治理的府际合作研究，鲜有探讨能源效率驱动京津冀协同发展过程中多元利益

---

〔1〕 邹克：《我国钢铁行业上市公司能源效率的测度研究》，湖南大学 2012 年硕士学位论文。

主体的博弈策略对区域协同发展的影响。本书尝试对多元利益博弈与能源效率驱动京津冀协同发展两者的关系进行理论探讨。首先，基于系统理论，探索能源效率驱动下京津冀多元主体系统协同的动力来源以及可控性；其次，构建多元主体博弈的复制动态方程，探讨能源效率驱动下京津冀协同发展三方行为博弈过程中"三方都不协同"和"三方都协同"的策略选择；最后，基于演化博弈理论，分析能源效率驱动下京津冀协同发展过程中政府、企业与公众等多元利益主体的利益博弈与均衡，为我国能源与区域经济协调发展理论研究奠定了基础。

（二）实践意义

第一，为京津冀能源效率提升与区域协调发展提供了政策参考。能源是京津冀协同发展的重要支撑力量，对区域协同发展起着举足轻重的作用。但以高能源消费为典型特征的京津冀地区，并未创造与之相匹配的 GDP，其万元 GDP 能耗也显著高于同一时期的长三角与珠三角地区，能效水平与京津冀经济、社会发展需要不匹配。能源与经济、环境的协调发展已成为影响京津冀经济和社会可持续发展的基础性要素，提升能源效率以驱动京津冀协同发展刻不容缓。本书聚焦能源效率驱动京津冀协同发展目标提出促进多元利益主体能源协同的策略建议，对我国实现节能降耗和区域协同发展的双赢目标具有极其重要的现实意义。

第二，为政府探索区域绿色低碳发展模式提供了新视角、新思维与新路径。目前，虽然我国已经建立了以政府为主导，企业及公众等多元主体参与的绿色低碳发展模式，但由于体制机制等诸多因素制约，现阶段仍以"政府主导、企业及公众被动参与"模式为主，多元利益主体参与构建绿色低碳发展新模式的主动性不强。未来，随着资源枯竭及生态环境破坏等问题的不断涌现，处理好区域绿色低碳发展过程中多元主体利益博弈与均衡问题迫在眉睫。本书基于多元利益博弈视角，构建博弈模型研究能源效率驱动下京津冀协同发展问题，对于我国区域产业结构调整升级、能源消费结构优化、经济协调发展模式创新具有重要的实践参考价值，为政府探索区域绿色低碳发展模式提供了新视角、新思维与新路径。

三、研究现状综述

（一）能源效率测度研究

能源效率是衡量能源消耗水平和利用效果的综合指标，其测度方法一般分为两类：一类是单要素能源效率测度；另一类是全要素能源效率测度。[1]

1. 单要素能源效率测度

作为一种广泛使用的能源效率测度方法，单要素能源效率测度所需数据便于获取且计算过程简单易行，直接刻画单位产出所消耗能源总量，是能源消耗与产出关系的最直接反映。目前，能源强度或能源生产率（能源强度的倒数）是最常见的单要素能源效率指标，计算公式分别为：能源强度=能源消耗/产出；能源生产率=产出/能源消耗[2]。

部分学者倾向于采用能源生产率指标衡量能源效率，从地区、产业层面进行能源效率的直观比较[3][4]，但借助于能源强

---

〔1〕 邹克：《我国钢铁行业上市公司能源效率的测度研究》，湖南大学 2012 年硕士学位论文。

〔2〕 鞠伟：《企业研发投入能够提升能源利用效率吗——来自中国上市公司能源消耗强度的微观经验证据》，载《会计之友》2021 年第 17 期。

〔3〕 史丹：《中国能源效率的地区差异与节能潜力分析》，载《中国工业经济》2006 年第 10 期。

〔4〕 张文彬、郝佳馨：《生态足迹视角下中国能源效率的空间差异性和收敛性研究》，载《中国地质大学学报（社会科学版）》2020 年第 5 期。

度表征能源效率的学者更多[1]。尤其在进行微观企业层面的能源效率测度[2]、区域能源效率差异剖析[3]、企业个体能源效率影响因素探析[4]、能源效率变动因素分解[5]、较长时间跨度分析以及不同能源种类区分研究时，单要素能源强度因计算直接而更具优势[6]。学者或采用单要素能源强度的测算方法揭示企业创新与能源强度的关系[7]；分类测度工业企业煤炭、石油、电力的能源强度，探析中国能源消耗下降的深层次原因[8]；或通过分析我国不同省份能源强度的收敛差异，剖析区域经济增长和能源消耗的密切联系[9]；利用能源强度指标对能源效率的变动因素进行分解[10][11]。此外，其他学者还借助能源强度测度结果

---

〔1〕 王萌等：《基于虚拟能源强度法的地区能源效率分析》，载《中外能源》2012 年第 10 期。

〔2〕 郭一鸣、蔺雪芹、王岱：《中国城市能源效率空间演化特征及影响因素——基于两阶段 Super SBM 的分析》，载《地域研究与开发》2020 年第 2 期。

〔3〕 张艳玲：《我国区域能源效率测度及投入冗余比较》，载《煤炭经济研究》2020 年第 5 期。

〔4〕 张媛、许罗丹：《基于 SFA 的微观企业能源效率及影响因素实证研究》，载《社会科学家》2018 年第 5 期。

〔5〕 李静、汪克亮：《多重目标约束下我国能源效率变动分解、区域差异与影响因素研究》，载《华东经济管理》2013 年第 10 期。

〔6〕 汪克亮、杨宝臣、杨力：《基于 DEA 和方向性距离函数的中国省际能源效率测度》，载《管理学报》2011 年第 3 期。

〔7〕 廖进球、徐加涛：《企业创新与能源强度》，载《当代财经》2019 年第 1 期。

〔8〕 Fisher-Vanden K et al. , "What is Driving China's Decline in Energy Intensity?", *Resource and Energy Economics*, 2004, 26 (1).

〔9〕 齐绍洲、罗威：《中国地区经济增长与能源消费强度差异分析》，载《经济研究》2007 年第 7 期。

〔10〕 姚震、罗世兴：《基于 LMDI 法的中国有色金属行业能源消费驱动因素分析》，载《济南大学学报（自然科学版）》2018 年第 6 期。

〔11〕 马晓微等：《中国产业结构变化对能源强度的影响》，载《资源科学》2017 年第 12 期。

衡量特定国家的能源利用效率，并进行国际能源效率对比，如蒲原达夫（Tatsu Kambara）[1]、张中祥[2]以能源强度指标测度中国的能源效率，认为在驱动中国工业部门能源消耗减少的众多因素中，能源强度降低是主要原因；萨伊德（Saeed）[3]则以加拿大能源强度变化为依据，分析能源密集型产业对于其他行业效率增益的影响。学者们研究关注的重点主要包括三个方面：①能源效率变动因素的分解。主要借助结构分解法或对数平均迪氏指数分解法探析能源强度变动的主导因素[4][5]。②区域能源强度的空间关联性或空间差异性。通过构建空间计量模型计算特定区域的能源强度，揭示能源强度存在的空间关联性和空间差异性[6]。③能源强度的收敛性。以国际、国内不同省份、不同行业为研究视角，揭示能源强度的收敛性特征[7]。

　　单要素能源强度测度方法重点关注能源投入的巨大作用，却往往忽视企业生产过程中资本和劳动要素的投入，与真实情境存在一定偏差，无法解决生产过程中能源投入与资本、劳动

---

〔1〕　Tatsu K, "The Energy Situation in China", *China Quarterly*, 1992 (131).

〔2〕　Zhang Z X, "Why Did the Energy Intensity Fall in China's Industrial Sector in the 1990s? The Relative Importance of Structural Change and Intensity Change", *MPRA Paper*, 2003, 25 (6).

〔3〕　Saeed H et al., "Using Patient Serum to Epitope Map Soybean Glycinins Reveals Common Epitopes Shared with many Legumes and Tree Nuts", *Molecular Immunology*, 2016, 70.

〔4〕　Choi K H, Ang B W, "Attribution of Changes in Divisia Real Energy Intensity Index—An Extension to Index Decomposition Analysis", *Energy Economics*, 2012, 34 (1).

〔5〕　张瑞、丁日佳：《能源价格、经济增长与我国能源强度的变动——基于 LMDI 分解与计量模型的实证研究》，载《软科学》2018 年第 3 期。

〔6〕　王韶华、张伟：《中国能源强度的空间特征及供给侧影响因素分析》，载《技术经济与管理研究》2022 年第 3 期。

〔7〕　陈迅等：《中国地区能源强度与经济的同步收敛性研究》，载《管理工程学报》2016 年第 3 期。

要素等其他投入要素的替代问题[1][2][3]。因此，伴随着能源效率研究的不断深入，单要素能源强度测度方法的应用局限日益凸显[4]。

2. 全要素能源效率测度

2006年，戴杜等[5]综合考虑资本、劳动和能源投入等多种生产要素后首次提出全要素能源效率概念。全要素能源效率测度是一种基于DEA（Data Envelopment Analysis）模型的非参数方法，充分考虑不同投入要素间的替代作用，很好地克服了单要素能源效率测度存在的局限。此后，全要素能源效率测度作为一种全新的能源效率测度方法被学术界广泛使用，成为国内外学者研究能源效率问题的主要工具和方法。

DEA方法无需进行生产函数的设定，能够处理多输入多输出系统，是一种要素投入与产出之间相对效率评价的系统分析方法，在研究区域能源效率差异方面效果显著。

其中，以中国为背景的主要研究包括：采用超效率DEA方法揭示中国因市场分割而导致的区域全要素能源差异[6]；基于

---

〔1〕 Wilson W K et al. , "Inhibitors of Sterol Synthesis. Effects of Fluorine Substitution at Carbon Atom 25 of Cholesterol on its Spectral and Chromatographic Properties and on 3-hydroxy-3-methylglutaryl Coenzyme a Reductase Activity in CHO-K1 Cells", *Steroids*, 1994, 59（5）.

〔2〕 Ghali E, Dietzel W, Kainer K U, "General and Localized Corrosion of Magnesium Alloys: A Critical Review", *Journal of Materials Engineering & Performance*, 2004, 13（1）.

〔3〕 李双杰、李春琦：《全要素能源效率测度方法的修正设计与应用》，载《数量经济技术经济研究》2018年第9期。

〔4〕 Proskuryakova L, Kovalev A, "Measuring energy efficiency: Is energy intensity a good evidence base?", *Applied Energy*, 2015, 5. 261（Jan. 15）.

〔5〕 Dai D et al. , "Energy Efficiency and Potentials of Cassava fuel Ethanol in Guangxi Region of China", *Energy Conversion & Management*, 2006, 47（13-14）.

〔6〕 师博、沈坤荣：《市场分割下的中国全要素能源效率：基于超效率DEA方法的经验分析》，载《世界经济》2008年第9期。

DEA-Malmquist 指数方法测度长三角、珠三角和环渤海经济区省级能源效率[1]；或以 2006 年中国各地区工业部门为研究对象，对各省区能源利用效率进行测度和比较[2]；对于国际的全要素能源效率测度，有研究结论显示：1991 年至 2007 年间 APEC（亚太经济合作组织）国家人均节能率与人均 GDP 增长的关系如"U"型，呈现先降低后升高态势[3]；而其他研究则包括：采用 DEA-Malmquist 指数方法对 1993 年至 2003 年间日本各区域的全要素能源效率进行测度，并基于测度结果对全要素能源效率的变动指数进行分解[4]；或运用共同前沿的非径向方向性距离函数方法测算韩国化石燃料部门的能源效率、二氧化碳效率以及技术差距等内容[5]；以及以印度为例，对其制造业的能源效率进行详尽的测度[6]。

此外，集中探索区域能源效率收敛性[7]、基于 DEA-Malm-

〔1〕 马海良、黄德春、姚惠泽：《中国三大经济区域全要素能源效率研究——基于超效率 DEA 模型和 Malmquist 指数》，载《中国人口·资源与环境》2011 年第 11 期。

〔2〕 Gao D et al., "Resonance Energy Transfer-amplifying Fluorescence Quenching at the Surface of Silica Nanoparticles Toward Ultrasensitive Detection of TNT", *Analytical Chemistry*, 2008, 80 (22).

〔3〕 Hu J L, Kao C H, "Efficient Energy-saving Targets for APEC Economies", *Energy Policy*, 2007, 35 (1).

〔4〕 Honma S, Hu J L, "Total-factor Energy Productivity Growth of Regions in Japan", *Energy Policy*, 2009, 37 (10).

〔5〕 Zhang D, Ching H, Kong C, "An Integral Sliding Mode Controller for the Ultra-precision Direct Drive Motor", 2009 IEEE International Symposium on Industrial Electronics.

〔6〕 Mukherjee R et al., "Compositional Variations in the Mesoarchean Chromites of the Nuggihalli Schist Belt, Western Dharwar Craton (India): Potential Parental Melts and Implications for Tectonic Setting", *Contributions to Mineralogy and Petrology*, 2010, 160 (6).

〔7〕 李国璋、霍宗杰：《我国全要素能源效率及其收敛性》，载《中国人口·资源与环境》2010 年第 1 期。

quist 指数方法揭示区域能源效率的影响因素[1]、测度不同行业的全要素能源效率并进一步分析行业间能源效率水平差异及其影响因素[2]以及深度解读环境规制对全要素能源效率以及回弹效应的影响[3]亦是学者关注的焦点。

全要素能源效率测度方法虽然应用广泛，但仍然存在一定不足：①全要素能源效率测度主要依赖 DEA 方法，而 DEA 方法本身就存在先天缺陷，对样本数据要求高且假定生产效率稳定，效率前沿面极易受样本质量影响；②虽然全要素能源效率测度方法综合考虑资本、劳动和能源投入等多种生产要素，但并未将能源要素与其他要素进行区分，上述多种生产要素实现的最大化产出贡献源头不明；③不同 DEA 方法对同一地区能源效率的测度结果不尽相同，对不同结果的解读会导致迥异的能源政策和建议。

（二）能源效率的影响因素研究

能源效率的影响因素众多，学者从不同角度对其进行了广泛的研究。既有包括地理位置、地形地貌、资源禀赋在内的自然环境因素，也有包括能源消费结构、产业结构在内的经济社会因素。自然环境因素外生于人类社会，对能源效率的影响通常不以人类意志为转移；而经济社会因素则内生于人类社会，对能源效率的影响可以借助政策调整、产业转移、改变能源消费方式等人为手段加以改变。现有文献研究中涉及的能源效率影响因素主要集中在产业结构、能源消费结构、产权结构、能源价格、经济发

〔1〕　王维国、范丹：《中国区域全要素能源效率收敛性及影响因素分析——基于 Malmqulist-Luenberger 指数法》，载《资源科学》2012 年第 10 期。

〔2〕　陈关聚：《中国制造业全要素能源效率及影响因素研究——基于面板数据的随机前沿分析》，载《中国软科学》2014 年第 1 期。

〔3〕　杨慧慧：《环境管制方式对能源效率影响的差异性——基于内生视角下的 PVAR 方法的分析》，载《商业研究》2019 年第 7 期。

展水平、环境规制、技术进步等七个方面[1][2]。

1. 产业结构

学者们一致认为，产业结构与全要素能源效率存在密切的相关关系，主要借助产业间的结构调整或产业内的结构调整对区域绿色全要素能源效率施加影响，产业结构升级有助于能源效率提升。若一国或地区高耗能、低环保产业比重过大，则该区域能源效率较低，或第二产业在一国或地区经济中的占比越高，往往会阻碍该区域全要素能源效率的提升，但借助产业结构转型升级，区域能源消耗强度通常会显著下降，能源效率也能因此得以提升[3][4][5]。以约2500家中国大中型工业企业为样本，费舍尔-范登（Fisher-Vanden）深度剖析了1997年至1999年中国能源消耗强度降低的原因，最终发现工业部门生产率的提高以及工业结构的调整是主因[6]；产业结构转型升级，能显著提升区域全要素能源效率[7]，是促进中国能源效率提高的重要途径[8]；且第二产业产值比重与全要素能源效率呈显著的负相关关系，若区域第二产业产值增

　〔1〕　王腾：《中国能源生态效率评价及其影响因素研究》，中国地质大学2017年博士学位论文。

　〔2〕　马晓明等：《中国区域工业环境效率及其影响因素：基于Super-SBM的实证分析》，载《生态经济》2018年第11期。

　〔3〕　Samuels G，"Potential production of energy cane for fuel in the Caribbean"，*Energy Progress*，1984，4（4）.

　〔4〕　Ang B W，"Decomposition of Industrial Energy Consumption：the Energy Intensity Approach"，*Energy Economics*，1994，16（3）.

　〔5〕　Newell R G，Jaffe A B，Stavins R N，"The Induced Innovation Hypothesis and Energy-saving Technological Change"，*Journal of Economics*，1999，114（3）.

　〔6〕　Fisher-Vanden K et al.，"What is Driving China's Decline in Energy Intensity"，*Resource and Energy Economics*，2004，26（1）.

　〔7〕　王强等：《能源效率对产业结构及能源消费结构演变的响应》，载《地理学报》2011年第6期。

　〔8〕　李春霄、王晓娟、何珊：《产业结构合理化对全要素能源效率的影响研究——一个非径向DEA模型分析框架》，载《工业技术经济》2017年第5期。

加，则其全要素能源效率将会显著降低[1]；但在当前阶段，以高耗能工业为主的三次产业结构是导致中国全要素能源效率低下的主要原因[2]。

与此同时，也有部分学者对产业结构调整能够实现全要素能源效率提升这一观点提出怀疑。其认为产业结构对能源效率的影响有限，有一定的作用，全要素能源效率变化未必一定就是产业结构变迁的结果。尤其是在工业化进程中，结构效应虽然确实对能源消耗强度施加了影响，但程度较小，而且方向不定[3]；且产业结构的调整只能在一定范围和程度上促进能源效率的提升，作用实在有限[4]；但若将产业结构调整划分为产业结构质量调整和产业结构幅度调整两类，则两者对于能源效率的影响程度和方式显著不同，相较于产业结构质量调整可以显著提升能源效率，产业结构幅度调整通常会抑制能源效率提高[5]；当技术进步到一定程度后，产业结构调整升级的效果才会显现，从而能源效率才会得以提升[6]。

2. 能源消费结构

能源消费结构分析是合理利用和分配能源的基础，而历年能

[1]　魏楚、沈满洪：《结构调整能否改善能源效率：基于中国省级数据的研究》，载《世界经济》2008 年第 11 期。

[2]　臧传琴、刘岩：《山东省全要素能源效率及其影响因素分析》，载《中国人口·资源与环境》2012 年第 8 期。

[3]　Ang B W, Zhang F Q, "A Survey of Index Decomposition Analysis in Energy and Environmental Studies", *Energy*, 2000, 25 (12).

[4]　Wei C, Shen M H, "Impact Factors of Energy Productivity in China: an Empirical Analysis", *Chinese Journal of Population*, *Resources and Environment*, 2007, (02).

[5]　于斌斌：《产业结构调整如何提高地区能源效率？——基于幅度与质量双维度的实证考察》，载《财经研究》2017 年第 1 期。

[6]　罗朝阳、李雪松：《产业结构升级、技术进步与中国能源效率——基于非动态面板门槛模型的实证分析》，载《经济问题探索》2019 年第 1 期。

源消费结构的变动趋势，则为预测未来能源供需平衡提供了科学依据。时代发展不同，能源消费结构相异，不同类型能源产生的热量与成本差异显著。以煤炭为代表的化石能源在燃烧过程中容易产生大量污染物，释放的热量不高，会造成全要素能源效率水平的下降[1]；而以太阳能、风能、电力为主的清洁能源则对全要素能源效率具有促进作用，优化能源消费结构是提升全要素能源效率的重要途径。

在全要素能源效率的众多影响因素中，能源消费结构与全要素能源效率呈负相关关系[2]，尤其是煤炭消费比重与能源效率的负相关性显著[3]；增加传统能源投入只会降低能源利用效率，提高能源利用效率必须增加可再生能源的使用量[4]；尤其是作为主要传统能源的煤炭，相较于石油、天然气和核能，转化为电力的效率非常低，因此，降低煤炭使用量是实现全要素能源效率提升的关键一环[5]。此外，在能源结构、要素禀赋、技术水平、产业结构、价格水平、环境规制和投资水平等因素中，以煤炭消费比重为主要特征的能源结构对中国能源利用效率的负向影响最甚[6]。与之相反的是，增加清洁能源（如电力）消费比重，则

〔1〕 陶长琪、李翠、王夏欢：《环境规制对全要素能源效率的作用效应与能源消费结构演变的适配关系研究》，载《中国人口·资源与环境》2018年第4期。

〔2〕 袁晓玲、张宝山、杨万平：《基于环境污染的中国全要素能源效率研究》，载《中国工业经济》2009年第2期。

〔3〕 李春发等：《天津市工业行业全要素能源效率变动的影响因素分析》，载《中国人口·资源与环境》2012年第4期。

〔4〕 Chien T, Hu J L, "Renewable Energy and Macroeconomic Efficiency of OECD and Non-OECD Economies", *Energy Policy*, 2007, 35 (7).

〔5〕 Yu S et al., "Exploring the Regional Characteristics of Inter-provincial CO_2 Emissions in China: An Improved Fuzzy Clustering Analysis Based on Particle Swarm Optimization", *Applied Energy*, 2012, (92).

〔6〕 邱灵等：《中国能源利用效率的区域分异与影响因素分析》，载《自然资源学报》2008年第5期。

可以显著提升能源效率[1]。尤其是升级能源消费结构，降低对煤炭等污染严重的化石能源的消耗，增加天然气和电力（风力发电、光伏发电）等替代性清洁能源和新能源的使用，是解决当前全要素能源效率低下的当务之急[2][3]。

但仍有部分学者在研究中国省际能源效率变动趋势过程中，得出和"煤炭消费比重与能源效率呈负相关关系"这一论断相背离的结论，认为地区能源消费结构对能源效率具有显著影响，煤炭消费比重与全要素能源效率存在显著的正相关关系，煤炭消费与电力消费相比，后者所产生的促进作用更为显著[4]；并将其原因归咎于能源密集型工业结构和生产技术结构的刚性[5]。

3. 产权结构

作为一种制度性因素，产权结构也是政府影响力的延伸[6]。国有资本和非国有资本是不同产权下资本价值结构的两种基本形态。不同产权结构下，企业因拥有的资源不同，管理及激励制度不尽相同，全要素能源效率存在显著差异。部分学者认为，对于国有企业而言，其公有产权属性不利于全要素能源效率提高，即国有投资以及内资会抑制能源效率提升，但相较于国有投资，非国

---

〔1〕　陈关聚：《中国制造业全要素能源效率及影响因素研究——基于面板数据的随机前沿分析》，载《中国软科学》2014 年第 1 期。

〔2〕　刘争、黄浩：《中国省际能源效率及其影响因素研究——基于 Shephard 能源距离函数的 SFA 模型》，载《南京财经大学学报》2019 年第 1 期。

〔3〕　赵亚琼、秦放鸣、刘琦平：《能源效率对中国油气进口贸易影响研究——基于与主要能源伙伴国全要素能源效率的面板数据》，载《技术经济与管理研究》2021 年第 8 期。

〔4〕　董利：《我国能源效率变化趋势的影响因素分析》，载《产业经济研究》2008 年第 1 期。

〔5〕　张兵兵：《碳排放约束下中国全要素能源效率及其影响因素研究》，载《当代财经》2014 年第 6 期。

〔6〕　刘晴晴：《绿色全要素能源效率测度及影响因素研究》，吉林大学 2020 年博士学位论文。

有投资和外商直接投资能够迅速提升能源效率[1]；且全要素能源效率随国有企业职工人数占全部就业人数比重的下降而上升[2]；但是，学者刘叶[3]研究认为，非国有产权结构与能源效率呈现出显著的正相关关系；王喜平和姜晔[4]也指出行业产权结构能显著提高能源效率水平，这是因为与民营企业相比，国有企业技术装备水平较高，具有规模经济效应，而且在政府支持力度上占有很大优势，全要素能源效率无疑远高于非公有制企业[5]。基于行业层面，王喜平和姜晔[6]对 2001 年至 2008 年中国工业行业的全要素能源效率进行测度，进一步分析其影响因素，发现中国国有企业工业总产值所占比重与能源效率呈现显著的正相关关系。王维国和范丹[7]认为提高国有企业工业增加值占地方生产总值的比重有助于全要素能源效率的提升，除此之外，产权所有制结构与对外开放程度以及政府支持力度均是影响全要素能源效率提升的因素。张志辉[8]在研究了中国区域能源效率的演变及其影响因素后，指出所有制结构以提高生产技术水平为手段来提

〔1〕 张意翔等：《技术进步偏向性、产权结构与中国区域能源效率》，载《数量经济技术经济研究》2017 年第 8 期。

〔2〕 王秋彬：《工业行业能源效率与工业结构优化升级——基于 2000~2006 年省际面板数据的实证研究》，载《数量经济技术经济研究》2010 年第 10 期。

〔3〕 刘叶：《国际贸易会恶化全要素能源效率吗——基于中国 33 个工业行业的经验分析》，载《中国人口·资源与环境》2018 年第 6 期。

〔4〕 王喜平、姜晔：《碳排放约束下我国工业行业全要素能源效率及其影响因素研究》，载《软科学》2012 年第 2 期。

〔5〕 莫小鹏：《国有企业与民营企业投资比较研究——基于效率、就业效应和全要素生产率的经验数据》，载《经济研究参考》2015 年第 13 期。

〔6〕 王喜平、姜晔：《碳排放约束下我国工业行业全要素能源效率及其影响因素研究》，载《软科学》2012 年第 2 期。

〔7〕 王维国、范丹：《基于三阶段 DEA 模型的中国省际全要素能源效率研究》，载《数学的实践与认识》2012 年第 24 期。

〔8〕 张志辉：《中国区域能源效率演变及其影响因素》，载《数量经济技术经济研究》2015 年第 8 期。

升全要素能源效率，对区域环境效率也有着显著的正向作用。

4. 能源价格

能源价格持续上涨大幅提高了企业生产成本，使得企业的经营压力倍增。为了避免能源供应紧缺，企业被迫作出节约能源使用量这一适应性行为，以对能源进行科学、合理的充分利用，在这一过程中，全要素能源效率得以提升[1][2]。学者屈小娥[3]认为，适当提高能源价格虽然会增加企业成本，但对全要素能源效率的提升却有着显著的促进作用，尤其是能源价格的提高，可以降低第二产业比重，实现优化产业结构的目标。李世祥和成金华[4]认为，在中国工业全要素能源效率的众多影响因素中，虽然在短期内，刚性的高耗能结构往往对能源价格的波动并不敏感，但长期而言，能源价格对全要素能源效率的影响显著，具有持续且深远的促进作用。

此外，学者王兵等的[5]研究显示，能源价格上涨导致企业成本攀升，并不能削弱企业对能源需求规模的扩大力度，不利于全要素能源效率改善，在一定程度上，能源价格与全要素能源效率呈现典型的负相关关系。在我国，因市场机制尚不成熟，政府对能源实施的监管以及一系列垄断措施致使能源价格与市场需求错

〔1〕 Filippini M, Tosetti E, "Stochastic Frontier Models for Lon Panel Data Sets: Measurement of the Underlying Energy Efficiency for the OECD Countries", CER-ETH-Center of Economic Research at ETH Zurich Working Paper, 2014, 14.

〔2〕 Li K, Lin B, "The Nonlinear Impacts of Industrial Structure on China's Energy Intensity", *Energy*, 2014, 69 (may).

〔3〕 屈小娥：《中国省际能源效率差异及其影响因素分析》，载《经济理论与经济管理》2009 年第 2 期。

〔4〕 李世祥、成金华：《中国工业行业的能源效率特征及其影响因素——基于非参数前沿的实证分析》，载《财经研究》2009 年第 7 期。

〔5〕 王兵、张技辉、张华：《环境约束下中国省际全要素能源效率实证研究》，载《经济评论》2011 年第 4 期。

位，能源价格抑制全要素能源效率提升。学者成金华和李世祥[1]基于 1990 年至 2006 年中国省际面板数据，综合分析能源价格对全要素能源效率的影响，结果显示，能源价格上涨并未提升全要素能源效率，反而使之持续下降，这是因为，能源价格较之于其他生产要素，未能体现其稀缺性。刘丹丹等[2]认为我国西部地区的能源价格上涨未能带来能源效率的提升，反映出能源市场体系以及价格机制尚待完善，能源供求关系对能源的价格波动并不敏感。

5. 经济发展水平

经济发展是生产效率提升的最直接动力，同时，经济发展必然伴随着产业结构的优化以及技术创新的进步与扩散，二者形成合力推动全要素能源效率的提升。因此，经济发展能显著提升区域能源效率，两者呈正相关关系。王玉燕和林汉川[3]在研究西部地区能源效率的影响因素时，采用回归分析法印证了一定时期内两者的正相关关系。张志雯和王子龙[4]以中国 30 个省市地区为例，测度 2006 年至 2015 年间各省区全要素能源效率并进一步揭示能源效率的空间差异，一致认为经济发展对能源效率具有提升促进作用且成效显著。而傅天姿[5]则从供给侧改革角度而非需求端出发，借助 DEA-BCC 模型测度 2016 年中国省级能源效率，

〔1〕 成金华、李世祥：《结构变动、技术进步以及价格对能源效率的影响》，载《中国人口·资源与环境》2010 年第 4 期。
〔2〕 刘丹丹、赵颂扬旸、郭耀：《全要素视角下中国西部地区能源效率及影响因素》，载《中国环境科学》2015 年第 6 期。
〔3〕 王玉燕、林汉川：《我国西部地区能源效率：趋同、节能潜力及其影响因素》，载《经济问题探索》2013 年第 4 期。
〔4〕 张志雯、王子龙：《技术异质与雾霾约束下能源效率空间分异测度研究》，载《华东经济管理》2018 年第 7 期。
〔5〕 傅天姿：《中国高技术产业绿色创新效率测度及其经验研究——来自省际层面证据》，浙江财经大学 2018 年硕士学位论文。

发现各省区经济发展水平对本地能源利用效率的提升效果显著。

与上述观点不同的是，张志辉[1]利用 DEA 方法在测度 2000 年至 2012 年间中国区域能源效率时，发现经济发展水平与共同前沿能源效率，或与群组能源效率均不是简单的正相关或负相关关系，而是表现为"U"形关系，这与戴杜等[2]的研究结论不谋而合。

6. 环境规制

通过严格的节能减排政策和规制手段，环境规制不可避免对企业的要素投入产生巨大影响，并直接影响企业能源效率。虽然环境规制对能源效率的影响毋庸置疑，在学术界也早已成为共识，但两者的辩证关系尚不明确，存在三种观点，具体如下：

（1）促进说。环境规制是影响能源效率的重要因素，万伦来和童梦怡[3]通过分析中国能源强度的影响因素，发现环境规制对能源效率具有显著的正向促进作用；奥基利（Oquili）和库希（Kouhy）[4]提出通过设计适当的税收体系这一管制方式可以实现能源效率的提升；色诺蒂斯（Xepapadeas）[5]指出面对环境政策强度增大，企业通常以缩小企业规模和提高全要素生产率作为应对之策，以弥补企业的利润下降；而且环境规制的强化，能刺激与

〔1〕 张志辉：《中国区域能源效率演变及其影响因素》，载《数量经济技术经济研究》2015 年第 8 期。

〔2〕 Dai D et al., "Energy Efficiency and Potentials of Cassava fuel Ethanol in Guangxi Region of China", *Energy Conversion & Management*, 2006, 47 (13-14).

〔3〕 万伦来、童梦怡：《环境规制下中国能源强度的影响因素分析——基于省际面板数据的实证研究》，载《山西财经大学学报》2010 年第 S2 期。

〔4〕 Al-Oquili O, Kouhy R, "Future Environmental Regulation Issues to Promote Energy Efficiency", *Journal of Energy Engineering*, 2006, 132 (2).

〔5〕 Xepapadeas A, Zeeuw A D, "Environmental Policy and Competitiveness: The Porter Hypothesis and the Composition of Capital", *Journal of Environmental Economics & Management*, 1999, 37 (2).

环境政策有关的专利增加，进一步促进全要素生产率的增长[1]；彭树远[2]通过实证分析得出，企业利用"创新补偿"覆盖"遵循成本"，对全要素能源效率的提高有促进作用，有利于实现资源配置的优化以及技术创新[3]。此外，阿尔布里齐奥（Albrizio）等[4]认为环境规制的加强对生产率较高的国家或企业均具有显著的正向促进作用；胡本田和皇慧慧[5]则认为政府环境规制对能源效率的提高有促进作用，但存在一定的滞后性。

（2）抑制说。学者杨先明等[6]认为企业因严格的环境规制而增加了遵守成本，由此抑制了能源效率的提升。在进行污染治理时，企业需要占用一部分生产资金，这难免会阻碍技术进步并影响生产效率，从而抑制全要素能源效率；雷明和虞晓雯[7]、李鑫等[8]的研究结果表明若以排污费征收额或工业污染治理投资为表征，则环境规制与全要素生产率增速始终呈负相关关系；

———————

〔1〕 Morales-Lage R, Morancho A B, "Does Environmental Policy Stringency Foster Innovation and Productivity in OECD Countries?", *Social Science Electronic Publishing*, 2019, 134（2）.

〔2〕 彭树远：《我国省域全要素能源效率研究——基于三阶段全局 UHSBM 模型》，载《经济问题》2020 年第 1 期。

〔3〕 Porter M E, Linde C, "Towards a New Conception of the Environment-Competitiveness Relationship", *Journal of Economic Perspectives*, 1995, 4（4）.

〔4〕 Albrizio et al., "Environmental Policies and Productivity Growth: Evidence Across Industries and Firms", *Journal of Environmental Economics and Management*, 81, issue C.

〔5〕 胡本田、皇慧慧：《政府环境规制对中国能源效率的影响分析》，载《华北理工大学学报（社会科学版）》2018 年第 2 期。

〔6〕 杨先明、田永晓、马娜：《环境约束下中国地区能源全要素效率及其影响因素》，载《中国人口·资源与环境》2016 年第 12 期。

〔7〕 雷明、虞晓雯：《资本跨期效应下中国区域能源—经济—环境效率研究》，载《经济理论与经济管理》2013 年第 11 期。

〔8〕 李鑫、杜建国、金帅：《环境规制对中国工业全要素生产率影响的实证》，载《统计与决策》2014 年第 13 期。

祁毓等[1]研究发现控制空气质量达标行动短期内会改善环境质量，但也显著地降低了企业的技术进步，抑制了全要素生产率的提升；杨先明等[2]提出对于中国而言，当务之急是加快清洁能源研发，抵消环境制度对于技术创新的负向影响；曾贤刚[3]认为污染治理的被动性往往导致环保投资的回报率较低，抑制了企业提升能源效率的意愿。

（3）非线性关系。王腾[4]认为能源具有"稀缺性"和"外部性"特征，因此，环境规制与能源效率之间并非简单的线性关系，而是复杂的非线性关系。具体而言，二者呈倒"U"型关系，即环境规制对全要素能源效率的影响存在单门限效应，若环境规制强度低于门限值，则促进全要素能源效率提升，而若环境规制强度高于门限值，则抑制全要素能源效率提升；张华等[5]研究表明，随着环境规制强度的加大，其对能源效率的作用由促进转为抑制；陶长琪等[6]研究发现环境规制效果应与能源消费结构调整过程相适应，若不考虑节能这一目标，则环境规制的效率是低下的；此外，环境规制与能源效率相互影响，但政府环境规制因执行力度不同导致对能源效率的影响必然呈现不同的效果。

---

〔1〕　祁毓、卢洪友、张宁川：《环境规制能实现"降污"和"增效"的双赢吗——来自环保重点城市"达标"与"非达标"准实验的证据》，载《财贸经济》2016年第9期。

〔2〕　杨先明、田永晓、马娜：《环境约束下中国地区能源全要素效率及其影响因素》，载《中国人口·资源与环境》2016年第12期。

〔3〕　曾贤刚：《环境规制、外商直接投资与"污染避难所"假说——基于中国30个省份面板数据的实证研究》，载《经济理论与经济管理》2010年第11期。

〔4〕　王腾：《中国能源生态效率评价及其影响因素研究》，中国地质大学2017年博士学位论文。

〔5〕　张华、王玲、魏晓平：《能源的"波特假说"效应存在吗?》，载《中国人口·资源与环境》2014年第11期。

〔6〕　陶长琪、李翠、王夏欢：《环境规制对全要素能源效率的作用效应与能源消费结构演变的适配关系研究》，载《中国人口·资源与环境》2018年第4期。

7. 技术进步

费舍尔·范登等[1]、奥岛真一郎（Okushima Shinichiro）和田村慎（Tamura Makoto）[2]认为技术的改进和创新对能源工业的影响体现在各个环节，这为全要素能源效率的提升提供了技术可能性。费舍尔·范登等[3]指出相较于技术引进，自主创新对能源效率的提升尤为重要；李丹丹和王平田[4]指出技术进步对提高全要素能源效率的积极作用显而易见；吴传清和杜宇[5]研究发现偏向型技术进步更能促进全要素能源效率提升；相反，学者哈兹翁（Khazzom）[6]、李廉水和周勇[7]则认为，因技术进步而提升的能源利用效率会因"回弹效应"而被部分抵消；技术的改进和创新有助于提升工业部门的能源效率，但提升作用会随着时间的不断推移而逐步减弱。此外，学者张江山和张旭昆[8]、韩颖等[9]基于1997年至2015年中国省级面板数据，测度技术进步的回弹效应，

〔1〕 Fishervanden K et al. , "Technology Development and Energy Productivity in China", *Energy Economics*, 2006, 28 (5).

〔2〕 Okushima S, Tamura M, "A Double Calibration Approach to The Estimation of Technological Change", *Journal of policy modeling*, 2009, 31 (1).

〔3〕 Fisher-Vanden K et al. , "What is Driving China's Decline inEnergy Intensity?", *Resource and Energy Economics*, 2004, 26 (1).

〔4〕 李丹丹、王平田：《全要素生产率、产品质量和企业亏损——基于2015年中国企业-员工匹配调查的实证研究》，载《华中科技大学学报（社会科学版）》2016年第3期。

〔5〕 吴传清、杜宇：《偏向型技术进步对长江经济带全要素能源效率影响研究》，载《中国软科学》2018年第3期。

〔6〕 Khazzom Daniel J, "Energy Savings Resulting from the Adoption of more Efficient Appliances", *Energy Journal*, 1987, 8 (4).

〔7〕 李廉水、周勇：《技术进步能提高能源效率吗？——基于中国工业部门的实证检验》，载《管理世界》2006年第10期。

〔8〕 张江山、张旭昆：《技术进步、能源效率与回弹效应——来自中国省际面板数据的经验测算》，载《山西财经大学学报》2014年第11期。

〔9〕 韩颖、石建华、翟洁丽：《技术进步视角下回弹效应测算的改进模型》，载《技术经济》2018年第1期。

发现与能源效率提升相关的技术进步引起的回弹效应呈逐渐上升趋势，而由广义的技术进步所诱发的回弹效应呈现剧烈波动特征。

（三）京津冀协同发展研究

产业协同是京津冀协同发展战略的重要内容，京津冀间产业对接与产业链的构建，对提升该区域的综合实力大有裨益。自2014年京津冀协同发展战略提出以来，学者们围绕这一领域展开了大量的研究，内容主要集中于以下三个方面：

1. 产业合作

目前，京津冀产业协同发展面临的主要问题包括：①经济总量水平偏低；②发展极不均衡；③生态环保问题突出[1]。而造成上述问题的关键在于：①产业创新力和辐射力严重不足；②都市圈的功能定位缺失；③利益驱动机制失灵。要解决京津冀产业协同发展的问题，基本思路为：①全力提升产业创新力；②对京津冀进行明晰的功能定位和产业定位；③建立健全的利益合作机制[2]。重视产业合作是京津冀协同发展的基本要义[3]；但产业弱关联性、单一的区域发展价值取向、地方能源管理思维、市场活力、产业承接能力、机制保障等诸多问题的存在，仍影响着京津冀产业协同发展[4][5]，对此京津冀应借鉴长三角或珠三角产业协同发展经验，重点发展京、津的现代服务业，倾力打造京津唐中心区域周边的现代制造业基地，以构建制造业和服务业的协

〔1〕 李博文等：《推进京津冀区域生态协同发展面临的问题与对策》，载《河北农业大学学报（农林教育版）》2016年第1期。

〔2〕 朱晓青、寇静：《京津冀产业协同发展探析》，载《新视野》2015年第1期。

〔3〕 石娟、刘彦缨、逯业娜：《京津冀产业协同发展评价模型研究》，载《天津大学学报（社会科学版）》2018年第4期。

〔4〕 张亚鹏：《京津冀产业协同发展反思：一个整体框架设计》，载《区域经济评论》2018年第2期。

〔5〕 孙虎、乔标：《京津冀产业协同发展的问题与建议》，载《中国软科学》2015年第7期。

同集聚区〔1〕。进一步讲，可以根据不同的潜力能级将京津冀划分为不同的空间圈域：核心区、紧密协作区以及联动支撑区，明确不同圈域产业合作的方向〔2〕；一体化的交通网络体系、产业合作体系是京津冀产业一体化的动力基础〔3〕；制定合理的财税政策以促进京津冀产业协同发展〔4〕；构建顶层协同制度为京津冀协同发展提供制度基础〔5〕；打破行政分割，构建京津冀协同创新共同体，建立区域利益协调机制，为京津冀产业协同创新提供支持〔6〕。

2. 产业转移

产业转移是京津冀协同发展的必然选择，可以优化区域内产业布局，而构建京津冀区域分工新格局是协同发展的重要举措〔7〕。重点是突破能源发展行政壁垒、创新管理模式〔8〕；依据各功能区定位进行产业调整〔9〕；促进分工同链〔10〕；错位发展，推动京

〔1〕 高峰、刘志彪：《产业协同集聚：长三角经验及对京津唐产业发展战略的启示》，载《河北学刊》2008 年第 1 期。

〔2〕 马俊炯：《京津冀协同发展产业合作路径研究》，载《调研世界》2015 年第 2 期。

〔3〕 赵黎明、张莉：《京津冀产业一体化动力基础研究》，载《天津师范大学学报（社会科学版）》2011 年第 6 期。

〔4〕 徐达松：《促进京津冀产业协同发展的财税政策研究》，载《财政研究》2015 年第 2 期。

〔5〕 李峰、韩静、孙丽文：《经济新常态下京津冀产业协同与发展研究——以电子信息制造产业为例》，载《河北工业大学学报（社会科学版）》2015 年第 2 期。

〔6〕 孙久文：《〈产业集聚与集聚经济圈的演进〉书评》，载《江苏师范大学学报（自然科学版）》2015 年第 1 期。

〔7〕 孙久文、姚鹏：《京津冀产业空间转移、地区专业化与协同发展——基于新经济地理学的分析框架》，载《南开学报（哲学社会科学版）》2015 年第 1 期。

〔8〕 刘戒骄：《京津冀产业协同发展的动力来源与激励机制》，载《区域经济评论》2018 年第 6 期。

〔9〕 王玉海：《战略思维透视下的区域空间优化趋向》，载《开发研究》2019 年第 6 期。

〔10〕 孙彦明：《京津冀产业协同发展的路径及对策》，载《宏观经济管理》2017 年第 9 期。

津冀产业梯度转移，是实现产业协同发展的重要方式，更是区域经济联系的重要选择[1]，协同发展给予京津冀的机遇之一便是产业转移，河北应加快承接产业转移步伐[2]。在京津冀三地中，京津间高端产业关联性强，优势产业重合度较高，有一定的竞争性，而京冀间产业相似度较低，产业协作的可能性较高[3]，应发挥各自比较优势，构建京冀、津冀产业链[4]，使京津冀区域更好地融入全球产业链。但目前，京津冀地区在产业链上的关联性较低[5]，河北工业的空间溢出效应弱[6]，鉴于京津冀地区产业同构性突出，经济规模以及对外开放程度等因素限制了河北的产业承接能力[7]。

3. 产业升级

积极推动传统产业的转型升级是京津冀协同发展的必经之路，目前，京津冀三地部分产业仍以低端制造业为主，位于价值链中间环节，在价值链两端存在明显劣势[8]。而功能定位、产

〔1〕 纪良纲、晓国：《京津冀产业梯度转移与错位发展》，载《河北学刊》2004年第6期。

〔2〕 李爱民、孙久文：《基于新经济地理学的区域发展总体格局演变研究》，载《江淮论坛》2014年第1期。

〔3〕 张贵等：《创新驱动与高新技术产业发展——产业链视角》，社会科学文献出版社2014年版。

〔4〕 王建峰、卢燕：《京津冀区域产业转移综合效应实证研究》，载《河北经贸大学学报》2013年第1期。

〔5〕 刘怡、周凌云、耿纯：《京津冀产业协同发展评估：基于区位熵灰色关联度的分析》，载《中央财经大学学报》2017年第12期。

〔6〕 刘李佳、王浩宇：《基于投入产出模型的京津冀区域产业溢出及反馈效应研究》，载《经济问题》2018年第7期。

〔7〕 张晗、舒丹：《京津冀产业协同的影响因素研究》，载《金融与经济》2019年第3期。

〔8〕 王悦泽：《基于全球价值链视角的京津冀产业升级研究》，天津商业大学2013年硕士学位论文。

业发展互补性以及产业链对接影响京津冀产业升级调整[1]，对此应依靠创新驱动，引领京津冀产业整体升级[2]；京津冀区域产业升级关乎国家区域战略布局的效应实现结果[3]，对河北而言，其并非完全直接承接京津产业转移，而是应升级传统优势产业，积极参与京津高端产业推移[4]。基于京津冀三地产业结构明显的梯度性，应制定完善的协同发展规划，以促进产业转移双方的协调。行政主导型经济特征以及行政性限制普遍存在制约三地产业升级。此外，产业政策作用不明，区域内行政分割现象普遍，三地资源与要素未能实现充分自由的流动，是京津冀地区产业升级滞后的根本原因[5]。

（四）研究述评

国内外学者对能源效率以及京津冀协同发展的研究已取得了丰硕的研究成果，并形成了一套完整的研究理论体系。

在能源效率研究方面，内容主要集中于全要素能源效率的测度，选取的测度指标主要包括：能源要素投入（每年主要能源消费量转化为标准煤总量）、劳动力要素投入指标（全社会从业人员人数）、期望产出（地区生产总值）、非期望产出（工业三废：废水、废气、废物；温室气体：CO_2），或检验能源效率的收敛性，揭示中国整体、东部、中部、西部能源效率的收敛特征，即

　　[1]　陈福中、朱好鑫、古慧杰：《京津冀产业升级调整的影响因素研究》，载《北京金融评论》2019 年第 2 期。

　　[2]　张伯旭：《创新驱动引领京津冀产业升级》，载《中国工业评论》2015 年第 7 期。

　　[3]　周桂荣、王冬：《推动京津冀区域产业升级与创新浅探》，载《现代财经（天津财经大学学报）》2011 年第 3 期。

　　[4]　徐永利：《逆梯度理论下京津冀产业协作研究》，载《河北大学学报（哲学社会科学版）》2013 年第 5 期。

　　[5]　魏后凯：《改革开放 30 年中国区域经济的变迁——从不平衡发展到相对均衡发展》，载《经济学动态》2008 年第 5 期。

中、东部地区收敛特征明显，而西部地区呈现微弱的绝对发散和一定程度的条件收敛；或剖析能源效率的影响因素，重点关注产业结构、能源消费结构、产权结构、能源价格、经济发展水平、环境规制、技术进步等七个因素。在全要素能源效率测度方法的选择上，DEA 模型、Malmquist TFP 模型、DDF 模型、SBM 模型以及方向性距离函数是最常用的计量工具；而变异系数法则成为检验能源效率收敛性的不二选择，VEC 模型、DEA 模型以及归纳演绎法在分析能源效率影响因素时较为常用。

在京津冀协同发展研究方面，重点关注污染的协同治理、府际合作、协同路径、协同立法、协同发展绩效评价等内容，并提出产业协同的具体内容：产业合作、产业转移和产业升级。多数研究以定性分析为主，对研究对象进行"质"的分析，而在京津冀协同发展水平的测度方面，距离协同模型、SD 模型以及复合系统协同度模型成为实证研究的主要方法和测量工具。

截至目前，学界对环境因素的绿色全要素能源效率研究相对较少，而且对于绿色全要素能源效率的测度指标并没有明确统一的标准，尤其是对非期望产出指标中一直困扰北京空气质量达"重度污染"的罪魁祸首——雾霾没有考虑在列，导致绿色全要素能源效率测度结论的科学性存疑。此外，在京津冀协同发展研究方面，对多元利益主体"政府、企业、公众"的趋利行为动机并未阐明，更关注协同路径的探讨，或者是环境治理的府际合作模式构建，对于能源效率驱动下京津冀协同发展的多元主体利益博弈与均衡并未涉及，研究存在一定局限性。

四、研究内容与研究方法

（一）研究内容

本书基于多元利益博弈视角，综合运用能源经济学理论、协同理论、可持续发展理论、利益相关者理论以及博弈理论，并借助数据包络分析（DEA）模型、复合系统协同度模型、多层次灰色评价模型、博弈模型、Fuzzy-Dematel 模型等多种数学工具和分析手段对能源效率驱动下京津冀协同发展进行研究，进一步提出京津冀协同发展的对策建议。

1. 能源效率驱动下京津冀协同发展相关理论基础

第一章首先从能源效率理论的提出、基本内涵，能源效率的影响因素、测度方法，能源效率与经济发展、环境的关系六个方面逐一对能源效率理论进行阐释。其次，围绕协同理论的提出、理论内核，协同效应与协同机制、区域协同的内涵、协同论在京津冀协同发展中的应用对协同理论进行全面解读；再次，深度剖析利益相关者理论的产生过程，并对利益相关者进行界定与分类；最后，系统性总结与归纳博弈论的基本概念、产生和发展、基本类型、纳什均衡等诸多内容。

2. 能源效率驱动、京津冀协同发展与多元主体协同的辩证关系

第二章详细阐述能源效率驱动京津冀协同发展的逻辑起点、内在逻辑、价值逻辑，阐明能源效率驱动京津冀协同发展的基本原理和途径，剖析能源效率驱动、京津冀协同发展与多元主体协同的辩证关系，揭示三者在推动区域发展中的关联和重要作用。

3. 京津冀能源效率及协同发展水平测度

第三章首先通过构建 DEA 模型，基于京津冀地区 2011 年至 2021 年省级面板数据测度绿色全要素能源效率；测度结果显示：2011 年至 2021 年，京津冀地区绿色全要素能源效率相对较低，只有北京以及天津的部分年度（2013 年、2014 年、2017 年）绿色全要素能源效率（GTEPI＝1）达到生产前沿面，河北 2011 年至 2021 年绿色全要素能源效率未达到生产前沿面，河北整体绿

色全要素能源效率测度值低于京、津地区。其次，构建包括五个子系统的京津冀协同度系统框架体系，采用复合系统协同度模型测度京津冀地区的协同发展水平，借助 Granger 因果检验模型进一步探讨京津冀能源效率与协同发展的关联性。研究结论显示：2011 年至 2021 年，京津冀地区处于一般协同水平，协同度一直呈现上升趋势。其中，2017 年至 2021 年的协同度增速明显高于 2011 年至 2016 年，京津冀协同发展程度在近五年不断得到深化，良好的协同发展态势已然形成。但协同度依然不高，区域协同发展仍面临诸多问题。此外，京津冀协同发展（*LCD*）与能源效率（*LEE*）存在长期的均衡关系，*LEE* 每增加一个单位，则 *LCD* 增加 0.35 个单位，京津冀协同发展与能源效率提升相互作用、相互促进，京津冀协同发展是能源效率驱动的必然结果，而能源效率驱动则是京津冀协同发展的重要途径。

4. 能源效率驱动下京津冀协同发展的多元利益主体认知诊断及其群体差异分析

第四章阐述认知与能源效率驱动及京津冀协同发展的辩证关系，并基于行政边界划分以及社会系统划分解析京津冀协同发展的多元利益主体构成，构建包含能源协同"政策认知、法律认知、效益认知"以及能源效率与协同发展关系认知的京津冀协同发展认知度测度指标体系，采用 AHP（Analytic Hierarchy Process）模型确定认知体系各要素（指标）的权重，基于多层次灰色评价模型诊断多元利益主体对京津冀能源协同发展的综合认知水平，进一步揭示多元区域利益主体以及多元社会利益主体对京津冀协同发展的认知度差异。结论表明：目前，多元利益主体对京津冀能源协同发展认知度的综合评价结果为 5.4303，认知存在局限，仅仅停留在了解水平；多元区域利益主体"京、津、冀"对能源效率驱动京津冀协同发展的认知度依次降低，存在显著差异；而多元社会利益主体"政府、企业和公众"对京津冀协同发展的认知亦显著不同，其中，政府认知度最高，企业第二，公众暂居第三，且同行政级别政府部门、不同性质企业、不同性别、年龄、学历公众对京津冀协同发展的认知亦不尽相同。

5. 能源效率驱动下京津冀协同发展的多元主体利益博弈与均衡

第五章首先以系统动力学为研究工具，分析京津冀多元主体系统协同的动力来源以及可控性；其次，采用博弈模型，纳入多元主体认知水平效应及多个能源效率因素建立京津冀三方协同发展行为博弈支付矩阵，构建多元主体博弈的复制动态方程，厘清京津冀协同发展多元区域利益主体"京、津、冀"的利益关系和趋利行为动机，探讨三方行为博弈过程中"三方都不协同"和"三方都协同"的策略选择；基于演化博弈理论，揭示多元社会利益主体"政府、企业、公众"的利益关系和趋利行为动机，分析政府、企业、公众的利益博弈与均衡。研究表明，在能源效率驱动下，若无中央政府调控约束条件，由于"政治位势"差异的普遍存在，京津冀三方的能源协同收益不稳定，导致京津冀协同发展系统最终朝"三方都协同"或"三方都不协同"的方向演进。若有中央政府调控约束条件，则京津冀三方均受到能源合作收益、合作成本以及中央政府宏观调控等多重因素影响，容易达成协同发展联盟，此时京津冀协同发展系统极易朝"三方都协同"的方向演进。此外，在京津冀协同发展系统中，政府主体通过能源规划调控与立法监督，引导企业主体与公众主体参与京津冀协同发展，形成以政府为主导、企业为主体、公众积极参与的能源协同机制。在此过程中，企业主体（规范生产）和公众主体（合作监督）的策略选择取决于政府主体（调控监督）的策略行动。

6. 能源效率驱动下京津冀协同发展关键障碍因子识别研究

第六章以系统论为研究视角，采用 Fuzzy-Dematel 模型对京津冀能源协同发展的障碍因子进行诊断，并进一步揭示关键障碍因子障碍度存在的多元区域主体差异和多元社会主体差异。研究表明，"能源体系顶层设计缺乏、能源合作利益共享机制缺失、能源区域封锁、能源协同认知局限"等都是京津冀协同发展的关键障碍因子。其次，能源效率驱动下京津冀协同发展关键障碍因子的障碍度存在显著的多元区域主体差异，与京、津相比，河北协同发展各项关键障碍因子的障碍度更高。而多元社会主体"政府、企业、公众"对关键障碍因子障碍度的排序亦显著不同，企业对障碍因子的感知最为强烈，政府、公众紧随其后，对"能源体系顶层设计缺乏、能源合作利益共享机制缺失"影响度的排序较为一致，但对"能源协同认知局限、能源区域封锁"影响度的排序则不尽相同。

7. 能源效率驱动下京津冀协同发展策略研究

第七章提出一系列有针对性的对策建议，具体包括：①提升多元主体认知，激发主体协同意愿。②多元区域主体协同：利益共享，责任共担。具体内容：一是北京协同：发挥模范带头作用，促进资源合理转移；二是天津协同：疏解非首都功能，建设清洁能源供给集散枢纽；三是河北协同：承接京津产业转移，建设绿色低碳能源服务基地。③多元社会主体协同：多维联动，同向发力。具体内容：一是政府协同：规划调控与立法监督；二是企业协同：积极响应，持续提高能源效率；三是公众协同：热情参与，加强舆论监督。

8. 研究结论与展望

第八章是研究结论与展望。对本书的主要研究结论进行总结，指出本书研究的局限性和下一步研究方向。

本书研究的技术路线，如下图所示：

能源效率驱动下京津冀协同发展研究

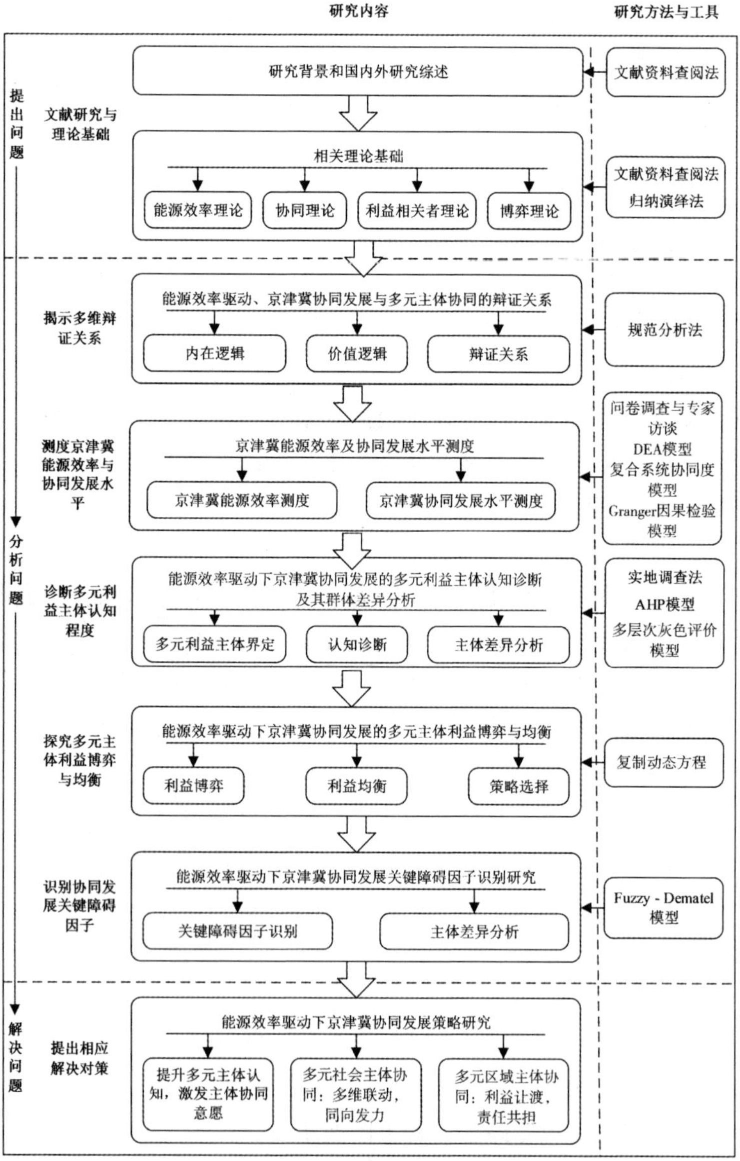

研究内容 研究方法与工具

```
提出问题
```

文献研究与理论基础

研究背景和国内外研究综述 ← 文献资料查阅法

相关理论基础 ← 文献资料查阅法 归纳演绎法

| 能源效率理论 | 协同理论 | 利益相关者理论 | 博弈理论 |

揭示多维辩证关系

能源效率驱动、京津冀协同发展与多元主体协同的辩证关系 ← 规范分析法

| 内在逻辑 | 价值逻辑 | 辩证关系 |

```
分析问题
```

测度京津冀能源效率与协同发展水平

京津冀能源效率及协同发展水平测度

| 京津冀能源效率测度 | 京津冀协同发展水平测度 |

← 问卷调查与专家访谈 DEA模型 复合系统协同度模型 Granger因果检验模型

诊断多元利益主体认知程度

能源效率驱动下京津冀协同发展的多元利益主体认知诊断及其群体差异分析

| 多元利益主体界定 | 认知诊断 | 主体差异分析 |

← 实地调查法 AHP模型 多层次灰色评价模型

探究多元主体利益博弈与均衡

能源效率驱动下京津冀协同发展的多元主体利益博弈与均衡

| 利益博弈 | 利益均衡 | 策略选择 |

← 复制动态方程

识别协同发展关键障碍因子

能源效率驱动下京津冀协同发展关键障碍因子识别研究

| 关键障碍因子识别 | 主体差异分析 |

← *Fuzzy - Dematel*模型

```
解决问题
```

提出相应解决对策

能源效率驱动下京津冀协同发展策略研究

| 提升多元主体认知，激发主体协同意愿 | 多元社会主体协同：多维联动，同向发力 | 多元区域主体协同：利益让渡，责任共担 |

技术路线图

· 032 ·

（二）研究方法

1. 问卷调查与专家访谈

问卷调查多元利益主体对京津冀协同发展的认知，历经两阶段调查，共发放问卷 500 份。其中，第一阶段以京津冀地区各级政府、企业以及公众这三类群体为调查对象，采取电话方式进行沟通，围绕能源协同"政策认知、法律认知、效益认知"以及能源效率与协同发展关系认知等主题，全程采用录音回溯功能记载被调查者回答，经过试调修改形成《京津冀协同发展认知度调查表》。第二阶段则全程采用网络信息推送方式对被调查者实施问卷调查。在构建京津冀协同发展认知度测度指标体系层次结构模型图时，主要依托太原理工大学专家资源优势，咨询访谈 6 位专家，综合专家意见设计层次结构模型图。

2. 比较分析法

横向比较分析绿色全要素能源的区域差异、京津冀协同发展水平的区域差异，多元区域利益主体、多元社会利益主体对京津冀协同发展的认知度差异、关键障碍因子障碍度存在的多元区域主体差异和多元社会主体差异；纵向比较分析京津冀绿色全要素能源的时间变化趋势、京津冀协同发展水平的时间变化趋势。

3. 定量分析法

构建 DEA 模型，基于京津冀地区 2011 年至 2021 年省级面板数据，测度京津冀地区的绿色全要素能源效率；基于复合系统协同度模型，对京津冀协同发展水平进行定量测度，并探讨子系统有序度及协同度的区域差异；构建京津冀协同发展认知度测度指标体系，诊断京津冀协同发展的多元利益主体的认知水平，进一步探析认知水平的多元区域主体差异和多元社会主体差异，采用 Granger 因果检验模型分析京津冀能源效率与协同发展的关联性；利用博弈模型，构建多元主体博弈的复制动态方程，分析京津冀协同发展的多元主体利益博弈与均衡；以能源效率驱动视角以及系统论思想，利用 Fuzzy - Dematel 模型对非首都功能疏解背景下京津冀协同发展的关键障碍因子进行识别，揭示关键障碍因子障碍度存在的多元区域主体差异和多元社会主体差异。

4. 规范分析法

构建京津冀协同度系统框架体系；构建能源效率驱动下京津冀协同发展认知度测度指标体系；构建京津冀协同发展障碍因子体系框架；基于博弈模型，探讨京津冀协同发展三方行为博弈过程中"三方都不协同"和"三方都协同"的策略选择。基于演化博弈理论，分析多元区域主体"京、津、冀"和多元社会主体"政府、企业、公众"的利益博弈与均衡，提出能源效率驱动下京津冀协同发展的策略建议。

五、本书创新点

本书的创新之处主要体现在以下几个方面：

（1）基于绿色全要素视角对京津冀能源效率进行测度。本书在构建京津冀能源效率测度指标体系时，突破传统全要素测度能源效率忽视绿色要素弊端，立足于京津冀协同发展过程中雾霾频发的特殊现实，在传统的非期望产出指标中纳入雾霾（CO、$PM_{2.5}$ 等）等绿色要素，测度京津冀能源效率，并构建京津冀协同度系统框架体系，采用复合系统协同度模型测度京津冀地区的协同发展水平，进一步探讨京津冀能源效率与协同发展的关联性，在一定程度上丰富和深化了能源效率测度以及协同发展水平测度的方法体系。

（2）制定能源效率驱动下京津冀协同发展认知度测度指标体系及测度方法。考虑到能源协同在能源效率驱动京津冀协同发展认知度测度中的重要意义，特色化地将能源协同要素融入认知行为学理论中常见的认知度测度指标，构建包含"能源协同政策认知、能源协同法律认知、能源协同效益认知、能源效率与京津冀协同发展关系认知"的测度指标体系，借助 AHP 模型与多层次灰色评价模型，将其应用于能源效率驱动下京津冀协同发展认知度评价测度，为京津冀协同发展认知度测度提供了一种全新的方法和途径，丰富和延伸了京津冀协同发展的理论内涵。

（3）完善能源效率驱动下京津冀协同发展多元利益主体博弈过程研究，揭示多元利益主体博弈策略选择。基于系统理论与演化博弈理论，纳入多元主体认知与能源效率驱动要素建立能源效率驱动下京津冀协同发展的三方"行动"博弈参数表及博弈支付矩阵，构建能源效率驱动下京津冀协同发展多元利益主体博弈模型。并揭示京津冀协同发展中的多元区域主体"京、津、冀"三方行为博弈过程中"三方都不协同"和"三方都协同"的策略选择，以及多元社会主体"政府、企业、公众"在能源协同机制中，企业主体（规范生产）和公众主体（合作监督）的策略选择取决于政府主体（调控监督）的策略行动，拓展了京津冀协同发展的研究视角与内容。

（4）设计能源效率驱动下京津冀协同发展关键障碍因子的识别方法。基于制度、市场、组织、观念构建能源效率驱动下的京津冀协同发展障碍因子体系框架，并将前述研究结论中的能源合作利益共享机制缺失以及能源协同认知局限两项障碍因子引入，经过八个阶段的反复论证，确定最终的障碍因子体系，采用 Fuzzy-Dematel 方法识别关键障碍因子，进一步运用阻碍度模型揭示关键因子障碍度的多元区域主体差异及多元社会主体差异，更新了京津冀协同发展障碍因子的识别方法。

第一章

能源效率驱动下京津冀协同 发展相关理论基础

第一节 能源效率概述

一、能源效率概念的提出

能源效率的概念源自节能一词。1979年，总部设在英国伦敦的世界能源委员会（WEC）对节能进行定义：在一切经济技术手段以及环境社会可允许前提下，尽可能提高资源的使用效率[1]。而20世纪70年代，全球爆发两次严重的石油危机，能源效率问题逐渐成为国际关注的焦点，世界上许多研究能源及环境问题的国际组织机构开始用能源效率这一名词代替节能的说法。

1995年，世界能源委员会综合众多学者观点，首次对能源效率正式定义：在提供同等能源服务的情况下，尽可能减少能源投入[2]。能源效率值为组织生产过程的有用产出量与组织生产过程的全部能源投入比值。能源效率概念的提出，意味着早期的节能观念已出现重大改变，不再将大力提倡节约和尽量减少能源消

---

〔1〕 郭琪：《公众节能行为的经济分析及政策引导研究》，经济科学出版社2008年版。

〔2〕 穆献中、周文韬、胡广文：《不同类型环境规制对全要素能源效率的影响》，载《北京理工大学学报（社会科学版）》2022年第3期。

耗当作解决能源危机的唯一手段，而是更加重视倡导提升技术进步水平，从而提高能源使用效率，缓解日趋严峻的资源和生态环境危机。此后，一系列学者基于不同角度对能源效率概念进行补充。学者博塞博伊夫（Bosseboeuf）等[1]主要立足于经济和技术两方面对能源效率进行解读，就经济角度而言，便是以更少的能源消耗尽可能获得更多的产出；就技术角度而言，主要是依靠技术进步降低能源消耗。而学者帕特森（Patterson）则从四个维度阐述能源效率，这些维度包括热力学、物理-热力学以及经济学、经济-热力学等维度。总体而言，帕特森与博塞博伊夫的定义相似。此外，学者赵佳丽、马克卫[2]在阐述能源效率时，更为关注能源消费量和能源技术扩散的重要意义。

与此同时，随着生态环境问题的不断涌现，从环境角度而非经济角度定义能源效率成为许多学者的出发点。在进行能源效率的测度时，既考虑期望产出，又考虑环境影响的非期望产出，即能源环境效率为期望产出与环境非期望产出之和与能源投入之比。学者魏一鸣等[3]认为，能源效率不能被简单地理解为降低能源消耗，而是看消耗的能源总量对于经济、社会和生态环境系统保持可持续发展所产生的贡献量。而学者王晓岭等[4]则将能源效率的主要特征概括为：能源消耗最少，经济产出最大，环境的负外部性最低。

〔1〕 Bosseboeuf, Chateau, Lapillonne, "Cross-country Comparison on Energy Efficiency Indicators: the On-going European Effort Towards a Common Methodology", *Energy Policy*, 2007, 25 (7-9).

〔2〕 赵佳丽、马克卫：《中国能源效率和能源消费的倾向性研究》，载《统计与信息论坛》2015 年第 10 期。

〔3〕 魏一鸣等：《关于我国碳排放问题的若干对策与建议》，载《气候变化研究进展》2006 年第 1 期。

〔4〕 王晓岭、武春友、赵奥：《中国城市化与能源强度关系的交互动态响应分析》，载《中国人口·资源与环境》2012 年第 5 期。

二、能源效率的内涵

节能是能源效率的重要目标之一，通过技术上的改进，以及在经济、环境和社会的允许下，采取一切可行的措施，提高能源利用效率。节能主要强调在生产、生活方面减少能源的使用量，通过节约以应对能源危机。"节能"涉及提高能源使用效率，但其侧重强调能源的节约使用。而能源效率虽然也强调节能，但其内涵在于依靠技术进步等因素提高能源使用效率[1]。

在社会生产过程中，能源效率并非简单地减少能源消耗，抑或一个简单而又孤立的测度结果，而是在整个社会系统中，与经济、社会、环境以及信息、技术等诸多因素联系紧密，对"减少能源消耗"理念的过度追求，并不是能源效率的终极目标，从短期利益来看，减少能源消耗确实是能源效率提升的最直接体现，但从长远利益或者是全局角度而言，简单地减少能源消耗往往"得不偿失"[2]。因此，能源效率的真正内涵在于消耗的能源总量对于经济、社会和生态环境系统保持可持续发展所产生的贡献量[3]。

三、能源效率的影响因素

能源效率的影响因素众多，既有经济社会因素，又有自然环境因素，各影响因素对能源效率的作用方式、路径、影响程度不尽相同。经济社会因素如产业结构、能源消费结构、产权结构、

---

〔1〕 郝青：《人力资本与技术进步对能源效率的影响效应分析》，中国海洋大学 2014 年硕士学位论文。

〔2〕 罗崇华：《产业结构演变过程中我国经济增长与能源消费的关联关系研究》，重庆大学 2009 年硕士学位论文。

〔3〕 郝青：《人力资本与技术进步对能源效率的影响效应分析》，中国海洋大学 2014 年硕士学位论文。

能源价格、经济发展水平、环境规制、技术进步、人均 GDP 等内生于人类社会本身，对能源效率产生的影响可以借助国家政策调整或群众能源消费方式的转变而改变。自然环境因素如地理位置、地质条件、地形地貌、太阳辐射、气候、日照、土壤等外生于人类社会，对能源效率产生的影响不以人的意志为转移[1]。因此，相较于自然环境因素，经济社会因素对能源效率产生的影响才是实现节能潜力的有效途径。

许多学者对能源效率的影响因素进行了分类，学者金永刚[2]将其分为"结构因素、科技因素、市场因素以及人为因素"四类，其中，结构因素包括"产业结构、对外贸易结构、所有制结构、能源消费结构"；科技因素包括"技术水平、专利数量、管理方法等"；市场因素包括"能源价格、交易规则、市场化程度等"；人为因素包括"政府影响力、公权力运用等"。巩芯仪[3]则以时间维度对能源效率的影响因素进行界定，将其划分为短期影响因素及长期影响因素两类，其中，短期因素包括"技术进步、交易规则、外商投资、对外开放度等"，长期因素主要有所有制结构、产业结构、对外贸易结构以及能源消费结构等。学者曾绍伦等[4]认为，在众多因素中，结构性因素、制度因素、市场因素、技术因素、发展状态因素等社会经济因素是影响工业全要素能源效率的主要因素。

---

〔1〕 张兵兵：《碳排放约束下中国全要素能源效率及其影响因素研究》，载《当代财经》2014 年第 6 期。

〔2〕 金永刚：《关于能源效率问题的内涵、逻辑及影响因素的研究综述》，载《辽宁大学学报（哲学社会科学版）》2020 年第 2 期。

〔3〕 巩芯仪：《能源效率概念、分类及影响因素研究综述》，载《新西部（理论版）》2015 年第 3 期。

〔4〕 曾绍伦、张雨朦、邓想：《工业全要素能源效率研究进展与展望》，载《生态经济》2018 年第 11 期。

此外，学者葛殊[1]将能源效率的影响因素划分为先天因素与后天因素两类。先天因素超越人力，不以人的意志为转移，而后天因素则可以通过政策调整以及技术进步而改变。先天因素主要包括"能源禀赋结构、能源消费结构、地质条件、地形地貌等"；后天因素则包括"能源价格、研发投入、技术进步、管制政策、国企比重、产业结构等"，相较于先天因素的超越人力，后天因素具有可塑性[2]。因此，为了显著提升能源效率，应该着眼于后天因素。

四、能源效率的测度方法

1. 单要素能源效率测度

单要素能源效率测度常用于行业或部门层面的能源效率测度，测度时只考虑能源投入要素是其主要特征。单要素能源效率测度可分为"能源投入/GDP"以及"GDP/能源投入"两种方法，广泛适用于微观、中观和宏观层面不同层次经济活动生产的能源效率[3]。

"能源投入/GDP"即能源（消耗）强度，表示单位产值消耗的能源数量，一般用吨油当量（或煤当量）/万元来表示，能源（消耗）强度表述直观易懂，单位产值能耗反映了能源和经济产出水平的辩证关系，深度刻画了经济对能源的依赖程度，是测度能源效率的有效工具，是政府进行宏观经济分析的常用手段。

"GDP/能源投入"即能源生产率，表示单位能源消耗所得到

〔1〕 葛殊：《制造行业能源效率变动及其影响因素分析——以宁波市制造行业为例》，宁波大学2015年硕士学位论文。
〔2〕 孙敬水、汪德兴：《中国地区能源效率差异及其影响因素分析》，载《技术经济与管理研究》2011年第12期。
〔3〕 饶杨平：《我国能源消费效率影响因素的实证分析》，西南财经大学2014年硕士学位论文。

的产出，与能源（消耗）强度测度方法存在互为倒数的内在联系，能源强度主要反映经济结构变化，而能源生产率则更关注能源配置变化，是对资本生产率以及劳动生产率测度方法的补充和完善，有助于甄别各投入要素之间的补充关系和替代关系，常用于行业或者部门层面的能源效率测度[1]。

单要素能源效率测度以其直观性和科学性在能源效率测度方法中长期占据着非常重要的地位。尤其是单源能源消耗强度，数值越小，表示能源效率越高。能源生产率是能源强度的倒数，两者既有联系又有区别，但均属于"生产率"的测度范围。总体而言，单要素生产率为能源效率的测度提供了一种简单可行的工具和方法。尽管如此，单要素能源效率测度方法在实际应用过程中依然存在明显缺陷。

首先，单要素能源效率测度无法解决能源投入的异质性问题，尤其是能源投入异质性换算的不确定性，影响了数据分析的准确性，虽然能源非同质问题可以用"理想价格"解决，但"理想价格"极易受技术水平和消费偏好等外部环境因素干扰而波动，并不可行。

其次，在对产出进行统计时，市场价格的确定以及期望产出的计算难以精确，尤其是在进行国际比较时，汇率法以及 PPP（购买力平价）法结论差异显著，而且，在对废水、废气、废渣等非期望产出进行统计时，没有一套成熟的科学系统可以作为统计标准，统计数据的完整性和准确性难以保证[2]。

最后，仅仅只考虑能源投入要素是单要素能源效率测度的一

---

〔1〕　金永刚：《经济发展中的能源效率问题：测度方法及评价体系》，载《沈阳师范大学学报（社会科学版）》2020 年第 3 期。

〔2〕　杨正林、方齐云：《能源生产率差异与收敛：基于省际面板数据的实证分析》，载《数量经济技术经济研究》2008 年第 9 期。

大缺陷。单一的能源并不能带来任何产出，需要与其他要素相互作用，才会形成产品或服务的输出，而由于投入要素的量纲不同，并不能将各种投入要素简单地相加，且各种投入要素的替代关系并不能仅通过单要素能源效率反映出来[1]。

2. 全要素能源效率测度

全要素能源效率测度纳入除能源以外的其他重要生产要素投入，是对单要素能源效率测度缺陷的改进和完善，相较于单要素能源效率，更贴近经济生产的现实情境，科学性与实际意义兼具，测度结果更具说服力。

全要素能源效率测度的关键在于准确确定目标能源投入，通过样本与生产前沿面的对比判断能源利用的相对效率，即目标能源投入/实际能源投入，而目标能源投入则是生产前沿曲线上最优的能源投入。目前，确定生产前沿曲线的方法较多，参数法与非参数法是其中最常见的两种方法。

（1）参数法。参数法最大的优势在于能够解释随机噪声。参数法通过事先设定具体的生产函数，对实际样本与生产前沿曲线的差距进行划分，将误差项划分为技术无效率和随机误差两类，然后对事先设定的生产函数进行参数估计。生产函数一般包括 C-D 生产函数或 CES 生产函数等[2]。生产前沿曲线的确定需要借助于规模庞大的数据，这无疑增加了随机误差存在的风险，对于数据的精确度，确定前沿模型有着非常严格的要求，相比之下，随机前沿模型在应用过程中能够有效减少随机误差的干扰，保证结论的可靠性。因此，相对于确定前沿分析法，随机前沿分析法

---

〔1〕 张宗益等：《产业结构调整、能源要素流动与能源生产率增长——基于结构红利假说的实证分析》，载《管理工程学报》2014 年第 2 期。

〔2〕 蔡正平、樊豪：《经济增长中生产要素贡献的实证研究——基于 C-D 生产函数和 CES 模型的比较分析》，载《技术与市场》2012 年第 7 期。

（SFA）的应用更为广泛。除此之外，自由分布法（DFA）以及厚前沿法（TFA）是目前较为典型和常见的参数方法[1]。

（2）非参数法。非参数法不用对生产函数进行参数估计，也无需对研究对象进行技术有效率的假设，仅仅需要提供相应的投入与产出数据，经过数据驱动方式，形成一条线性的包络凸面，以此作为生产前沿曲线，此方法的优点在于无需设定输入输出之间的关系，而最大的缺陷在于不能解释随机扰动，稳定性较参数法差，数据包络分析法（DEA）和指数法是两种最为典型的非参数法，其对每个单元进行效率分析都需计算线性规划以得到生产前沿曲线[2]。在DEA方法中，CCR模型与BCC模型较为常用，其中，CCR模型以理想情况作为考虑基础，如假设规模报酬不变，又或是规模报酬虽有变化，但所有的决策单元都处在最佳的生产规模状态[3]。

在构建凸面生产前沿边界时，CCR模型通常以最大产出或者是最小投入作为参照，通过投入产出点与前沿的对比判断决策单元的效率值，落在前沿边界上的决策单元是技术和规模有效的，而无效点则位于生产前沿线下方，且距离生产前沿线越近效率越高。后来，学者们对CCR模型中规模报酬不变这一假设进行改进，提出了基于规模报酬可变的BCC模型[4]。

使用DEA方法进行能源效率测度时既可以基于产出角度，又

〔1〕 谢洪军、任玉珑：《技术效率研究中的前沿分析方法及其比较》，载《科技管理研究》2006年第8期。

〔2〕 金永刚：《关于能源效率问题的内涵、逻辑及影响因素的研究综述》，载《辽宁大学学报（哲学社会科学版）》2020年第2期。

〔3〕 张倩伟：《生产前沿面的规模收益结构分析》，载《统计与决策》2010年第14期。

〔4〕 臧新、陆俊杰：《我国物流业能源效率的地区差异及影响因素——基于DEA-BCC模型的实证研究》，载《北京交通大学学报（社会科学版）》2018年第3期。

可以基于投入角度，但在 CCR 模型的规模报酬不变假设下，无论是投入角度还是产出角度，能源效率测度结果基本一致，而在 BCC 模型的规模报酬可变假设下，测算结果则不尽相同。

目前，DEA 方法已经得到广泛的应用，在此背景下，作为 DEA 方法中的两种基本模型，CCR 模型与 BCC 模型优势突出，但缺陷也逐渐凸显。如 DEA 方法得到了更加广泛的应用。而作为 DEA 方法中的两种基本模型，CCR 模型与 BCC 模型虽已被广泛应用，但问题也逐渐显露出来。如多个决策单元同时落在生产前沿曲线上时，CCR 模型与 BCC 模型均无法对有效的决策单元进行比较和排序[1]。

五、能源效率与经济发展的关系

能源是一切生产活动中不可或缺的重要投入要素，对经济、社会的可持续发展会产生巨大影响。具体而言，能源效率不仅关乎生产成本的高低，而且对生态环境的保护及治理均有着举足轻重的影响。

能源效率的提升对经济增长的促进作用显而易见。经济的长期高速增长，往往以能源供应的增加以及能源效率的提升为前提和基础。有研究结果显示，经济增长与能源强度呈倒"U"型曲线，若人均 GDP 高于某一阈值，能源强度拐点就会出现，经济增长对于能源的依赖程度将有所减弱，呈逐步下降趋势，若排除技术改进或创新对于经济增长的贡献，提升能源效率才是提高经济增长率的唯一途径。此外，也有部分学者持不同观点，认为能源效率并非持续推动经济增长的源泉，但可以肯定的是，能源强度

---

〔1〕 陈艳玲：《基于 DEA 的建筑业科技成果推广绩效评价研究》，广州大学 2012 年硕士学位论文。

的降低一定不能促进经济增长率的提升[1]。

稳定的经济增长需要与之相匹配的能源消费作为基础。那么，经济增长对能源效率的影响如何？多数学者的研究揭示了一个有趣的事实，那就是经济增长并不一定对能源效率产生影响，而会因发展阶段和收入状况不同产生相异的结果，要素投入与经济增长存在门限值，超过门限值，要素产出弹性以及产出规模报酬系数均大幅提升，各种要素对产出规模的贡献率出现变动。而在同一区域的不同发展阶段，能源效率与经济增长之间存在显著的机制转换效应，以人均 GDP 的阈值为界，从一个机制自然、平滑地切换为另一个机制，能源效率通过一系列倒逼产业结构优化手段促进经济增长[2]。若区域经济发展水平处在低收入范围，则能源效率与经济增长表现为明显的线性关系；而当区域经济发展水平处在中等或较高收入范围时，能源效率与经济增长便表现为典型的非线性关系。对于中等收入经济体，由于能源强度低下与经济增长高速增长两者之间具有强烈的双向因果关系，通过提高能源效率等手段，其可以获得额外的增长红利。此外，部分研究结果还显示，经济增长会导致能源效率的变化，若能源强度一直增加，则能源结构会持续恶化。

六、能源效率与环境的关系

能源效率以降低能耗、提高产出为目的。因此，任何能源效率的提升必定带来环境污染的减少，而所有环境污染一定源自低下的能源效率。环境规制的意义在于对环境的保护，从短期看，

---

〔1〕　路正南、冯阳、王健：《基于内生增长模型的能源强度与经济增长率关系研究》，载《统计与决策》2017 年第 12 期。

〔2〕　路正南、冯阳、王健：《基于内生增长模型的能源强度与经济增长率关系研究》，载《统计与决策》2017 年第 12 期。

严格的环境规制导致企业生产成本的增加，在一定程度上抑制能源效率的提升，但从长期而言，环境规制终将极大地促进能源效率的提升[1]。

全要素能源效率对环境污染有显著影响，两者之间存在长期的均衡关系，全要素能源效率的提升是减少环境污染的必然选择。一般而言，高度能耗产业、中度能耗产业、低度能耗产业的规制强度对于全要素能源生产率的影响并不相同，但总体而言，长期范围内，环境规制强度的增加一定会促进企业技术进步，从而降低能源强度。但环境规制强度应与当前能源消费结构存在良好的适配关系，若脱离了"节能"主旨，环境规制便会失灵，甚至表现为副作用[2]。

近年来，全球经济高速增长，自然资源过度使用，碳排放严重超标，环境问题逐渐成为全球关注的焦点。目前，化石能源在全球能源消费结构中的占比依旧较高，经济发展以高昂的环境成本为代价。工业部门抑制 CO_2 排放刻不容缓，而能源利用效率的提升是实现 CO_2 减排的关键措施，即能源效率的提升对 CO_2 排放减少具有正向的影响，而风能、太阳能、电能等清洁和可再生能源的利用能够显著减少 CO_2 的排放。对中国等发展中国家而言，提升能源效率，降低环境成本是应对能源危机的重要法宝。

七、能源效率理论在京津冀协同发展中的应用

能源是工业发展的粮食，是保障国民经济正常运转的命脉。能源需求的日益增加，导致全世界范围内不可再生性能源面临枯

---

〔1〕 彭代彦、张俊：《环境规制对中国全要素能源效率的影响研究——基于省际面板数据的实证检验》，载《工业技术经济》2019年第2期。

〔2〕 张雪：《论地方政府环境规制失灵：内在机理与破解途径——基于"智猪博弈"模型视阈》，载《成都行政学院学报》2012年第5期。

竭风险，提升能源利用效率迫在眉睫。在许多国家，能源效率与可再生能源事关国家安全利益，是可持续能源政策的两大基石。麦肯锡全球研究院曾断言，能源效率的提升足以维持全球能源需求的增长率在1%以下，而能源效率理论亦指出，能源效率是至关重要的"能源来源"，采用有效的技术手段或生产过程，可以在提供同等能源服务的条件下，减少能源投入，从而降低资源消耗总量，保障能源供应和能源安全。

作为我国三大城市群之一，京津冀经济的快速增长导致区域能源需求总量持续增长，但相较于许多发达国家和地区，京津冀地区能源利用效率仍相对偏低，面临能源消费短缺与生态环境持续恶化威胁。以能源效率提升为手段，大力改进企业工艺和设备，深度挖掘节能潜力，已成为京津冀协同发展目标实现至关重要的战略选择。一方面，通过能源技术革命，推广节能技术，激发京津冀能源生产动能；另一方面，大力推进能源消费革命，优化能源供给结构，控制京津冀能源消费总量。

第二节　协同理论

一、协同论的提出

作为一门新的综合性学科，协同学（Synergetics）意为协同合作之学，源自希腊语，协同或协同作用是其最基本特征。协同学运用演化方程研究协同系统的非平衡态和不稳定性，通过建立数学模型和处理方案等辅助工具，探析复杂系统内部结构或子系统的演化过程，厘清子系统间非线性的相互作用关系，以及由此而产生的协同效应，进一步揭示系统从无序到有序转变的共同规律。

20 世纪 70 年代，德国物理学家哈肯（Haken）在对激光进行研究时发现，在一般情况下，独立发光的原子及其产生的光电场并无显著联系，但当赋予一定的约束条件和外界条件时，两者却形成神奇的激光景象——相位和方向都协调一致的单色光，而且发射的光强（即输出功率的大小）明显伴随着输入功率的增大而急剧增加。在这一现象的启发下，哈肯又利用激光的一般原理对包括电子线路、细胞黏菌的聚集、化学振荡、斑马纹的形成、星体演化在内的诸多自组织现象进行了分析，发现无论是自然系统还是社会系统内部的子系统，均表现出竞争与协同的特性，而大量子系统之间的竞争与协同共同推动系统从无序向有序演化。由此，哈肯对协同学的认识产生了质的飞跃，而激光理论，正是哈肯开拓发展非平衡态的基础。此后，基于研究发现，哈肯发表了一系列协同学的专著，并在《协同学导论》《高等协同学》中对协同论进行了详尽的阐述[1]。哈肯认为，所有的系统状态，无论是稳定状态还是非稳定状态，都是子系统间各种因素相互影响的结果，在控制参量达到临界值时，由于非线性相互作用关系的存在，子系统之间产生协同效应，形成具有一定功能的自组织结构，出现新的有序状态，所有非封闭系统，皆能在一定条件下，维持非均衡的稳定结构形态。

二、协同论的理论内核

协同是协同学的重要内容与基本之义。协同有狭义和广义两种含义。就狭义而言，协同弱化竞争而强调合作、协作、团结、同步、互助等；就广义而言，协同不仅仅包括合作，也包括竞争，即所有的非封闭系统，都是在相互协同合作与竞争中形成非

---

〔1〕 张纪岳、郭治安、胡传机：《评〈协同学导论〉》，载《系统工程理论与实践》1982 年第 3 期。

均衡的稳定结构形态。协同是一种联合作用的集体行为，在此过程中，子系统或内部诸要素之间互相协调、合作，最终形成具有一定功能的自组织结构，而竞争和协调则构成了自组织系统演化的不竭动力。作为系统自组织的首要条件，竞争使系统呈现不平衡状态，而协同则驱动整体性在系统中居于支配地位，主导系统的整体演化方向和进程[1]。

自组织理论于20世纪60年代末期建立，主要研究复杂自组织系统形成和发展机制问题，探索系统演化的内在机理。自组织理论是协同学的核心内容与理论基础。若系统内部没有外部命令干扰，仅依靠相互默契和协同工作实现目标，则该系统即为自组织的。而系统内部自身组织，在控制参量达到阈值的条件下，通过信息反馈控制子系统的行为，此组织结构称为自组织结构。序参量在自组织状态的形成过程中发挥着巨大的作用，一方面，序参量通过信息反馈使组织结果得到控制和强化；另一方面，序参量通过正反馈加强自身使系统维持有序形态。外界提供给系统无序的能量和物质形式，但自组织结构把无序变为有序[2]。

自组织理论应用广泛，其对实践的指导意义在于：任何组织在有效率时，政府均不应介入，而只有当自组织无效率时，政府才适合介入；任何系统，只有自组织化程度越高，系统进化越快、越先进，可持续发展能力才越强。

三、协同效应与协同机制

1976年，哈肯在其著作《协同学引论》中对协同效应进行了阐述，认为在复杂开放系统中，存在大量子系统，其通过相互的

---

〔1〕 杨春宇、黄震方、毛卫东：《旅游地复杂系统演化理论研究流派、进程与展望》，载《人文地理》2009年第3期。

〔2〕 楼慧心：《自组织理论与观念的变革》，载《探索》1987年第4期。

协同作用而产生整体效应或集体效应，即协同效应。在现代社会中，竞争与协同或合作无处不在，构成了协同学的基本内容与协同理论的基本运行机制。在复杂开放系统中，各子系统总处于竞争与合作状态，因相互协同而发生演变，协同理论既重视协同（合作）需求，又强调协同（竞争）需求，但在协同学中，哈肯则重点关注合作机制[1]。

竞争是永恒存在的，是驱动系统从无序向有序结构演化的动力之源。任何复杂系统内部各要素间永远存在差异，这种差异或发展的不平衡性是竞争存在的基础，竞争有大有小，有强有弱，差异永恒，竞争的存在和演化亦永恒。系统各要素之间相互协同作用程度不同，对外部环境的反应程度和表现形式亦不相同，从外界获取物质、能量的能力也存在差异，因此，竞争绝非偶然，其存在具有必然性。反过来，竞争又扩大了系统内部要素间的差异，导致系统的非均匀性和不平衡性加剧。竞争贯穿开放系统的演化过程，一方面，竞争促成了系统远离平衡态的自组织演化条件的形成；另一方面，竞争促进发展，推动系统从无序状态向有序结构演化[2]。

竞争是系统各要素协同的基本前提和条件，竞争的永恒存在导致系统持续不断地演化，即便暂时达到协同效应，系统依然会进行自组织运动，推动自身向更高有序协同结构迈进，在此过程中，各子系统既关联又排斥，不断运动形成新的均衡状态，新旧协同不断更替，达到一定的水平之后催化生成更新的组织结构，这是各子系统功能分化和协作导致的质变。

---

〔1〕 孙汉忠：《对协同执行机制的分析——以"执行难"的综合治理为视角》，载《人民司法》2010 年第 1 期。

〔2〕 武杰、李润珍、程守华：《从无序到有序—非线性是系统结构有序化的动力之源》，载《系统科学学报》2008 年第 1 期。

四、区域协同的内涵

区域协同是实现地区经济、社会可持续发展的内在要求，其内涵有别于区域一体化、区域分工合作等相关概念，是由众多要素构成的具有复杂结构特征的开放性系统。区域协同系统内诸要素既相互合作也相互竞争，既关联又排斥，在对立统一中不断寻求更高的协同效益，达成新的均衡状态，区域协同系统通过不断地进行自组织运动，获得协同竞争新优势。因此，区域协同具有动态性特征，不断演化〔1〕。此外，区域协同不仅仰赖内部诸多要素的合作与竞争，更离不开外部环境的影响与支持，区域协同强调多元要素的合作与竞争，并非简单的、单打一形态的经济命题，而是集合了经济、社会、生态、环境、文化、制度等多重要素协同发展的综合性命题〔2〕。区域协同需要在多元系统架构下，寻求科技创新、融合发展新机遇，在深化改革中诠释"进"的真谛，构建协同发展新格局，实现区域整体谋划与重点突破的有机统一，因此，区域协同具有静态性特征，是集过程与状态、方式与结果的有机统一，内涵逻辑在于兼顾区域发展的公平与效率，兼顾整体利益与局部利益，有助于构建结构优化、布局改善、富有活力，高质量发展的区域经济系统。

五、区域协同的构成

区域协同是具有复杂结构特征的开放性系统，丰富的要素配给以及友好的环境支持构成优良的区域协同系统。区域协同系统

---

〔1〕 孙久文：《"十四五"背景下京津冀协同发展与雄安新区建设》，载《金融理论探索》2022 年第 2 期。

〔2〕 王利敏、王东波：《新发展格局下的京津冀协同发展》，载《商展经济》2022 年第 7 期。

与其子系统以及外部环境进行能量、物质与信息的交换，以维持自身的动态性、整体性和均衡性。区域协同一般包括"区域的有效协同、不同地域间产业的有效协同、同一区域内各子系统的有效协同以及区域系统与外部环境系统的有效协同。其中外部环境系统包括政治系统、生态系统、社会系统。上述四个维度的区域协同，以协同发展战略为核心，打造区域协同系统的重要载体[1]。不同的子系统为区域协同系统注入能量，推动区域协同系统本身向更高有序协同结构迈进。此外，上述四个维度的区域协同，不仅构筑了区域协同系统的宏观基础，而且还为区域协同发展提供了良好物质基础、环境预期以及发展方向。在区域协同中加入外部环境系统，可以有效解决污染严重、生态失衡、资源枯竭、贫困加剧以及社会阶层分化等一系列深层次问题，是对曾经区域粗放式发展带来的假性繁荣的深刻反思。区域协同要尊重经济规律，完善产权制度和要素市场化配置；要尊重资源约束、要素承载力以及生态平衡，敬畏大自然，保护环境；要尊重社会均衡发展，兼顾区域发展的公平与效率。区域协同若无视外部系统平衡，则注定不能可持续发展。

六、协同论在京津冀协同发展中的应用

世界由相互联系的子系统复合而成，其中的万事万物不是系统就是其他系统的子系统，参与系统的演化过程，且变化具有规律性。耗散结构理论指出，事物非平衡相变现象的存在往往容易导致系统在一定的环境条件下从无序状态演化为有序状态。而协同学则认为，竞争是永恒存在的，是协同产生的前提，一切系统通过竞争进行演化发展，竞争与合作决定系统的演化进程。系统

---

〔1〕《努力推动京津冀协同发展迈上新台阶取得新成效》，载《中国产经》2022年第6期。

诸要素或其子系统相互协同（合作或竞争），驱动系统从无序向有序演变，实现系统整体功能大于各要素或各子系统功能之和的相对均衡态。有序和无序是子系统和系统各要素间联系与发展呈现的两种常见状态，在一定条件下可以相互转化。

京津冀协同发展是一个复杂系统，子系统众多，且子系统的构成要素和层次复杂，千差万别。京津冀协同发展系统遵循系统演化机制和规律，各子系统或要素的竞争与合作驱动京津冀协同发展系统实现系统整体的有序状态，若京津冀协同发展陷入困境，则必然导致整个协同系统无序和混沌，系统的整体性功能无法实现有效发挥。只有当京津冀协同发展系统各要素和各子系统相互协调，在竞争与合作中产生协同效应，京津冀区域的整体功能才能大于各要素或各子系统功能之和。

京津冀协同发展离不开区域自组织的实现过程，而自组织结构的优化则指明了京津冀协同发展的方向和路径，京津冀协同发展的本质即系统中宏观、中观、微观等多个层面和维度实现自组织化和协同化的过程。

第三节　利益相关者理论

一、利益相关者理论的产生

1959 年，彭罗斯（Penrose）在其专著《企业成长理论》中提出"企业是人力资产和人际关系的集合"这一论断，正式奠定了利益相关者理论构建的基石。进入 20 世纪 60 年代，美、英等国高度重视股票市场作用，但奉行"股东至上"的公司治理模式遭遇了经济的迅速滑坡，与之截然相反的是，奉行利益相关者理论的德、日等国，经济却在同期迅速崛起，导致相关学者对"股东至上"的公司治理模式提出怀疑，并尝试构建新的公司治理理论体系。因此，1963 年，美国斯坦福研究院明确提出利益相关者的定义，但直到 1984 年，弗里曼（Freeman）在《战略管理：利益相关者管理的分析方法》一书中，才明确提出了利益相关者管理理论。此后，利益相关者管理理论在世界范围内迅速扩展，深刻影响着各国公司治理模式的选择以及管理方式的转变。

经过三十多年的发展，利益相关者管理理论已经在管理学、经济学等领域得到广泛应用，企业利益相关者的研究也大批涌现，学者们从不同的角度对利益相关者的概念进行阐述，相关定义已高达三十多种，但尤以弗里曼的观点最具代表性：利益相关者是能够影响一个组织目标的实现，或者受到一个组织实现其目标过程影响的所有个体和群体。弗里曼的定义丰富并完善了利益相关者的内容，并使得利益相关者理论成为独立的理论分支[1]。利益相关者理论的提出，改变了企业将"追求利润最大化"作为唯一目标的传统做法，促使其开始重视所应承担的社会及政治责任。

二、利益相关者的界定与分类

尽管利益相关者概念高达三十多种，但总体而言，众多学者皆强调利益相关者与企业管理之间的关系，这其中有深刻的理论背景。就广义而言，利益相关者的范畴非常广，指那些能影响企业目标的实现或被企业目标的实现所影响的个人或群体。就狭义而言，利益相关者是指在企业中投入了各种资本（包括实物资本、人力资本、财务资本）并由此承担相关风险的个人或群体。两者有着较大差异，相较于广义定义，狭义定义将政府、社会组

---

〔1〕 曹治国、姚帅：《利益相关者视角下董事多元化分析——以职工与银行债权人为例》，载《北京政法职业学院学报》2022 年第 1 期。

织等边缘利益相关者排除在外。总体而言，两种利益相关者概念均强调了利益主体的存在、利益主体与企业之间的关系、投资和风险的分配等问题。

对于利益相关者的分类，多锥细分法和米切尔评分法是目前学术界比较认可的两类划分法。

1. 多锥细分法

自 20 世纪 80 年代以来，多锥细分法被广泛应用于利益相关者的分类。该方法旨在从多个维度理解利益相关者并对其进行细分，深化了人们对于企业利益相关者的认知。弗里曼根据利益相关者拥有资源的不同以及对企业影响程度的差异，将其划分为：持有企业股票的董事会成员、股东、经理等，经济依赖性利益相关者以及社会利益相关者三类；弗雷德里克（Frederick）基于利益相关者对企业产生影响的方式，将其划分为：直接利益相关者和间接利益相关者；克拉克森（Clarkson）则提出两种分类方法，第一种方法是根据利益相关者在企业经营活动中承担风险的种类和方式差异，将其划分为：自愿利益相关者和非自愿利益相关者；第二种方法是根据利益相关者与企业之间的联系程度，将其划分为：首要利益相关者和次要利益相关者。此外，还有部分学者根据利益相关者是否与企业存在合同契约关系，将其分为：契约型利益相关者和公众型利益相关者[1]。

2. 米切尔评分法

20 世纪 90 年代，美国学者米切尔（Mitehell）和伍德（Wood）提出米切尔评分法以对利益相关者进行分类。该方法完美地将利益相关者的界定与分类结合起来，重点强调利益相关者的确认和特征，并从合法性、权利性和紧迫性三方面对利益相关者进行综

---

〔1〕　张瑞军：《利益相关者视域下社会主体参与现代学徒制研究》，载《上海教育评估研究》2021 年第 6 期。

合评分，依据分值大小对利益相关者进行分类，将其划分为：确定型利益相关者、预期型利益相关者、潜在型利益相关者三类。

相较于多锥细分法，米切尔评分法操作简单，能够准确判断和界定企业利益相关者，是利益相关者理论进步的重大体现。此外，其他学者也从其他属性对利益相关者进行界定和划分。基于利益相关者的合作性与威胁性，陈建煊[1]、李心合[2]将利益相关者划分为：支持型利益相关者、混合型利益相关者、不支持型利益相关者以及边缘型利益相关者四类；而贾生华等[3]则另辟蹊径，围绕利益相关者的主动性、重要性和紧急性三个特征，将其划分为：核心利益相关者、蛰伏利益相关者和边缘利益相关者三类。

三、利益相关者理论在京津冀协同发展中的应用

任何组织的行为和决策往往都为经济利益所驱使，其工作开展的重点内容之一便在于理解并尊重受组织目标实现及其过程影响的利益相关者，并综合平衡其利益诉求。利益相关者理论认为，组织的决策权力和利益应移交至利益相关者，这既是伦理要求，亦是战略资源，有助于大幅提升组织的竞争优势。组织的作用在于最大限度满足利益相关者的权益，平衡组织需求与利益相关者需求，而利益相关者则既可以约束组织的管理决策，又可以促进组织的管理行为。组织应给予利益相关者充分关注，而利益相关者的利益本身对于组织而言亦是有价值的。

京津冀协同发展涉及的利益主体多元，且各主体的利益诉求不尽相同，利益交织而成复杂的网络关系，形成合力共同推动京

〔1〕 陈建煊：《利益相关者管理》，载《经济管理》2000年第4期。
〔2〕 李心合：《面向可持续发展的利益相关者管理》，载《当代财经》2001年第1期。
〔3〕 贾生华、陈宏辉、田传浩：《基于利益相关者理论的企业绩效评价——一个分析框架和应用研究》，载《科研管理》2003年第4期。

津冀协同发展，而京津冀协同发展的目标便在于最大限度满足各利益相关者的权益，当利益相关者因协同发展而获得比非协同发展更多的利益时，利益相关者便会积极参与京津冀协同发展；若利益相关者在此过程中利益受损，其则会拒绝协同而独自发展，这对于利益相关者以及京津冀协同发展而言，皆无益处。

第四节　博弈论

一、博弈论的产生和发展

1926 年，博弈论之父约翰·冯·诺伊曼（John Von Neumann）首次将注意力转向博弈论，并在 2 年后的 1928 年，在《博弈论》一文中证明了博弈论的基本原理，宣告博弈论的正式诞生，16 年后，他又与经济学家奥斯卡·摩根斯特恩（Oskar Morgenstern）合作，撰写出版了博弈论的鸿篇巨著——《博弈论与经济行为》，标志着现代系统博弈理论的初步形成。20 世纪 50 年代，约翰·纳什（John Nash）提出博弈均衡点的概念，并利用不动点定理证明了博弈均衡点的存在，彻底改变了人们对于竞争和市场的普遍看法。纳什均衡是一种策略组合和博弈的稳定结果，使得每个参与人的策略选择均是对其他参与人策略的最优反应，在这样一种博弈的稳定状态下，若其他人不改变策略，则无人会改变自己的策略[1]。20 世纪 60 年代，合作博弈理论、非合作博弈理论均获得长足发展，提出了囚徒困境、重复博弈、沙普利值等概念，博弈论迈向发展成熟期，一系列常识性的基本概念得到系统性阐述，逐步形成了完整而系统的理论体系，此外，博弈论与数理经

---

〔1〕　王佳琦、毛春梅：《基于博弈理论的跨域水体联治府际行为研究——以太湖流域为例》，载《环境保护科学》2022 年第 2 期。

济建立起牢固而持久的关系。博弈论的研究队伍逐渐扩大，经济学亦开始成为博弈论关注的焦点[1]。20 世纪 70 年代以后，博弈论对其他学科的研究产生巨大影响，几乎在所有研究领域均取得重大突破，博弈论不再是少数研究者的专属，而是走向大众，广泛应用于经济学、管理学、计算机科学、心理学等众多领域。不断涌现的新的博弈模型，将进一步推动博弈论在各学科中的应用。

二、博弈论的基本概念

作为现代数学的新分支，博弈论是运筹学的重要组成内容，主要研究决策主体的理性决策行为以及相互影响下的博弈均衡。20 世纪 40 年代，博弈论被引入经济领域，用来分析经济和贸易竞争[2]。在学者看来，可以借助博弈论分析国际安全问题及经济问题，解决博弈方期望效率最大时的策略选择问题。经过多年的发展，博弈论已经形成完善的理论体系，被广泛应用于各个研究领域。

博弈论是探索最优决策的理论。其中，参与者（局中人）、行动（行为）、信息、策略、支付（效用）、均衡、损益、结局构成了博弈论的基本概念。

1. 参与者（局中人）

参与者（局中人）指博弈过程中具有决策权的个人或组织。在博弈规则约束下，各参与者合理选择策略以期获得最大收益，在此过程中，各参与者以平等姿态独立决策。参与者既可以是自

---

〔1〕 马立伟、房建恩：《进化博弈理论视角下河北省农业水价制度优化研究》，载《农业与技术》2022 年第 7 期。

〔2〕 韩九林、马利：《基于博弈理论的最优招标价格研究》，载《中国商论》2022 年第 7 期。

然人，又可以是其他法人组织。

2. 行动（行为）

行动指博弈过程中，各参与人在某个时间节点能够选择的决策变量。通常情况下，在同一信息集的不同决策节上，博弈的参与人具有不同的行动集合。行动可以是连续的，也可以是离散的，在博弈论中，假定参与人对行动空间和行动顺序具有共识[1]。

3. 信息

信息是决定最终博弈结果的重要因素，通常指参与人理解与掌握的关于博弈的知识。依据参与人对博弈收益的理解程度，信息可分为完全信息和不完全信息两类；依据来源渠道，信息可分为直接信息和间接信息两类；依据时间变化，信息可分为动态信息和静态信息两类。

4. 策略

策略是参与者的"相机行动方案"，是参与者应对其他博弈方行为的完整行动方案，具有完整性、多样性以及不可观察性三大特征。策略是行动的规则，而在同一博弈中，不同参与者的策略集拥有的策略数量不同。

5. 支付（效用）

支付（效用）指博弈过程中参与者在特定策略组合下获得的确定效用水平或期望效用水平，其本质是参与人的博弈利润，赋值可正可负，通常随博弈的演化进程而不断发生变化。

6. 均衡

均衡是博弈过程中所有参与者最优策略的组合，是一种相对稳定状态，是均衡策略的外在表现。在博弈均衡中，所有参与者并不想单独改变策略，但博弈均衡是动态的，从动态的竞争到相

---

〔1〕　任丽蓉：《基于群体博弈理论的个人征信体系构建研究》，载《经济研究导刊》2022 年第 9 期。

对静态，周而复始。

7. 损益

损益是指参与者博弈结果的赢输、得失或盈亏，是博弈者关注的核心内容，包括收入、损失、个人声望、经济福利等。在博弈中，参与者的损益不仅取决于自身行动，也取决于其他博弈方的策略。

8. 结局

结局是指所有参与者选择各自策略后的博弈结果。博弈规则影响博弈结局，但在一定条件下，博弈结局是可变的，完全取决于参与者的策略。

三、博弈的基本类型

基于不同的角度和标准，博弈的分类结果也不尽相同。依据参与人决策的时序，博弈可分为静态博弈和动态博弈两类。其中，静态博弈是指在博弈过程中，参与者决策有先后顺序，但双方并不清楚对方的策略；而动态博弈是指在博弈过程中，参与者决策依然有先后顺序，但与静态博弈的差异在于后决策者知道前决策者的策略，后决策者可以依据先决策者的决策调整自己下一轮的决策内容。依据博弈参与人之间的关系，博弈可分为合作博弈和非合作博弈两类。其中，合作博弈是指在博弈过程中，一方参与人对另一方参与人具有较强的约束力；而非合作博弈是指在博弈过程中，各参与人之间并无约束力，彼此独立。相较于非合作博弈，合作博弈较为常见[1]。依据信息获取的完整程度，博弈可分为完全信息博弈和不完全信息博弈两类。其中，完全信息

〔1〕 郭梦菲、陆青竹：《基于演化博弈理论职业体育赛事利益相关主体合作行为研究》，载中国体育科学学会：《第十二届全国体育科学大会论文摘要汇编——专题报告（体育产业分会）》，2022 年。

博弈是指在博弈过程中，每一个参与者对博弈对手的策略了如指掌；而不完全信息博弈是指在博弈过程中，参与者对博弈对手的策略并不完全了解[1]。此外，还有一些学者或依据参与人的策略是否有限将博弈分为有限博弈与无限博弈两类，或依据博弈模型的数学特征将博弈分为矩阵博弈、连续博弈、微分博弈三类，或依据参与者的得益总和的不同将博弈分为零和博弈、常和博弈以及变和博弈三类。

四、纳什均衡

纳什均衡即非合作博弈均衡，是美国数学家约翰·纳什在1950年提出的概念，奠定了非合作博弈的理论框架与概念基础。纳什均衡是博弈论的重要术语，在经济学、管理学、计算机科学等领域有着广泛的应用。尽管在不同的研究领域，纳什均衡的定义不尽相同，但总体而言，纳什均衡一般可以分成"纯策略纳什均衡"和"混合策略纳什均衡"两类。

纳什均衡是一种策略组合，在这种策略组合下，每位博弈者的策略均是对其他博弈者策略的最优反应，达到期望收益的最大值。纳什均衡的本质在于达到最优收益状态，而这种状态并非静止的。在包含 n 个参与者的博弈过程中，任意博弈方 i 的可选策略集合为 s_i，则 n 个参与者的博弈对策 $G = \{s_1, s_2, \cdots s_n; h_1, h_2, \cdots, h_n\}$，其中 h_i 表示博弈方 i 的收益，若博弈方 i 在可选策略集合 s_i 中选择策略 s_i^*，均是对其他博弈方策略组合 $(s_1^*, s_2^*, \cdots, s_{i-1}^*, s_{i+1}^*, \cdots, s_n^*)$ 的最优对策，即任意博弈方 i 的收益 h_i

$$h_i(s_1^*, \cdots, s_{i-1}^*, s_i^*, s_{i+1}^*, \cdots s_n^*) \geqslant h_i(s_1^*, \cdots s_{i-1}^*, s_{ij}, s_{i+1}^*, \cdots, s_n^*)$$

---

[1] 李巧茹等：《基于演化博弈理论的疏散动力学研究》，载《系统仿真学报》2023年第2期。

对任意的$s_{ij} \in s_i$都成立，则称策略组合(s_1^*，s_2^*，$\cdots s_n^*$）为博弈对策 G 的一个纯策略纳什均衡。但这并不意味着博弈达到纳什均衡状态时，博弈各方会一直处于静止状态，而是表明在这种相对稳定状态下，若其他人不改变策略，则博弈方不愿意单独改变自己的策略[1]。

五、博弈论在京津冀协同发展中的应用

无论是个人竞争、商业纠纷还是国际制衡，作为一种争取利益的竞争，博弈无处不在，始终伴随着人类的发展。参与者、利益、策略和信息构成了博弈的四大要素，其中，参与者是博弈的主体，制定策略；利益是博弈的目的，形成博弈的基础；策略是获得利益的手段，旨在获得最大利益；而信息则是制定策略的根据，是执行方案的基础。博弈论是严肃的科学，其中，理性是博弈的内核，博弈思维则是理性思维的集中体现。作为研究理性行动者相互作用的形式理论，博弈论指出，任何个人或组织，总是在一定环境与规则约束下，依据自身拥有的信息和资源，各自选择行为或者是对策略进行选择并付诸实施，从而获得相应结果或收益。

京津冀协同发展的多元利益相关者通过竞争与合作驱动京津冀协同发展，参与各方之间存在密切的经济关联效应，都追求长期利益，且都存在一定理性，若参与协同收益大于参与协同所付成本，各方均进行合作，参与协同，否则，各参与方采取不协同作为自己的占优策略。京津冀协同发展是无限次重复博弈的过程，需要建立良性的、共同繁荣的博弈关系，遵循利益共享与补偿适当原则，强化博弈的协调功能，兼顾区域整体利益与个别利

---

[1] 葛婷婷：《博弈困境理论视角下惩戒权的分析》，载《鄂州大学学报》2021年第6期。

益，共同推动京津冀协同发展。

本章小结

　　能源经济学理论、协同理论、可持续发展理论、利益相关者理论、博弈理论、信息经济学、现代管理学以及数理统计学等相关学科成果构成了能源效率驱动下京津冀协同发展这一现实问题探索的理论基础。

　　本章主要对能源经济学理论、协同理论、可持续发展理论、利益相关者理论、博弈理论进行阐述，具体内容包括能源效率理论的提出、基本内涵，能源效率的影响因素、测度方法，能源效率与经济发展、环境的关系；协同理论的提出、理论内核，协同效应与协同机制、区域协同的内涵、协同论在京津冀协同发展中的应用；利益相关者理论的产生、界定与分类；博弈论的基本概念、产生和发展、基本类型、纳什均衡等诸多内容。

　　深刻理解和正确运用基本理论是本书研究的重要前提，也是准确把握能源效率驱动下京津冀协同发展逻辑前提的应有之义。对相关基本理论进行系统性总结与归纳，有助于为后续研究开展奠定坚实的理论基础，深化研究的理论内涵与外延。

第二章

能源效率驱动、京津冀协同发展与多元主体协同的辩证关系

以能源效率提升为核心和逻辑起点，能源效率驱动京津冀协同发展的目标是在提高能源利用效率的基础上，通过多元主体协同合作，实现京津冀地区的经济增长、资源优化配置和环境改善等重大战略目标。这一发展模式旨在在不断提高能源利用效率的前提下，协同各利益主体的努力，实现区域内资源的最优配置，推动区域内产业的互补与协同，从而促进整体经济的增长，同时降低对能源的需求，减少环境污染，提升生态环境质量。

在此模式中，多元主体协同合作扮演着关键角色，各方需要共同制定战略目标和行动计划，共享信息和资源，共同推动清洁能源的发展，优化产业布局，共同应对环境挑战。政府、企业、研究机构和社会组织等不同主体的协同努力，使得能源效率提升不仅是单一部门或企业的事务，而是一个整体性、系统性的发展模式，从而实现了经济、社会和环境等多方面利益的平衡和协调。

第一节 能源效率驱动京津冀协同发展的内在逻辑

贯彻协同发展理念是关乎京津冀发展全局的一场深刻变革，能源效率驱动成为必由之路。推动京津冀高质量发展，必须始终坚持贯彻协同发展理念。而能源效率驱动赋能经济社会发展各环

节和领域，突破能源的时空限制和产业界限，提高能源利用效率，为京津冀协同发展提供时代机遇。能源效率驱动以节能、环保、可持续方式融入京津冀协同发展并为之提供有力支撑。能源效率驱动的特性与京津冀协同发展要求高度契合，蕴含着协调、绿色、共享的创新发展理念。因此，能源效率驱动京津冀协同发展的内在逻辑在于通过提高能源效率，实现资源、技术和市场的协同，促进区域内各要素的优化配置，达到经济、环境和社会的协同发展。这一逻辑是为了实现可持续发展和共同繁荣而推动合作的核心驱动力。

（1）京津冀协同发展需要实现节能增效的高质量发展，而能源效率驱动自带节能增效基因，为京津冀协同发展提供不竭的动力源泉。

能源效率驱动有助于京津冀加快创新步伐，带动能源产业走现代化发展之路，实现节能增效，也有助于推进能源供给侧结构性改革，优化升级生产要素配置，突破时空、传输存储限制，以能源效率提升为导向输出产品和服务。能源效率驱动，必须以创新手段着力攻克节能增效技术，瞄准京津冀协同发展机遇，全面推进能源消费方式变革，建设多元清洁的能源供应体系，破除制约能源高质量发展的体制机制障碍，全面提升能源治理效能，全力保障京津冀能源安全，支撑京津冀经济社会的协同、高质量发展。

（2）京津冀协同发展需要践行可持续发展之路，能源效率驱动突破能源空间限制，引导能源要素合理配置，为京津冀可持续发展提供了时代契机。

随着能源供需格局加速调整，京津冀面临的人口资源环境压力日益严峻，能源效率驱动正成为推动京津冀协同发展的关键力量。能源效率驱动通过使用高效的节能设备和技术，降低能源消耗，减少环境污染，为京津冀协同发展预留更多发展空间，是实现京津冀可持续发展至关重要的关键一环。此外，能源效率驱动还有助于提升能源集聚效率，实现区域优势互补，构建现代化能源产业体系，促进能源生产和消费的本地化，改善能源安全。同时，遏制京津冀生态破坏等环境问题，实现更加可持续的经济和社会发展。

（3）京津冀协同发展需要绿色发展，绝不能以牺牲生态环境为代价换取发展，能源效率驱动的精准性、高效性等特质为京津冀绿色发展提供了现实可能，为京津冀经济发展与生态保护的和谐统一提供了双赢路径。

能源效率驱动赋能京津冀绿色创新能力，降低经济发展对生态环境的污染与损害，强化绿色政府环境监管效能，营造绿色、低碳、可持续发展的生产氛围，优化能源消费结构，形成绿色低碳型社会。此外，在能源革命和数字革命双重驱动下，新兴能源技术正以前所未有的速度加快迭代，成为京津冀能源转型变革的核心驱动力，精准识别并有效破解生态环境问题，为京津冀构建完善的生态环境治理体系奠定坚实的技术保障，为京津冀协同发展保驾护航。

（4）京津冀协同发展需要内外联动，能源效率驱动具有跨时空、开放性等特质，有助于缩小区域发展鸿沟，使京津冀共享能源效率驱动发展红利。

能源效率驱动能有效疏通能源配置各环节堵点，提升能源周转率，大幅降低区域能源生产、运营以及管理成本，构建京津冀协同发展新格局。此外，能源效率驱动还有助于消除社会资源分配不均衡问题，缩小区域及城乡差距，带来普惠性红利，取得共建共享的协同发展成果。同时，能源效率驱动有助于京津冀构建现代能源体系，协同推进区域低碳转型与能源供给保障，破除制约京津冀能源体制壁垒，推进可再生能源与储能协同发展，全面提升京津冀协同发展效能。

第二节 能源效率驱动京津冀协同发展的价值逻辑

一、经济效益价值

能源效率驱动京津冀协同发展可以实现首都经济圈的协同效应，通过产业升级、降低成本、创造就业、吸引投资等多重手段，促进本区域经济增长和资源环境改善，对于提振我国北方经济具有重要的经济效益价值。

（1）降低生产成本。能源效率驱动意味着企业能更有效地利用能源资源，降低能源消耗，或对生产工艺流程进行优化，利用创新技术实现精细化生产和管理，从而降低生产成本，增强企业竞争力。

（2）创造新经济增长点。新能源产业发展为传统能源行业注入新的发展动力，尤其是清洁能源技术创新及其产业链的形成和扩大，能源效率驱动京津冀协同发展涉及机械制造、电子信息、建筑、交通以及相关配套产业等多个领域，提供大量就业机会，创造新的经济增长点。

（3）提升产业价值链。能源效率驱动京津冀协同发展以创新为核心要素，积极提升能源效率，有助于促进产业结构升级，提升产业附加值，并推动产业价值链向高端延伸，实现创新链、产业链、资金链与人才链的对接联通，驱动京津冀高质量协同发展。

（4）吸引投资。作为我国重要的能源消费地区之一，京津冀能源对外依存度高。因此，提升能源效率，吸引绿色投资已迫在眉睫。而能源效率驱动京津冀协同发展则有望在新能源领域引发资本投资热潮，尤其是在清洁能源和可持续发展领域。

（5）减少环境成本。能源效率驱动京津冀协同发展有利于加强区域环境治理交流合作，通过能源效率驱动，降低区域能源消耗和环境污染，降低环境治理投入，实现最小化区域生态环境建设成本、最大化区域生态环境建设目标。

（6）提升区域竞争力。能源效率驱动京津冀协同发展能够促进产业结构优化升级，而经济高效、环境友好的发展模式将有助于提升京津冀地区的整体竞争力，为京津冀吸引更多人才、资本和创新资源提供有力支持。

（7）节约能源资源。经济高速发展和能源节约环保的协同机制是能源驱动京津冀协同发展的重要目标，通过优化国土空间布局，以能源效率驱动京津冀协同发展为契机，建设一批多能互补的清洁能源基地，减少对传统能源资源的依赖，有助于节约能源资源，减轻京津冀能源进口压力，维护国家能源安全。

二、社会效益价值

能源效率驱动京津冀协同发展将带来社会效益，改善环境质量、促进可持续城市发展、强化社会参与和环保意识、创造就业机会等，有助于建设更加和谐、绿色、宜居的社会。

（1）改善空气质量。作为我国污染最严重的地区之一，京津冀使用大量煤炭作为能源，导致区域内空气污染严重。京津冀三地生态环境部门逐步建立完善协同机制，通过推动清洁能源的使用，提升能源效率，减少大气污染物排放，改善空气质量，保护公众健康。

（2）促进城市可持续发展。调整优化区域城市布局和空间结构是解决北京"大城市病"的重要途径，通过能源驱动，将京津冀从传统高耗能、高污染的产业模式转向绿色、低碳的发展路径，优化城市规划、交通系统和建筑设计，提高城市居民生活品质，实现城市可持续的协同发展。

（3）强化社会参与和共识。构建区域新型能源体系是京津冀协同发展的必然要求，需要全社会的共识和参与，单一因素或参量无法实现其目标，所有参与者理解并共享同一目标，才能形成最大合力，能源效率驱动京津冀协同发展有利于促进京、津、冀以及政府、企业和公众的协同，强化全社会的广泛参与和共识。

（4）提升公众环保意识。良好的生态环境是京津冀协同发展的重要基础，凝聚1+1+1>3协同合力，作为能源效率驱动京津冀协同发展的重要手段，清洁能源的使用有助于提升京津冀公众的环保意识，激励更多人参与环保行动。

（5）创造更多就业机会。京津冀经济发展水平的显著差异导致区域人口流动与就业问题一直存在，能源驱动京津冀协同发展可以实现就业机会共享和经济均衡发展，尤其是清洁能源产业的发展和协同合作，将带来更多的就业机会，提升就业率。

（6）提升教育与科研水平。在能源效率驱动下，京津冀协同发展促进了能源产业和技术的转移、升级和换代，并为双循环带来源源不断的强大创新驱动力，而能源效率的提升以及清洁能源的推广既需要技术创新和科研支持，也为教育与科研的长足发展提供新的活力与增长点。

（7）促进社会和谐发展。能源效率驱动京津冀协同发展是长期而复杂的过程，应着力于谋创新促发展、优化和谐宜居生态环境、缩小城乡收入差距，提高人民群众获得感，促进区域内部和谐发展，保持社会稳定，为促进共同富裕创造良好条件。

（8）推动文化传承。京津冀地缘相接、人缘相亲，地域一体、文化一脉，能源效率驱动京津冀协同发展有利于深化人文交流，尤其是营造能源高效利用和可持续发展氛围，有助于推动京津冀区域内能源重镇的文化传承之路，促进能源文化的保护和发展。

第三节　能源效率驱动、京津冀协同发展与多元主体协同

　　能源效率驱动、京津冀协同发展与多元主体协同相互关联、相互促进。多元主体的协同合作为能源效率驱动和京津冀协同发展提供了重要支持，而能源效率驱动作为手段有助于实现协同发展的目标，共同推动京津冀地区可持续发展。

　　京津冀协同发展是我国实施的重要战略，旨在促进京津冀地区协同发展，优化产业布局，改善环境质量，实现可持续发展。能源效率驱动作为协同发展的一部分，能够为京津冀地区带来持续不断的能源供应和更高的生活质量。

　　能源效率驱动的核心目标是通过技术创新、资源优化和节能减排等手段，在提供更多能源的同时减少资源消耗和环境污染。多元主体的协同合作为实现这一目标提供了合作平台和资源支持。

　　京津冀地区涵盖了政府、企业、研究机构、社会组织以及公众等多个利益相关方。能源效率驱动京津冀协同发展需要这些多元主体的紧密协同合作，共同促进能源效率提升、资源优化配置和环境保护。

　　京津冀协同发展需要各个主体的协同合作和资源整合，以实现共同发展目标。能源效率驱动作为一种具体手段，可以促使各个主体在能源消耗方面更加合理利用资源，减少浪费，从而为协同发展创造更好的条件。

　　多元主体的协同合作不仅限于区域内，也可以与国际合作结合，从外部引入技术、资金等资源。能源效率驱动可以促进京津冀地区在区域内外的能源合作，进一步提升能源效率。

一、能源效率驱动是京津冀协同发展的手段

能源是一切经济活动的基础，但能源供需紧张、环境污染等问题长期制约着京津冀地区的可持续发展。以能源效率为驱动手段减少对有限资源的依赖，减轻环境压力已迫在眉睫。而京津冀地区各自具备不同的能源优势与产业基础，通过能源效率驱动可以促使能源在区域内得到更加优化的配置，实现能源的合理利用和互补，这正是京津冀协同发展的核心要义。因此，能源效率驱动是京津冀协同发展的重要内容和手段，涉及经济、环境和社会等诸多方面，在能源效率驱动下，京津冀协同发展成为可能。

（1）能源效率驱动有助于实现资源优化利用，促进京津冀协同发展。京津冀地区能源资源分布不均，且面临日益严峻的能源短缺及能源价格上涨挑战，以能源效率驱动为手段，优化能源结构，缓解京津冀能源供应压力成为亟须解决的重要问题。尤其是通过技术创新和管理手段，实现高耗能产业的有效升级，能够最大限度地减少能源浪费，优化能源资源配置，提高能源传输和分配的效率，促进京津冀高质量协同发展。

（2）能源效率驱动有助于实现环境保护目标，促进京津冀协同发展。减少碳排放以及缓解环境压力是京津冀协同发展的必然要求，作为绿色低碳发展的重要手段，清洁能源兼顾经济和环境效益，是未来能源的优先发展方向。能源效率驱动有利于清洁能源产业发展，符合京津冀地区应对气候变化和环境保护的需求。此外，通过能源效率驱动手段，降低工业领域环境污染和碳排放、实现碳达峰碳中和的双重目标，有效整治重点环境保护问题，是能源效率驱动京津冀协同发展的重要内涵。因此，能源效率驱动有助于更好地实现环境保护目标，从而促进京津冀协同发展。

（3）能源效率驱动有助于促进经济增长，提升京津冀协同发展水平。作为经济和社会发展的动力来源和重要物质基础，能源效率的提升将直接促进经济的高速增长，为京津冀经济和能源的可持续发展提供有力支撑。能源效率驱动京津冀协同发展，兼顾经济增长与生态环境保护。在当前京津冀日益严峻的能源资源约束情境下，制定激励措施和法规推动能源效率提升，持续开展产业转型升级和能效优化等能源效率驱动行动，有利于推动经济持续增长，进一步提升京津冀协同发展水平。

（4）能源效率驱动有助于推动产业转型升级，助力京津冀协同发展。能源效率驱动是能源产业转型升级的内在动力，依赖技术创新与改进，能源效率驱动京津冀产业转型升级，实现降低排放的能源供求目标，并推动可再生能源产业发展，拓展替代能源、清洁能源和高效能源技术的应用和发展，构建以绿色能源为主导的现代化能源体系和低碳化发展模式，进一步形成新一轮工业革命的能源新常态，助力京津冀协同发展。

（5）能源效率驱动有助于实现节能降耗，促进京津冀协同发展。能源消耗是京津冀协同发展成本的重要组成部分，科学的能源使用规划和管理，能有效避免能源浪费，实现节能降耗，降低发展成本。能源效率驱动京津冀协同发展坚持绿色发展理念，强调节能减排，降低能源消耗，减少环境有害物排放，节约企业和居民能源成本，提高生产效率和生活质量，为京津冀协同发展创造良好的人居环境，进一步促进京津冀协同发展。

（6）能源效率驱动有助于获得国家政策支持，促进京津冀协同发展。能源效率驱动离不开国家和各级政府的政策支持，围绕能源效率驱动京津冀协同发展，国家已从多个维度形成"组合拳"联合发力，构建有利于能源市场配置和创新发展的诸多激励政策。我国尤其强调能源效率驱动的重要性，通过一系列政策、法规和措施，鼓励各地区全面提升能源效率。在此情境下，京津冀地区借助能源效率驱动获得国家政策支持，优化能源生产和消费结构，加快协同发展。

二、京津冀协同发展是能源效率驱动的目标

实现京津冀协同发展是能源效率驱动的重要目标，以合理利用能源资源、推动清洁能源技术创新、优化产业结构等能源效率驱动手段，实现区域的经济、环境和社会协同发展目标。

能源效率的提升意味着更少的能源消耗可以创造更多的产值，从而在实现经济增长的同时减少对能源的需求。通过在京津冀地区推广高效的能源利用技术、优化能源生产和消费结构，可以实现能源效率的提升。这不仅有助于降低生产成本，提高企业竞争力，还可以减少能源资源的浪费，改善环境质量。

提高能源利用效率，促进资源优化配置、经济增长、环境保护和产业互补，实现整体的协同发展。这一目标体现了经济、社会和环境的协同发展，是京津冀地区可持续发展的重要方向。

（1）优化区域能源资源配置是京津冀协同发展的客观需要，是能源效率驱动的重要目标。京津冀是我国重要的能源消费区，能源分布不均且对外依存度高，能源效率驱动强调能源的优化配置，使得京津冀能源资源可以突破行政壁垒，产生政策协同效应，便于生产要素在更大范围畅通流动，实现分工协调，逐步形成一体化开发模式共识，优化区域能源资源配置，实现京津冀协同发展目标。

（2）经济增长和环境保护是京津冀协同发展的本质要求，是能源效率驱动的首要目标。京津冀协同发展面临经济增长与环境保护两大战略任务，能源领域成为推动减污降碳协同增效的主战场，能源效率驱动为促进经济社会高质量发展提供坚强能源保

障，并切实解决危害人民群众健康和影响经济社会可持续发展的环境隐患。能源效率的跨越式发展与经济增长以及环境保护密切相关，能源效率驱动为经济增长与环境保护注入"绿色"动能，助力实现京津冀协同发展目标。

（3）产业互补与合作是京津冀协同发展的内在要求，是能源效率驱动的核心目标。优势互补、良性互动、共赢发展是京津冀三地协同发展的必然要求。以能源效率驱动为契机，京津冀三地能源产业可以实现互补，形成合作关系，共同打造具有竞争力的产业链，实现能源的最优配置。此外，能源效率驱动可为产业互补提供更好的能源支持，优化能源结构，推动能源革命，加速构建多能互补、合作的现代能源经济体系，实现京津冀协同发展目标。

（4）降低能源成本是京津冀协同发展的重要内容，是能源效率驱动的重要目标。从经济角度而言，京津冀协同发展的重要内容就是降低能源成本，实施末端治理具有明显的经济优势，能够降低企业和居民的能源成本，提高生活质量，促进消费和投资的增长。能源效率驱动即通过优化生产流程，提高生产效率，减少能源消耗，发挥节能增效在构建绿色经济体系中的基础性作用，降低能源成本，增强能源产业竞争力，实现京津冀协同发展目标。

（5）引导技术创新是京津冀协同发展的动力源泉，是能源效率驱动的重要目标。打造京津冀经济增长和转型升级的新引擎是党中央作出的新的国家重大发展战略，以技术创新引导作为京津冀协同发展的动力源泉。作为能源效率驱动京津冀协同发展的第一生产力，技术创新有助于提升能源利用效率，促进减排与废物资源化，持续推动生产运营过程中的能效提升和新型低碳技术应用，使之更加环保和可持续发展，从而实现京津冀协同发展目标。

（6）加强区域竞争力是京津冀协同发展的必然要求，是能源效率驱动的重要目标。当今世界正进入清洁能源技术制造的"新时代"，新能源技术成为全球低碳转型进程中新的战略与政策焦点，围绕全球新能源技术的全方位竞争加速，进入白热化阶段。能源效率驱动旨在加大技术研发投入力度，探索清洁能源和新能源的开发利用技术，增强产品的附加值和市场竞争力，有助于京津冀开拓新的能源市场和商业模式，增强自身竞争力，吸引更多的能源投资和人才，实现协同发展目标。

三、多元主体协同是能源效率驱动京津冀协同发展的关键保障

京津冀地区相邻，能源资源和市场紧密联系，通过能源效率驱动，可以实现能源资源的优化配置、市场的扩大，以及技术创新和人才交流的互补，提升整体经济收益。能源效率驱动不同区域紧密合作，能够发挥优势，形成"1+1>2"的能源协同效应，促进京津冀高质量发展。

京津冀协同发展涉及政府部门、企业、公众等多个不同利益主体，多元主体的协同合作在实现能源效率驱动京津冀协同发展中扮演着关键的角色。

（1）多元主体协同有助于能源资源整合和优势互补，保障能源效率驱动京津冀协同发展。多元主体共同参与能源效率驱动京津冀协同发展，充分发挥各自资源优势，可以避免能源资源分散、重复建设，实现各类主体的优势互补和能源资源要素整合。对于多元主体而言，由于各自所拥有的资源、技术和经验不尽相同，其做到资源共享与协同合作，有助于推动区域系统内的资源共享和部门联动。此外，多元主体协同可以充分调动参与的主动

性、积极性，多元主体各司其职，致力于能源资源整合和优势互补，保障能源效率驱动京津冀协同发展。

（2）多元主体协同有助于知识共享和技术创新，保障能源效率驱动京津冀协同发展。知识源及知识主体存在多元性、隐性特征，多元主体协同有助于释放异质性资源的协同创新效应，增强各主体的集聚合力和增值效应，实现产业需求、技术供给等不同生态因子的内在关联。知识共享与技术创新是创新主体、创新要素交互作用下涌现的复杂现象，多元主体协同可以更好地融通知识与技术创新的全过程链条，掌握能源产业发展主导权，保障能源效率驱动京津冀协同发展。

（3）多元主体协同有助于政策协调和合作机制构建，保障能源效率驱动京津冀协同发展。多元主体的利益冲突和角逐容易导致协同失败，多元主体协同通过技术支持实现信息沟通与合作协调，优化政策服务以及合作策略，形成利益共同体，在政策制定和合作机制建设方面发挥关键作用，政府可以促进政策协调，提供政策制度以及人力资金支持，建立利益平衡机制，为不同主体合作提供框架和支持。而多元主体通过参与政策协调和合作机制构建，保障能源效率驱动京津冀协同发展。

（4）多元主体协同有助于共同解决挑战，保障能源效率驱动京津冀协同发展。京津冀协同发展是我国区域协调发展的重要缩影，面临着技术、投资、市场等诸多挑战，多元主体协同能充分利用各方资源，直面协同发展问题，提高协同发展工作效率，便于共同寻找创新性的解决方案，促进区域内能源的优化配置，共担风险，实现共赢，从而拓展市场规模，进一步刺激经济发展，形成良性循环，应对并解决挑战，保障能源效率驱动京津冀协同发展。

（5）多元主体协同有助于产业协同和市场开拓，保障能源效率驱动京津冀协同发展。产业协同和市场开拓的最终目的是实现京津冀协同发展，并获得多重收益，多元主体协同作为重要的动力源泉，以及进入市场流转和参与市场化配置的主要经济主体行为，可以形成产业协同效应，发挥各市场主体的能动作用，从而拓展市场，还可以促进清洁能源产业的发展，创造更多就业机会，激发产业协同和市场开拓的巨大潜能，形成百舸争流、竞相迸发的良好局面，保障能源效率驱动京津冀协同发展。

（6）多元主体协同有助于培养社会参与和公众意识，保障能源效率驱动京津冀协同发展。充分激发多元主体的参与意识，提高多元主体的参与程度是多元主体协同的必然要求。随着现代社会公众主体意识和公共参与意识的增强，维持社会公众的主体自觉，可以强化社会公众参与京津冀协同发展的责任意识。多元主体协同，有助于其内生出对京津冀协同发展的认同感，培养出强烈的社会参与感和公众意识，这对于保障能源效率驱动京津冀协同发展至关重要。多元主体协同通过参与提高环保意识的普及活动，培养自身社会参与和公众意识，形成舆论压力，保障能源效率驱动京津冀协同发展。

（7）多元主体协同有助于发挥整体协同效应，保障能源效率驱动京津冀协同发展。多元主体协同有助于能源效率驱动京津冀协同发展系统的稳定和有序。多元主体协同通过整合、协调、信任机制，整合能源效率驱动京津冀协同发展系统各利益相关者，实现多元主体协同效应，以达到系统最优。而京津冀跨区域协同迫切需要多元主体协同，激发各利益主体积极参与，共同协作，达到能源效率提升、减少能源浪费目标，并形成"$1+1>2$"的能源整体协同效应，保障能源效率驱动京津冀协同发展。

本章小结

作为一种有助于实现京津冀协同发展目标的重要手段，能源效率驱动通过技术创新、资源优化和节能减排等手段，促进区域内各要素的优化配置，实现经济、环境和社会的协同发展。多元主体的协同合作为能源效率驱动和京津冀协同发展提供了重要支持，通过资源整合、知识共享、政策协调等方式，共同推动京津冀地区的可持续发展。

本章详细阐述了能源效率驱动京津冀协同发展的内在逻辑、价值逻辑、能源效率驱动、京津冀协同发展与多元主体协同的辩证关系，在理论和实践层面阐明了能源效率驱动京津冀协同发展的基本原理和途径，以及其中的多元主体协同合作的重要性，为后续章节奠定了坚实的理论基础，有助于更深入探讨京津冀协同发展模式的具体实施和效果。

第三章

京津冀能源效率及协同发展水平测度

能源是国民经济的重要物质基础，是京津冀协同发展的重要保障。近年来，随着京津冀经济社会的高速发展，能源与环境的矛盾日益突出，高投入、低产出的粗放式发展模式已成为阻碍京津冀一体化进程的主要瓶颈。在能源短缺与环境污染双重制约下，京津冀协同发展面临严峻考验，作为北方最大的经济体以及能源消耗地区，京津冀亟须大幅提高能源效率，坚持走内涵式高质量发展之路，推动区域协同发展。本章基于对京津冀能源生产消费现状及特征的分析，立足于绿色全要素视角，借助 DEA 方法计算京津冀地区的能源效率，并采用复合系统协同度模型测度京津冀地区的协同发展水平，进一步探讨京津冀能源效率及协同发展水平的一致性。

第一节 京津冀能源生产消费现状及特征

一、京津冀能源储量特征

作为中国重要的能源消费中心，京津冀区域内化石能源资源相对匮乏且分布不均，已探明煤炭储量为 2.5×10^{10} 吨，主要集中在京、冀两地，而油气资源则主要分布于天津市的渤海和大港两油田，石油地质储量为 4×10^9 吨，油田面积约 100 平方千米，资源储量以及生产开发潜力有限，导致京津冀能源对外依存度较高。但相较于化石能源，京津冀地区可再生能源资源相对丰富，其中，风能技术可开发量约为 8×10^7 千瓦，主要分布于河北的张家口、承德坝上等地区；太阳能资源仅次于青藏及西北地区，位于全国前列，尤其是河北北部的张家口与承德地区，年日照小时数为3000 小时至 3200 小时，为太阳能资源二类地区，而北京、天津及河北中东部地区年日照小时数亦维持在 2200 小时至 3000 小时，为太阳能资源三类地区；在再生物质资源方面，京津冀地区秸秆年产量超过 4.1×10^7 吨，树木枝条年可利用量以及人畜禽粪便年产量分别约 2×10^6 吨、1.435×10^8 吨；尤其是地热能储量可观，仅河北一省地热能资源量就相当于 9.4×10^9 吨标准煤。京津冀三地非化石能源资源丰富，尤以河北为盛，可再生能源资源占整个京津冀地区一半以上，但"弃风""弃光"现象严重，可再生能源资源消纳能力严重不足。

二、京津冀能源生产消费现状

《中国能源统计年鉴 2022》数据显示，2011 年至 2021 年，京津冀地区能源生产与消费存在明显的时空差异特征，从能源生产总量来看，大致保持稳定状态，生产总量一直维持在 1.57×10^8 吨标准煤至 1.81×10^8 吨标准煤区间。其中，光伏、风电、生物质等可再生能源利用总量占比逐渐增加。2021 年，三地可再生能源利用总量合计达到 3.427×10^7 吨标准煤。2011 年至 2021 年京津冀地区能源生产和消费总量如图 3-1 所示：

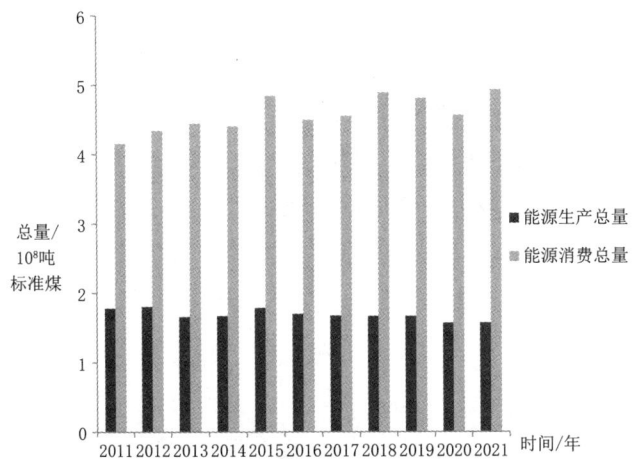

图 3-1　2011 年至 2021 年京津冀地区能源生产和消费总量

由图 3-1 可以看出，在能源消费方面，京津冀能源消费总量保持增长，能源供给压力增大。2021 年，三地能源消费总量增长到 4.93×10^8 吨标准煤，天然气以及可再生能源等清洁能源消费比重不断上升，能源结构逐步优化。2011 年至 2021 年京津冀地区能源消费结构如图 3-2 所示：

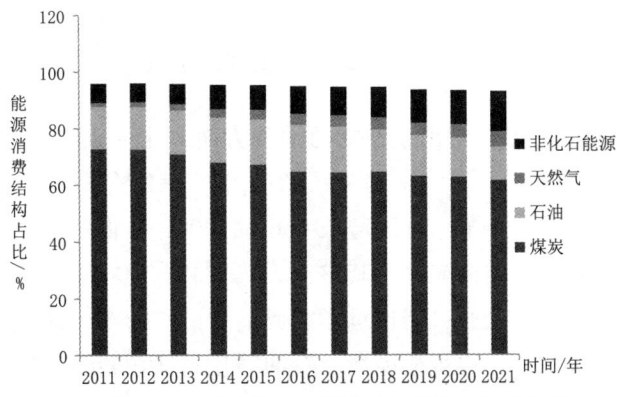

图 3-2　2011 年至 2021 年京津冀地区能源消费结构

1. 北京能源生产和消费总量

2011 年至 2021 年，北京能源生产总量始终维持在 $3.52×10^7$ 吨标准煤至 $4.35×10^7$ 吨标准煤区间，且呈现不太显著的波动特征。其中，2019 年的能源生产总量最大，为 $4.35×10^7$ 吨标准煤，约为 1949 年的 45 倍，最小生产总量出现在 2013 年，为 $3.52×10^7$ 吨标准煤。2011 年至 2021 年北京能源生产和消费总量如图 3-3 所示：

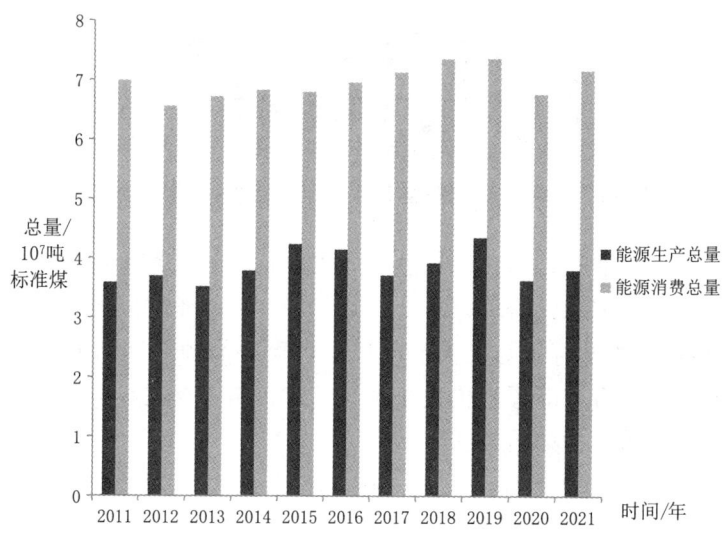

总量/10^7吨标准煤

■ 能源生产总量
■ 能源消费总量

时间/年

图 3-3　2011 年至 2021 年北京能源生产和消费总量

由图 3-3 可以看出，在能源消费方面，北京 2011 年至 2021 年能源消费总量呈现波动趋势，2011 年北京能源消费总量达到 $6.992×10^7$ 吨标准煤，同比增长 0.6%，2021 年北京能源消费总量为 $7.164×10^7$ 吨标准煤。其中，天然气和非化石能源等清洁能源消费比重不断上升，超过总体能源消费的 63.5%，能源消费结构进一步优化，正逐步从煤炭、石油等化石能源转变为以清洁能源为主。2011 年至 2021 年北京能源消费结构如图 3-4 所示：

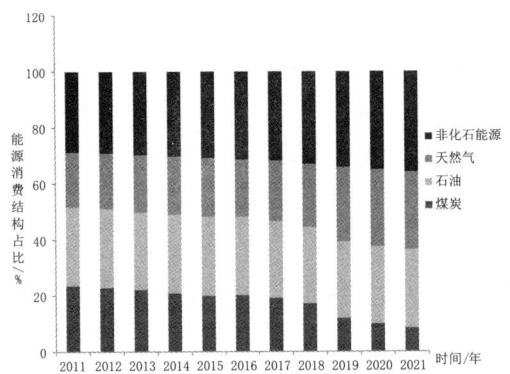

图 3-4　2011 年至 2021 年北京能源消费结构

2. 天津能源生产和消费总量

2011 年至 2021 年，天津能源生产总量呈现下降、增加、再下降的反复震荡特征，2011 年至 2014 年，天津能源生产总量从 4.92×10^7 吨标准煤下降到 4.7×10^7 吨标准煤，随后便出现小幅增加，在 2015 年达到峰值 5.69×10^7 吨标准煤，此后一直下降到 2021 年的 4.97×10^7 吨标准煤，但整个波动过程较为平缓，能源生产总量始终维持在 5×10^7 吨标准煤左右。2011 年至 2021 年天津能源生产和消费总量如图 3-5 所示：

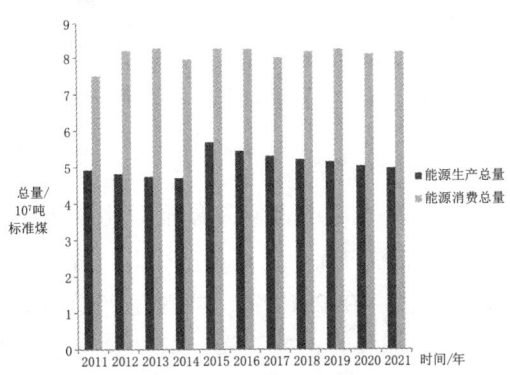

图 3-5　2011 年至 2021 年天津能源生产和消费总量

由图 3-5 可以看出，在能源消费方面，天津 2011 年至 2021 年能源消费总量小幅增量，从 2011 年的 7.51×10^7 吨标准煤增加至 2021 年的 8.16×10^7 吨标准煤，且一直在 8.0×10^7 吨标准煤附近小幅波动。在能源结构方面，天津仍然以煤炭和石油消费为主，但煤炭消费占比已逐年下降，从 2011 年的约 62% 下降至 2021 年的 45.6%，下降幅度高达 16%，而天然气和非化石能源的消费占比却不断增加，2021 年，两者合计消费占比为 35.40%，比 2011 年增加约 24.3%，能源消费结构日趋良好。2011 年至 2021 年天津能源消费结构如图 3-6 所示：

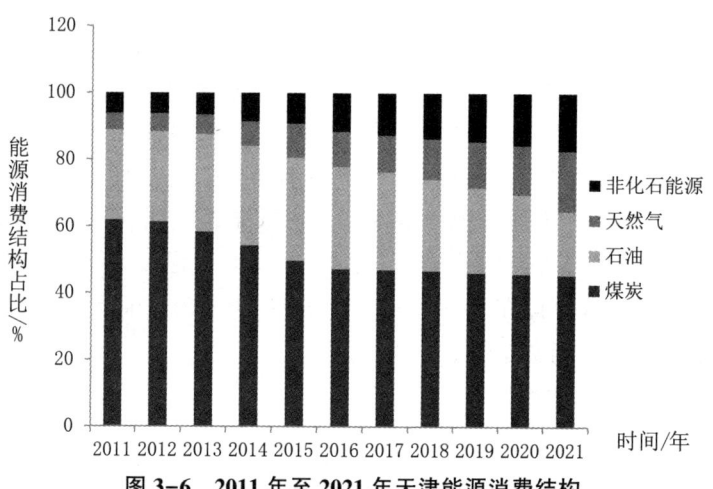

图 3-6　2011 年至 2021 年天津能源消费结构

3. 河北能源生产和消费总量

在京津冀三地中，河北能源资源相对比较丰富，煤炭、石油、天然气等大宗能源均有一定储量。因此，相较于京、津，河北能源生产总量较大，在 2012 年，能源生产总量曾达到 9.56×10^7 吨标准煤，但随即一直迅速下降，至 2021 年时，能源生产总量已下降至 6.95×10^7 吨标准煤。2011 年至 2021 年河北能源生产和消费总量如图 3-7 所示：

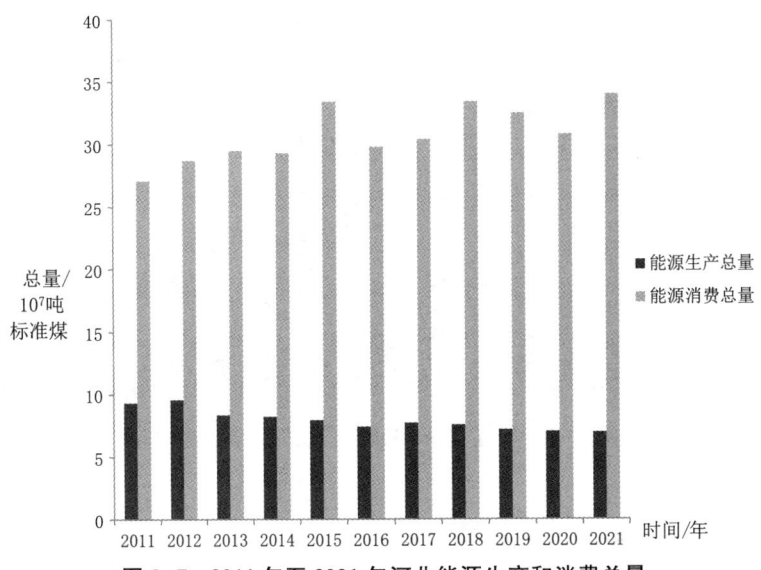

图 3-7 2011 年至 2021 年河北能源生产和消费总量

由图 3-7 可以看出，在能源消费方面，河北 2011 年至 2021 年能源消费总量整体呈现缓慢上升态势，并在 2021 年达到顶峰，能源消费总量突破 $3.0×10^8$ 吨标准煤，高达 $3.4×10^8$ 吨标准煤，比京津两地能源消耗总和的 2 倍还多。而在能源消费结构方面，与京津不同的是，河北一直以煤炭消费为主，比重曾一度高达 85%，石油、天然气、非化石能源等清洁能源的消费比重过低，以 2021 年为例，在 $3.4×10^8$ 吨标准煤能源消费中，石油、天然气以及非化石能源仅仅只占 6.95%、7.85% 和 8.62%，而煤炭消费量占比则高达 78.7%。2011 年至 2021 年河北能源消费结构如图 3-8 所示：

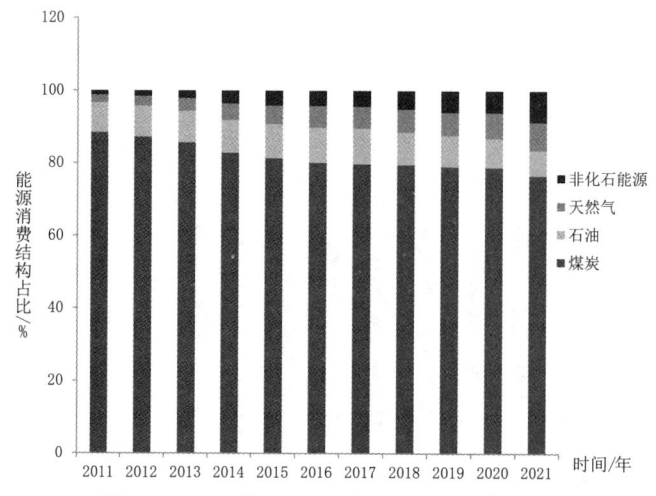

图 3-8　2011 年至 2021 年河北能源消费结构

三、京津冀能源消费特征

1. 以化石能源消费为主，清洁能源比重较低

2021 年，京津冀地区共消费能源 $1.243×10^{11}$ 吨标准煤，约占全国能源消费总量的 10%，并以化石能源消费为主，化石能源消费占比长期在 80% 以上，其中最为显著的是煤炭消费，占比超过 50%，尤以河北为甚，2021 年煤炭消费占比为 76.58%，高于全国平均水平（56.0%）近 21 个百分点。若对能源消费种类进行细分并从全国范围来看，2021 年，京津冀地区共消费煤炭 30 897 万吨、石油 4427 万吨、天然气 484 亿立方米，电力 6818 亿千瓦小时，分别占全国能源消费总量的 7.19%、6.47%、19.57% 以及 8.00%；若从地区来看，京津冀消费的煤炭分别为 130.78 万吨标准煤、3723.27 万吨标准煤和 27 043.00 万吨标准煤，占全国能源消费总量的 0.03%、0.71% 和 5.16%，河北成为京津冀地区的主要能源消费地，且煤炭消费比重远远高于全国平均水平，但京津冀三地石油消费较为接近，分别占 1/3 左右。整体而言，京津冀地区清洁能源消费占比持续增加，但仍以化石能源消费为主，天然气、电力等清洁能源的比重较低。

2. 能源效率低下，环境污染问题突出

长期以来，京津冀地区以 10% 的能源消费，仅创造了低于 10% 的 GDP，能效水平与同时期的长三角与珠三角相去甚远。2021 年，京津冀三地万元地区 GDP 能耗较上年分别下降 3.1%、5.1% 和 6.7%，降幅显著，但仍高于同期长三角、珠三角地区的万元 GDP 能耗，存在明显差距。尤其是河北，2021 年万元 GDP 能耗较上年下降 6.7%，但仍高于全国平均水平。虽北京、天津的万元 GDP 能耗均低于全国平均水平，但能效水平仍然较低，无法与上海、广州、深圳等长三角、珠三角城市相提并论。此外，煤炭、石油等化石原料的大规模利用，清洁能源消费占比较低和废气、废渣、废液的不合理排放，导致京津冀及周边地区成为我国大气污染最为严重的区域，环境污染联防联控，能源清洁化替代刻不容缓。

第二节　京津冀能源效率测度——基于绿色全要素视角

一、绿色全要素能源效率概念界定

能源效率研究是推进能源生产和消费革命，构建清洁低碳、安全高效能源体系的核心问题。不含非期望产出的传统全要素能源效率测度缺乏对环境问题的广泛关注，与新时代绿色发展理念背道而驰。当前，京津冀地区走绿色、低碳发展之路是必然选择。

全要素能源效率是指在相同产出的情况下，需要消耗的包括能源、劳动力、资本等的要素总量所具有的能源效率。全要素能源效率是科学测度能源利用效率的方法，而环境变量的纳入，不仅充实了能源效率的研究体系，而且更符合客观实际，具有很高的学术价值与实践意义。其中，CO_2、SO_2、NOx（氮氧化合物）、煤烟、废水、工业烟（粉）尘等非期望产出成为学者普遍关注的焦点，但多数学者只是考虑上述部分污染物的影响，对于非期望产出要素的描述并不全面。而在京津冀地区，仍存在较多以燃煤为主要燃料的火力发电厂，排放的废气造成严重的大气污染，除CO_2、SO_2、NOx、煤烟、废水、工业烟（粉）尘等常见污染物外，构成雾霾的元凶CO、TSP（总悬浮颗粒物）、PM_{10}以及$PM_{2.5}$依然在列。此外，火力发电厂会排放大量废水，废水中含有大量悬浮物、有机物以及微量元素等多种有毒有害物质，对地表水体造成污染。火力发电厂在发电过程中，还容易产生大量废渣，这些废渣包含大量有毒元素，如砷、镉、硒等，极易形成二次污染或人体中毒、致癌等[1]。

面对资源的有限性和日益严重的环境污染，绿色发展和可持续发展理念引起人们的重视，资源和环境不再只是影响经济发展的内生变量，更成为限制经济发展质量的刚性约束。因此，在全要素生产率的基础上，绿色全要素生产率通过引入能源资源因素，综合考虑生产要素投入和能源资源消耗，对全要素生产率进行改进，建立起将劳动、资本等生产要素和能源、资源消耗统一纳入一个数学模型的新的测度方法。

二、京津冀能源效率测度方法选择

1. DEA 模型

作为典型的非参数方法，DEA 模型无需对生产函数进行参数

---

[1] 范丽伟等：《基于异质性环境生产技术的我国城市能源效率测度研究》，载《中国石油大学学报（社会科学版）》2022 年第 1 期。

设定，摒弃参数法对于具体函数的要求，主要依据投入产出数据，以线性规划方法确定生产前沿线。并通过投入产出点与前沿线的对比判断决策单元的效率值，落在前沿边界上的决策单元是技术和规模有效的，而无效点则位于生产前沿线下方，且距离生产前沿线越近效率越高。

效率一般分为强有效与弱有效两类。强有效代表生产的帕累托最优状态，是资源分配的理想化形态。当产出为某一固定值时，任何原材料的投入都无法减少；而当投入为某一固定值时，任何形式的产出都无法增加。在弱有效状态下，当产出为某一固定值时，所有原材料的投入无法按等比例减少，但其中的部分原材料存在减少可能；当投入为某一固定值时，尽管全部产出无法按同比例增加，但其中的部分产品仍存在增加的可能[1]。

在 DEA 模型中，每一个测度对象被称为决策单元（DMU），假设每个 DMU 包含 M 种投入要素 $x = (x_1, x_2, \cdots x_M) \in R_+^M$，期望产出要素 S 种：$y = (y_1, y_2, \cdots y_S) \in R_+^S$，非期望产出要素 J 种：$b = (b_1, b_2, \cdots b_J) \in R_+^J$，则生产可能集：$T = \{(x, y, b): x \text{ can produce } (y, b)\}$，即

$$T = \left\{ \begin{array}{l} (x, y, b): \sum_{n=1}^{N} z_n x_{mn} \leqslant x_m, \ m = 1, \cdots, M, \\ \sum_{n=1}^{N} z_n y_{sn} \geqslant y_s, \ S = 1, \cdots, S, \\ \sum_{n=1}^{N} z_n B_{jn} \geqslant b_j, \ j = 1, \cdots\cdots, J, \ z_n \geqslant 0, \ N = 1, \cdots, N. \end{array} \right\} \quad (3-1)$$

2. 非径向方向性距离函数

作为一种效率的径向测度，传统的方向性距离函数在有非零

---

[1] 郑祥生、徐若梅：《碳排放约束下中国全要素农业能源效率测度与地区差异研究》，载《云南农业大学学报（社会科学）》2022 年第 3 期。

松弛变量时，容易导致过高的效率估计，存在一定局限性。非径向方向性距离函数能够克服传统方向性距离函数的弊端，在效率测度中纳入松弛变量，突破投入和产出调整限制，允许两者以不同比例调整。因此，非径向方向性距离函数越来越广泛应用于能源和环境效率的测度。本书参考学者周鹏的理论方法，引入非径向方向性距离函数并对其进行定义：

$$\vec{D}(x, y, b; g) = \sup\{w^T\beta : ((x, y, b) + diag(\beta))\} \quad (3\text{-}2)$$

其中，$w = (w_m^x, w_s^y, w_j^b)$ 是投入、期望产出和非期望产出变量的权重向量，$g = (-g_x, g_y, -g_b)$ 表示方向向量，而松弛变量则用 $\beta = (\beta_m^x, \beta_s^y, \beta_j^b)^T \geq 0$ 表示，即允许投入和产出以不同比例调整。假设规模报酬不变，为了尽量减少随机误差影响，考虑到非期望产出的弱可处置性，建立随机 DEA 模型如下[1]：

$$\vec{D}(x, y, b; g) = \max(w_m^x\beta_m^x + w_s^y\beta_s^y + w_j^b\beta_j^b)$$

$$st. \sum_{n=1}^{N} z_n x_{mn} \leq x_m - \beta_m^x g_{xm}, \quad m = 1, \cdots, M,$$

$$\sum_{n=1}^{N} z_n y_{sn} \geq y_s + \beta_s^y g_{ys}, \quad s = 1, \cdots, S, \quad (3\text{-}3)$$

$$\sum_{n=1}^{N} z_n b_{jn} = b_j - \beta_j^b g_{bj}, \quad j = 1, \cdots, J,$$

$$z_n \geq 0, \quad n = 1, 2, \cdots, N,$$

$$\beta_m^x > 0, \quad \beta_s^y > 0, \quad \beta_j^b > 0$$

其中，z_n 为每个 DMU 的权重。而在不同的政策目标下，往往存在着不同的方向向量 g。当非径向方向性距离函数 $\vec{D}(x, y, b; g) = 0$ 时，该 DMU 在 g 方向上恰好位于生产前沿面。

---

[1] 金永刚：《中美工业能源效率比较研究》，辽宁大学 2020 年博士学位论文。

三、变量选取与数据来源

本书利用 2011 年至 2021 年省级面板数据，借助 DEA 模型对京津冀绿色全要素能源效率进行测度。在投入指标中，能源要素投入（E）以京津冀每年主要能源消费量转化成标准煤总量（单位为万吨标准煤），资本存量（K）借鉴单豪杰的研究成果，以 2001 年为基期计算获得相应数据，劳动力投入（L）采用全社会从业人员人数（万人）[1]。在产出指标中，期望产出（Y）以京津冀地区生产总值（GDP）表示。在非期望产出（U）中，考虑传统的废水、废气、废渣排放，并纳入雾霾（CO、$PM_{2.5}$ 等）指标。

1. 投入指标

（1）能源要素投入（E）。为了消除能源消费与碳排放统计单位的差异，利用公式：

$$E = \sum_{i=1}^{n} (e_1 \times c_i) \tag{3-4}$$

计算主要能源年消费量。其中，E 为能源年消费量折算后的标准煤消费量，n 为消费的主要能源种类，e_i 为各种能源产品的年消费量，c_i 为不同能源产品相应的折标准煤系数。书中 2011 年至 2021 京津冀地区主要能源消耗量数据来源于《中国能源统计年鉴》以及京津冀地区发展和改革委员会官网。主要能源折标准煤系数如表 3-1 所示：

表 3-1　中国现行各种能源折标准煤系数国家标准

能源名称	煤炭	焦炭	原油	汽油	煤油	柴油	燃料油	天然气	电力
折标准煤系数	0.7143	0.9714	1.4286	1.4714	1.4714	1.4571	1.4286	13.3000	1.2290

[1]　单豪杰：《中国资本存量 K 的再估算：1952~2006 年》，载《数量经济技术经济研究》2008 年第 10 期。

（2）资本存量（K）。资本存量的估计方法较多，但目前多数学者仍参考单豪杰[1]的研究，利用永续盘存法对每年的实际资本存量进行估计，计算公式如下：

$$K_{i,t} = I_{i,t} + (1 - \delta_{i,t})K_{i,t-1} \tag{3-5}$$

其中，$K_{i,t}$ 表示京津冀三地中 i 地区第 t 年的资本存量，$I_{i,t}$ 表示 i 地区第 t 年的投资总额，变量 $\delta_{i,t}$ 则表示 i 地区第 t 年的固定资产折旧。为了消除统计口径的差异，保证投入、产出变量单位的一致性，以 2001 年为基期对每年实际资本存量进行折算，并设定京津冀三地年折旧率为 10.96%。

（3）劳动力投入（L）。人均受教育水平以及工作时间是劳动力投入的重要衡量指标，但鉴于相应数据较难获取，而且，作为劳动力投入的核心内容——人力资源，在一定程度上可以转化为物质资本。因此，本研究在劳动力投入指标的统计上，采用平均值法，以该地区当年年末就业人数以及上年年末就业人数的平均值作为劳动力投入（当年就业人数），故劳动力投入（L）的计算公式为：

L=当年就业人数（劳动力投入）=（当年年末就业人数+上一年年末就业人数）/2

其中，劳动力投入（L）的单位为万人。

2. 产出指标

（1）期望产出（Y）：以京津冀地区生产总值（GDP）表示。数据来源于《中国能源统计年鉴》以及京津冀地区发展和改革委员会官网。并以 2001 年为基期，计算实际地区 GDP，消除统计口径误差。期望产出（Y）的单位为亿元。

（2）非期望产出（U）。包括传统的废水排放总量（W），单

---

[1] 单豪杰：《中国资本存量 K 的再估算：1952～2006 年》，载《数量经济技术经济研究》2008 年第 10 期。

位：亿吨；废气排放总量（G），单位：亿立方米；以及废渣排放量（M），单位：万吨。雾霾（C），主要统计 CO_2、$PM_{2.5}$，单位：亿立方米。由于 CO_2 及 $PM_{2.5}$ 数据的无法获取，本书研究以能源消费中 CO_2、$PM_{2.5}$ 排放总量估算京津冀地区雾霾情况，并将 CO_2、$PM_{2.5}$ 排放量归一化，均以 CO_2 排放量进行统计。以政府间气候变化专门委员会（IPCC）2006 年公布的方法，对 CO_2 排放量进行估算：

$$EC = \sum_{i=1}^{8} EC_i = \sum_{i=1}^{8} (E_i/v_i) \times NCV_i \times CEF_i \times COF_i \times (44/12) = \sum_{i=1}^{8} (E_i \times w_i) \tag{3-6}$$

其中，NCV 为政府间气候变化专门委员会发布的净发热值，COF 表示碳氧化因子，v 表示能源折算为标准煤的系数，而 w 则表示估算的 CO_2 排放系数，CO_2 的分子量为 44，C 的分子量为 12，不同能源的碳排放系数如表 3-2 所示：

表 3-2　各类能源的碳排放系数

能源名称	低位发热量	折标准煤系数	含碳量	碳氧化因子	碳排放系数
煤炭	20 908 千焦/千克	0.7143 千克标准煤/千克	26.4 千克碳/吉焦	1	1.9003 千克碳/千克标准煤
焦炭	28 435 千焦/千克	0.9714 千克标准煤/千克	29.5 千克碳/吉焦	1	2.8604 千克碳/千克标准煤
原油	41 816 千焦/千克	1.4286 千克标准煤/千克	20.1 千克碳/吉焦	1	3.0202 千克碳/千克标准煤
燃料油	41 816 千焦/千克	1.4286 千克标准煤/千克	21.1 千克碳/吉焦	1	3.1705 千克碳/千克标准煤
汽油	43 070 千焦/千克	1.4714 千克标准煤/千克	18.9 千克碳/吉焦	1	2.9251 千克碳/千克标准煤
煤油	43 070 千焦/千克	1.4714 千克标准煤/千克	19.5 千克碳/吉焦	1	3.0179 千克碳/千克标准煤

续表

能源名称	低位发热量	折标准煤系数	含碳量	碳氧化因子	碳排放系数
柴油	42 652 千焦/千克	1. 4571 千克标准煤/千克	20. 2 千克碳/吉焦	1	3. 0959 千克碳/千克标准煤
天然气	38 931 千焦/立方米	1. 3300 千克标准煤/立方米	15. 3 千克碳/吉焦	1	2. 1622 千克碳/千克标准煤

四、指标的描述性统计

利用国家统计局官方数据，对京津冀地区的要素投入、产出指标进行描述性统计，结果如表3-3所示：

表 3-3 指标的描述性统计

指标名称	单位	极小值	极大值	均值	标准差
能源消费总量（E）	万吨标准煤	757. 885	757. 885	3545. 320	2292. 060
资本存量（K）	亿元	18 035. 390	77 177. 960	42 871. 950	23 468. 990
劳动力投入（L）	万人	6690. 933	34 392. 600	17 952. 640	10 671. 430
国内生产总值（Y）	亿元	9839. 993	43 691. 570	23 084. 170	12 574. 560
废水排放总量（W）	亿吨	8. 892	58. 168	30. 247	17. 701
废气排放总量（G）	亿立方米	4181. 591	62 079. 400	27 870. 740	20 167. 330
固体废物排放量（M）	万吨	14. 955	15 716. 050	2764. 250	5333. 998
二氧化碳排放量（C）	万吨	9418. 193	93 461. 350	41 885. 450	29 220. 760

研究结果表明，京津冀地区经济高速增长，但随之而来的则是能源的过度消耗以及污染物的大量排放，经济增长以能源消耗和环境污染为代价，地区 GDP 的增长幅度远低于能源消耗增长速度，也低于碳排放增长速度，京津冀地区低质量的发展模式迫切需要改变。节能减排，提高能源效率已成为京津冀经济、社会可持续发展的当务之急。令人欣喜的是，自 2014 年起，京津冀能

源消耗与碳排放量增速有所减缓，而地区 GDP 的增速依然保持强劲，京津冀绿色低碳发展模式已见成效，经济、社会、环境协同发展正在成为现实。

五、绿色全要素能源效率测度

在本书的研究中，投入指标（变量）包括：能源消费总量（E）、资本存量（K）、劳动力投入（L）。产出指标（变量）包括：期望产出（Y）与非期望产出（U）。其中，期望产出（Y）以京津冀地区生产总值（GDP）表示，而非期望产出（U）则包括传统的废水排放总量（W），废气排放总量（G）、废渣排放量（M）以及雾霾排放量（C）。对各变量权重向量进行定义[1]：

$$w = (w_E^x, w_K^x, w_L^x, w_Y^y, w_W^b, w_G^b, w_M^b, w_C^b) = (1/9, 1/9, 1/9, 1/3, 1/12, 1/12, 1/12, 1/12) \tag{3-7}$$

方向向量设置为：

$$g = (-x, y, -b) = (-E, -K, -L, Y, -W, -G, -M, -C) \tag{3-8}$$

则能源要素投入和地区生产总值产出的最优值分别为 β_E^*、β_Y^*，对潜在节能指数进行定义：$EPRI = \beta_E^* E$；而实际能源效率 $= E/Y$，将潜在的能源效率与实际的能源效率之比定义为能源效率指数，则绿色全要素能源效率（GTFEE）指数为：

$$GTEPI = \left(\frac{(E - \beta_E^* E)/(Y - \beta_Y^* Y)}{E/Y} \right) = \frac{1 - \beta_E^*}{1 + \beta_Y^*} \tag{3-9}$$

其中，GTEPI $\in$ [0, 1]，若 GTEPI 取值越大，则能源效率越高。当 GTEPI = 1 时，能源效率最高，即位于其技术前沿上。

利用 MATLAB 2021b 软件测度京津冀地区 2011 年至 2021 年

---

[1] 陈昌敏：《中国工业部门能源效率测度及其影响因素研究》，江西财经大学 2020 年硕士学位论文。

的绿色全要素能源效率，如表 3-4 所示：

表 3-4 京津冀地区 2011 年至 2021 年的绿色全要素能源效率

地区	2011 年	2012 年	2013 年	2014 年	2015 年	2016 年	2017 年	2018 年	2019 年	2020 年	2021 年
北京	1.000	1.000	1.000	1.000	1.000	1.000	1.000	1.000	1.000	1.000	1.000
天津	0.827	0.856	1.000	1.000	0.890	0.878	1.000	0.870	0.890	0.859	0.892
河北	0.612	0.619	0.624	0.655	0.673	0.719	0.735	0.698	0.725	0.685	0.746
石家庄	0.769	0.624	0.712	0.912	0.805	0.912	0.823	0.795	0.802	0.776	0.810
唐山	0.542	0.601	0.509	0.378	0.553	0.590	0.649	0.468	0.579	0.460	0.585
秦皇岛	0.572	0.594	0.569	0.483	0.571	0.558	0.678	0.570	0.588	0.581	0.594
邯郸	0.522	0.560	0.588	0.599	0.603	0.610	0.621	0.668	0.680	0.681	0.684
邢台	0.499	0.578	0.593	0.610	0.619	0.628	0.641	0.650	0.659	0.659	0.668
保定	0.769	0.624	0.712	0.912	0.805	0.912	0.823	0.795	0.802	0.815	0.805
张家口	0.532	0.603	0.616	0.620	0.624	0.710	0.721	0.768	0.781	0.774	0.786
承德	0.524	0.608	0.619	0.630	0.649	0.678	0.691	0.700	0.709	0.705	0.748
沧州	0.671	0.694	0.711	0.769	0.783	0.709	0.724	0.728	0.718	0.736	0.737
廊坊	0.752	0.714	0.724	0.884	0.835	0.900	0.830	0.835	0.842	0.846	0.854
衡水	0.583	0.612	0.520	0.412	0.564	0.611	0.684	0.496	0.613	0.504	0.626

对表 3-4 进行分析，可以发现，京津冀地区绿色全要素能源效率相对较低，在 2011 年至 2021 年间，只有 2013 年、2014 年以及 2017 年度京、津两地的绿色全要素能源效率（GTEPI = 1）达到生产前沿面。京津冀地区经济高速发展，能源效率逐步提升，但绝大多数地区在大部分年度里仍未达到生产前沿面。在现有技术以及要素投入不变的情况下，京津冀地区能源效率仍有较大提升空间。目前，京津冀地区绿色全要素能源效率存在的主要问题在于能源要素配置错位以及能源过度消费，技术改进则是解决上述问题的关键。

此外，从区域来看，较河北而言，京、津两地绿色全要素能源效率测度值较高，更接近生产前沿面，能源效率较高；而在河北省内，石家庄、保定、廊坊属于第一梯队，其中，省会石家庄的绿色全要素能源效率测度值最高；而秦皇岛、张家口、唐山、沧州、衡水位于第二梯队，绿色全要素能源效率测度值约为 0.6 ~0.8，能源效率可以提高 20%左右；邯郸、邢台、承德的绿色全要素能源效率最低，而且与京津冀其他区域相比差异较大，是京津冀地区能源效率迫切需要提升的重点区域。

在京津冀三地中，北京是全国的政治中心，而天津则是中国北方最大的港口城市，两地区位条件优越，经济发展迅速，在京津冀协同发展过程中，京津地区较河北先行一步，率先联动发展，重点发展高附加值、低能耗产业，并紧紧围绕科技创新，加速产业转型升级，淘汰落后产能，走绿色、生态发展之路。当河北还在为钢铁产能过剩、能源结构不尽合理苦苦追寻解决之道时，京津已经通过产业疏解，完成高新技术产业链布局，实现产业朝"高精尖"方向迈进，这便是京津绿色全要素能源效率接近生产前沿面，较河北处于领先地位的原因。

在以北京为核心的京津冀三地中，河北主要扮演产业转移与能源供给的角色。近年来，区域内能源重化工业比重不减反增，以重化工业为主的产业结构并未改变，在工业部门产值中几乎占据半壁江山。重工业、传统能源消费占比极高，给大气环境带来了难以承受的沉重负担。然而，对于传统产能的抑制，可以加快产业转型升级步伐，但同时，也会对地方经济产生负面影响，若再以严格的环保政策施压，则必然对原有产业基础产生较大的破坏。

因此，对钢铁、煤炭、火电、水泥等各产业结构调整问题需要从长计议，政府层面不仅要考量环保效益，更不容忽视其经济利益和社会影响。尤其是在当前阶段，资源短缺已成为制约京津冀协同发展的"瓶颈"，河北考虑到经济发展的现实需要，不会轻易放弃能源重化工业，因此，在未来相当长时间内，河北绿色全要素能源效率可能仍将处于相对较低的水平。

从时间序列来看，京津冀地区绿色全要素能源效率虽然在部分年度小幅波动，但整体而言，依然呈现明显的增长趋势，国家节能减排政策的颁布以及产业结构生态化战略的实施加快了这一进程。尤其是保定、廊坊等老工业基地的产业振兴和技术转型，使得绿色全要素能源效率处于不断的上涨之中，在国家减污降碳协同增效发展目标要求下，上述地区的产业结构以及经济发展模式均发生改变，绿色全要素能源效率增长趋势明显。

第三节　京津冀协同发展水平测度——基于复合系统协同度模型

一、京津冀协同发展水平测度方法选择

1. 子系统有序度模型构建

在系统的演化过程中，子系统产生交互，有序度则表示它们相互合作的匹配程度。任何协同发展系统作为复合系统，均可表示为：$X = \{X_1, X_2, \cdots X_i, \cdots, X_l\}$，子系统 X_i，$i \in [1, l]$ 所对应的序参量为 X_{ik}，$k \in \{1, 2, \cdots, n\}$，其中，$n \geq 1$，表示每个子系统序参量的个数；$a_{ik} \leq X_{ik} \leq \beta_{ik}$，其中，参数 α_{ik} 表示在有确定的参照标准下，子系统 X_i，$i \in [1, l]$ 对应序参量 X_{ik} 的下限，而参数 β_{ik} 则表示序参量 X_{ik} 的上限。为了消除正负向指标影响，对数据进行处理：

$$\delta_i(X_{ik}) = \begin{cases} \dfrac{X_{ik} - a^{ik}}{\beta_{ik} - a_{ik}}, & k \in [1, m] \\[3mm] \dfrac{\beta_{ik} - X^{ik}}{\beta_{ik} - a_{ik}}, & k \in [m+1, n] \end{cases} \qquad (3-10)$$

其中，序参量 X_{i1}，X_{i2}，$\cdots$，X_{im} 为正向指标，当其取值越大时，序参量 X_{ik} 子系统的有序度就越高，且 $m \in [1, n]$；当 $k \in$

$[m+1, n]$ 时，序参量 X_{im+1}，X_{im+2}，$\cdots$，X_{in} 为负向指标，当其取值越小时，序参量 X_{ik} 子系统的有序度越低；显然，$\delta_i(X_{ik}) \in [0, 1]$，数值越大，序参量 X_{ik} 子系统的贡献度就越大。

采用线性加权求和法测量子系统 X_i 的有序度：

$$\delta_i(X_i) = \sum_{k=1}^{n} w_k \delta_i(X_{ik}) \qquad (3-11)$$

其中，w_k 为序参量 X_{ik} 的权重，$w_k \geq 0$ 且 $w_k \geq 0$ 且 $\sum_{k=1}^{n} w_k = 1$，当数值越大时，序参量 X_{ik} 子系统 X_i 的有序度就越高；反之，当 $\delta_i(X_i)$ 数值越小时，序参量 X_{ik} 子系统 X_i 的有序度就越低。

2. 复合系统协同度模型构建

协同度不仅取决于子系统自身的有序度，而且还取决于子系统之间的有序匹配程度。

假设在某一给定初始时刻 t^0，在京津冀协同发展系统的 l 个子系统中，其有序度分别为 $\delta_1^0(X_1)$、$\delta_2^0(X_2) \cdots \delta_i^0(X_i) \cdots \delta_l^0(X_l)$，在复合系统协同发展过程中的另一时刻 t'，各子系统的有序度分别为 $\delta_1'(X_1)$、$\delta_2'(X_2) \cdots \delta_i'(X_i) \cdots \delta_l'(X_l)$，则复合系统协同发展的协同度为：

$$D = \theta \sum_{i}^{K} \eta_i \left[\mid \delta_i'(X_i) - \delta_i^0(X_i) \mid \right]$$

$$\theta = \frac{min^i \left[\delta_i'(X_i) - \delta_i^0(X_i) \neq 0 \right]}{\mid min_i \left[\delta_i'(X_i) - \delta_i^0(X_i) \neq 0 \right] \mid} \qquad (3-12)$$

其中，D 为复合系统协同度，D 值越大，代表复合系统的协同程度越高；D 值越小，则表示复合系统的协同程度越低。参数 θ 取值的正负规定着子系统有序度的协调方向，当参数 θ 的取值为正时，意味着各子系统的有序度处于上升阶段，京津冀协同发展系统呈现协调有序发展状态；而当参数 θ 的取值为负时，则说明系统处于不稳定或不协同状态，η_i代表权重系数，$\eta_i = \dfrac{GDP}{\displaystyle\sum_i^k GDP}$。

复合系统的协同程度关系如表 3-5 所示：

表 3-5　复合系统的协同程度关系

C	[-1, 0]	(0, 0.3]	(0.3, 0.7]	(0.7, 1)	1
系统状态	不协同	低度协同	一般协同	高度协同	协同一致

二、京津冀协同度系统框架体系构建

北京、天津、河北三个子区域相互配合、相互协作耦合形成京津冀协同发展系统。参考学者研究，界定京津冀协同发展系统的内涵和目标主要体现在"经济结构、科技创新、绿色生态、对外开放、社会资源"五个子系统上[1][2][3]。

京津冀协同发展系统的本质在于控制调节各子系统，使子系统在保持独立运动的同时，又受到各子区域之间关联运动的支配，最终形成相互配合、相互协作的发展格局，实现京津冀地区资源共享、产业对接、合作共赢的预定目标，走上绿色、低碳发展之路，从而推动京津冀地区经济、社会的可持续发展。在京津冀协同发展系统中，各子系统相互影响，不断演化，共同推动京津冀协同发展系统向有序迈进，其演化过程历经无序到有序、低级到高级阶段。各子系统间的协同程度，决定京津冀协同发展复

〔1〕　金浩、李娜：《京津冀区域经济系统的协同度分析》，载《天津商业大学学报》2016 年第 4 期。

〔2〕　熊晓炼、樊健：《"一带一路"沿线省域金融生态系统协同演化机制与水平差异——基于哈肯模型的实证分析》，载《工业技术经济》2021 年第 12 期。

〔3〕　袁峰、许凌珠、邵祥理：《对外开放、科技创新与经济高质量发展耦合协调研究》，载《沈阳工业大学学报（社会科学版）》2022 年第 2 期。

合系统的有序程度，影响和制约京津冀协同发展的方向和趋势。

1. 经济结构子系统

经济结构子系统是京津冀区域协同的基础，但从经济结构来看，无论是人均 GDP、财政收入、全社会固定资产投资额、社会消费品零售总额、第二产业产值、第三产业产值，还是城镇化率、城乡居民收入比、城乡恩格尔系数比、登记失业率等，京津冀三地均存在显著的区域差异，协同发展面临"经济联系松散、产业同质化严重、区域功能定位模糊、产业集聚程度较低"等问题。

2. 科技创新子系统

科技创新是推动京津冀协同发展的重要支撑力量。通过科技创新，京津冀加速产业结构的转型升级，淘汰落后产能，走绿色、生态发展之路，为打造京津冀世界级城市群提供取之不尽，用之不竭的原动力，为我国国民经济的健康、可持续发展保驾护航。但目前而言，京津冀地区还存在科技创新资源分布不均、科技创新能力不足、科技成果含金量偏低、科技创新合作缺乏等现象，以及科技成果转化率低等问题，这些都影响着京津冀的科技创新效率。

3. 绿色生态子系统

长期以来，京津冀饱受"城市病"问题困扰，越来越严重的雾霾困局，以及资源环境约束收紧无不凸显区域协同发展的必要性，迫切需要以可持续发展理念为指导，突破能源短缺与环境污染的双重制约，走绿色、生态发展之路。而京津冀协同发展的本质即在于处理好经济增长与环境保护的关系，坚持效率优先，绿色发展，以节能降耗提质增效为发展目标，实现京津冀经济、社会、环境的可持续发展。

4. 对外开放子系统

打造世界级城市群是京津冀协同发展的重要目标，而对外开放则是实现这一宏伟目标的必由之路。通过对外开放，有利于突破区域禀赋限制，实现资源要素的自由流动，节约成本，提升区域的核心竞争力；有利于整合境外优良资源，为我所用，突破资源短缺的瓶颈限制，延展地域发展空间；有利于信息与技术的交流与合作，缩小技术势差，提升区域整体科技创新能力；有利于参与国际分工与合作，从而增强抵御风险的能力，提升区域经济韧性和抗压能力。因此，深化对外开放合作是京津冀协同发展的重要驱动力量，对京津冀协同发展有着重要的意义。其中，外贸依存度、外资投资比重、外资贸易率、国际旅游收入比是衡量京津冀对外开放程度的重要依据。

外贸依存度＝（外商直接投资总额＋对外直接投资总额）/GDP×100%，

外资投资比重＝外商直接投资总额/社会投资总额×100%，

外资贸易率＝外商投资企业出口总额/外贸出口总额×100%，

国际旅游收入比＝国际旅游（外汇）收入/地区总经济收入×100%。

5. 社会资源子系统

社会资源共享是京津冀协同发展的重要组成部分。目前，京津冀社会资源配置不够均衡，优质教育、医疗资源集中分布于北京、天津两地，河北公共服务设施以及公共服务水平与京津存在较大差距，在京津两地的虹吸效应下，河北公共服务承载力不强，导致人才、资金涌向京津，不利于社会资源在京津冀三地的合理布局。因此，在京津冀协同发展过程中，应统筹社会资源，合理配置，建立公平、公正的社会保障制度，使京津冀地区公众都能获得均等的公共服务。

本研究构建包括"经济结构子系统、科技创新子系统、绿色生态子系统、对外开放子系统、社会资源子系统"五个子系统、35 项指标要素的京津冀协同度系统框架体系，如表 3-6 所示：

表 3-6　京津冀协同度系统框架体系

总系统 A	子系统 B	要素 C
京津冀协同发展系统	经济结构子系统	C_1：人均 GDP（元/人）
		C_2：财政收入（亿元）
		C_3：全社会固定资产投资额（亿元）
		C_4：社会消费品零售总额（亿元）
		C_5：第二产业产值（亿元）
		C_6：第三产业产值（亿元）
		C_7：城镇化率（%）
		C_8：城乡居民收入比
		C_9：城乡恩格尔系数比
		C_{10}：登记失业率（%）
	科技创新子系统	C_{11}：发明专利申请授权比
		C_{12}：政府研究与发展（R&D）经费支出比重
		C_{13}：研究与发展（R&D）人数比重
		C_{14}：高新技术企业比重
		C_{15}：产业化科技项目数（件）
		C_{16}：技术市场成交额（亿元）
		C_{17}：每万人平均国际互联网用户数（户）

续表3-6 京津冀协同度系统框架体系

总系统 A	子系统 B	要素 C
京津冀协同发展系统	绿色生态子系统	C_{18}：环境污染治理投资总额（亿元）
		C_{19}：单位 GDP 工业废气排放量（亿立方米/亿元）
		C_{20}：单位 GDP 工业废水排放量（万吨/亿元）
		C_{21}：单位 GDP 工业废弃物排放量（万吨/亿元）
		C_{22}：单位 GDP 综合能耗（万吨标准煤/亿元）
		C_{23}：城市人均绿地率（%）
	对外开放子系统	C_{24}：外贸依存度
		C_{25}：外资投资比重
		C_{26}：外资贸易率（%）
		C_{27}：国际旅游收入比
	社会资源子系统	C_{28}：城乡医疗保障水平
		C_{29}：最低生活保障覆盖率（%）
		C_{30}：居民消费价格指数（CPI）指数
		C_{31}：基本养老保险覆盖比
		C_{32}：义务教学人均教育经费（元/人）
		C_{33}：人均教育文化娱乐消费（元/人）
		C_{34}：每万人拥有公共交通车辆（辆/万人）
		C_{35}：城市实有道路面积（平方米）

三、京津冀协同发展定量测度

本书利用 2011 年至 2021 年省级面板数据，借助复合系统协同度模型对京津冀协同发展进行定量测度。本书各指标数据来源于《中国统计年鉴》以及京津冀地区发展和改革委员会官网。

利用 MATLAB 2021b 软件进行测度，结果表明，2011 年至 2021 年，京津冀区域协同发展总体协同度 $D \in (0.3, 0.7]$ 处于一般协同水平，但一直呈现上升趋势。其中，2016 年至 2021 年的协同度增速明显高于 2011 年至 2016 年，这表明京津冀协同发展程度在近五年不断得到深化，良好的协同发展态势已然形成，但 2011 年至 2021 年京津冀发展协同度均值为 0.68，协同度有待提高，这意味着京津冀区域协同发展依然面临诸多问题。在有序度方面，京津冀三地均呈现较为平稳的上升趋势，且逐步朝有序化方向推进。其中，北京在 2011 年至 2017 年间，协同发展有序度增长速度放缓迹象明显，天津则在 2014 年至 2018 年间，协同发展有序度呈现逐渐增长放缓趋势。相较于京津两地，河北则在 2012 年至 2017 年间，协同发展有序度增长幅度明显放缓。京津冀协同发展有序度，如表 3-7 所示：

表 3-7　京津冀协同发展有序度

有序度	2011 年	2012 年	2013 年	2014 年	2015 年	2016 年	2017 年	2018 年	2019 年	2020 年	2021 年
北京	0.41	0.45	0.49	0.51	0.53	0.55	0.57	0.64	0.68	0.73	0.78
天津	0.37	0.39	0.43	0.45	0.47	0.50	0.52	0.58	0.61	0.66	0.71
河北	0.34	0.36	0.37	0.38	0.39	0.41	0.44	0.52	0.58	0.65	0.69

四、子系统有序度及协同度的区域差异

对 2011 年至 2021 年京津冀五个子系统协同发展程度演化趋势进行分析，进一步揭示各子系统有序度及协同度的区域差异，

为京津冀协同发展提供政策参考。

1. 经济结构子系统协同发展程度演化趋势分析

2011年至2021年，京津冀经济结构子系统的有序度整体呈现上升趋势，相较于京津两地，河北经济结构子系统的有序度上升幅度更大。2011年至2021年，三地有序度按大小依次排序为北京、河北、天津，而在2012年后，河北超过北京，三地有序度按大小排序变为河北、北京、天津，三者有序度的差距逐渐缩小。河北在京津冀协同发展中的重要性日益凸显，在非首都功能疏解背景下，京津两地产业向河北转移，效果明显。2011年至2021年京津冀经济结构子系统的协同程度亦呈现稳步增长态势，尤其在2014年之后，上升速度更为显著。

2. 科技创新子系统协同发展程度演化趋势分析

2011年至2021年，京津冀区域科技创新子系统的有序度都呈现上升态势，但三地科技创新子系统的发展极不均衡，与河北和天津相比，北京科技创新子系统的有序度相对较高。而河北科技创新子系统的有序度增长幅度最小，增长极为缓慢。对天津而言，2011年至2021年，其科技创新子系统有序度虽小幅增长，但变化不大，这意味着天津科技创新子系统协同发展进入调整与修正期。但在2011年至2014年间，天津科技创新子系统有序度快速增长，这表明经过2年的修整，天津科技创新子系统协同发展步入正轨。产生上述现象的原因在于京津冀之间缺乏有效的科技合作机制，存在明显的技术势差。作为首都，北京具有无可比拟的科教优势，因此，北京科技创新子系统的有序度最高。围绕新能源开发，天津在企业科技创新上发力，并取得显著成效，因此，其科技创新子系统的有序度虽低于北京，但明显高于河北。在京津冀三地中，河北创新资源条件最弱，因此，其科技创新子系统的有序度最低，但河北利用邻近京津的区位优势，积极探索与北京、天津开展技术合作，其科技创新子系统的有序度虽然最低，但仍然处于稳定增长状态。2011 年至 2021 年，京津冀地区科技创新子系统的协同度也表现为逐年稳步上升的趋势，各子系统协同度的演变规律与有序度类似。

3. 绿色生态子系统协同发展程度演化趋势分析

2011 年至 2021 年，京津两地绿色生态子系统的有序度均呈现逐年上升趋势，上升幅度平缓。但对于河北而言，2011 年至 2021 年，其绿色生态子系统的有序度先后出现急剧下降与小幅回升现象，在 2018-2021 年间，其绿色生态子系统的有序度出现小幅回升态势。产生上述现象的原因在于 2011 年至 2017 年，河北承接部分来自北京和天津的污染程度较高的产业，对环境造成了重大的污染，此后的 2018 年至 2021 年，当地政府对污染企业的排污行为进行了治理，并限制高耗能企业的迁入，因此，绿色生态明显改善，绿色生态子系统的有序度出现小幅回升。而京津冀绿色生态子系统的协同度在不同阶段，呈现不同的变化特征：2011 年至 2015 年，京津冀绿色生态子系统的协同度保持上升趋势，但在 2016 年至 2017 年呈下降趋势，2018 年至 2021 年又出现回升，并且上升速度加快。

4. 对外开放子系统协同发展程度演化趋势分析

对于京津冀区域经济系统的对外开放子系统来说，京津冀对外开放子系统的有序度呈现整体上升趋势。其中，北京对外开放力度明显高于天津和河北两地，尤其是在 2011 年至 2019 年间，北京对外开放力度上升幅度较大，国际交流与合作频繁。

5. 社会资源子系统协同发展程度演化趋势分析

2011 年至 2021 年，京津两地社会资源子系统的有序度呈现平稳上升态势，但河北社会资源子系统的有序度则呈现蜿蜒曲折发展态势，总体保持上升趋势。这是因为，京津两地优质教育、医疗等社会资源相对集中，社会保障能力稳定，故社会资源子系统的有序度平稳且一直保持上升态势。但河北社会资源分布不均，社会保障能力不足，波动较大，与京津存在一定差距。在2011年至2014年间，河北大力开展公共服务设施建设，促进了社会资源子系统的有序度上升，但在2014年之后，随着建设力度的减弱，有序度又呈现下降趋势。

京津冀社会资源子系统的协同度在不同阶段，呈现不同的变化特征：2011年至2021年，京津冀社会资源子系统的协同度保持上升趋势，但在2011年至2015年呈下降趋势，2015年至2017年出现回升，2018年之后又开始下降。

第四节　京津冀能源效率与协同发展的关联性

明确京津冀能源效率与协同发展的关系，既是理论研究需要，也是京津冀协同发展战略实施的必然要求。能源效率与协同发展的关联性是制定协同发展政策的前提和基础，但两者关系尚未建立严格统计意义的逻辑论证。因此，本研究采用 Granger 因果检验模型分析京津冀能源效率与协同发展的关系，剖析两者的关联性。

一、Granger 因果检验模型

1. ADF 检验

在改进 DF（单位根）检验方法基础之上，迪基-福勒（Dickey-Fuller）提出了更具实用性的增项单位根检验法——ADF 检验法，该方法存在三种不同形式的检验模型：

$$\Delta Y_t = \varphi Y_{t-1} + \sum_{i=1}^{p} \eta_i \Delta Y_{t-1} + \varepsilon_t \qquad (3-13)$$

$$\Delta Y_t = \alpha + \varphi Y_{t-1} + \sum_{i=1}^{p} \eta_i \Delta Y_{t-1} + \varepsilon_t \qquad (3-14)$$

$$\Delta Y_t = \alpha + \beta t + \varphi Y_{t-1} + \sum_{i=1}^{p} \eta_i \Delta Y_{t-1} + \varepsilon_t \qquad (3-15)$$

其中，ΔY_t 是 Y_t 的一阶差分值，α 是前置常数补偿项，β 是时间趋势权重，η_i 是 Y_t 滞后期的差分权重，而 ε_t 则表示扰动补偿项。ADF 检验主要用于验证时间序列的平稳性假设，在经济学和管理学研究领域有着广泛的应用。

2. 协整检验

协整检验是分析非平稳经济变量间数量关系的重要工具，其目的在于判断一组非平稳时间序列是否存在长期且稳定的协整关系。若时间序列数据 x_1，x_2，$\cdots$，x_k，其一阶差分为：

$$X_t = \begin{bmatrix} x_{1t} \\ x_{2t} \\ \vdots \\ x_{kt} \end{bmatrix} \qquad (3-16)$$

存在非零参数 λ_i，使得 X_t 中所有元素均满足：

$$\lambda' X_t = \begin{bmatrix} \lambda_1 \\ \vdots \\ \lambda_2 \end{bmatrix} \begin{bmatrix} x_{1t} \\ x_{2t} \\ \vdots \\ x_{kt} \end{bmatrix} = \sum_{i=1}^{k} \lambda_i x_{it} \qquad (3-17)$$

线性关系为 F_α，则 X_t 中元素存在协整关系。

3. Granger 因果检验

Granger 因果检验模型主要由两个回归方程构成：

$$Y_t = \sum_{i=1}^{m} \alpha_i X_{t-i} + \sum_{i=1}^{m} \beta_i Y_{t-i} + \mu_{1t} \qquad (3-18)$$

$$X_t = \sum_{i=1}^{m} \lambda_i Y_{t-i} + \sum_{i=1}^{m} \delta_i X_{t-i} + \mu_{2t} \qquad (3-19)$$

其中，μ_{1t}，μ_{2t} 为误差补充项，而 F 统计量为：

$$F = \frac{(R_R - R_U) \times (N - 2n - 1)}{R_U \times n} \quad (3\text{-}20)$$

其中，R_R 和 R_U 是两次回归的残差，n 为 X 滞后数量，N 为时间序列样本数量。

二、模型检验结果

1. ADF 检验结果

对于京津冀能源效率与协同发展两个变量，以前述研究中 2011 年至 2021 年省级面板数据作为进行 ADF 检验的表征数据。以 EE、CD 分别表示能源效率、协同发展，采用取对数方法消除异方差对分析结果的影响，并以 LEE、LCD 表示。

对 LEE、LCD 两变量进行 ADF 检验，结果如表 3-7 所示：

表 3-7　LEE 与 LCD 的 ADF 检验结果

变量	ADF 统计量	5%水平	概率	结论
LCD	1.235637	−3.564236	0.9968	不平稳
LEE	0.784682	−3.713751	0.9957	不平稳
$D\ (LCD)$	−0.97733	−3.764125	0.9342	不平稳
$D\ (LEE)$	−2.568246	−3.783724	0.2558	不平稳
$D\ (LCD,\ 2)$	−3.767659	−3.774793	0.1731	平稳
$D\ (LEE,\ 2)$	−4.695473	−3.725728	0.0027	平稳

由表 3-7 可知，LEE、LCD 的时间序列数据非平稳，且均是二阶单整序列，满足协整检验与 Granger 因果检验的前提条件。

2. 协整检验结果

协整检验结果显示，LCD 与 LEE 两变量存在长期的均衡关系，即

$$LCD = 0.35LEE - 0.27 \tag{3-21}$$

表示 LEE 每增加一个单位，则 LCD 增加 0.35 个单位。

3. Granger 因果检验结果

检验 LCD 与 LEE 两变量之间因果关系的存在与否，需要对"京津冀能源效率（LEE）提升是否显著地影响了协同发展（LCD）进程"和"京津冀协同发展（LCD）进程是否显著地影响了能源效率（LEE）提升"这两个问题进行回答，而结果无外乎以下四种：①京津冀能源效率（LEE）提升显著地影响了协同发展（LCD）进程，即能源效率是驱动京津冀协同发展进程的原因；②京津冀协同发展（LCD）进程显著地影响了能源效率（LEE）提升，即京津冀协同发展进程是能源效率提升的原因；③京津冀能源效率（LEE）提升显著地影响了协同发展（LCD）进程，同时，京津冀协同发展（LCD）进程也显著地影响了能源效率（LEE）提升，两者互为因果关系；④京津冀能源效率（LEE）提升与协同发展（LCD）进程互不影响，相互独立，并无关系。本研究选取的滞后期长度为 3，将置信度设定为 99% 和 95%，借助于 Eviews 软件，可获得 LCD 与 LEE 之间的 Granger 检验结果，如表 3-8 所示：

表 3-8　LCD 与 LEE 之间的 Granger 检验结果

零假设	滞后阶数 n	F 计算值	P 概率值	结论（0.01）	结论（0.05）
LCD 不是 LEE 的 Granger 原因	1	0.87014	0.32357	拒绝	拒绝
LEE 不是 LCD 的 Granger 原因	1	0.98941	0.24694	拒绝	拒绝
LCD 不是 LEE 的 Granger 原因	2	0.67024	0.76358	拒绝	拒绝
LEE 不是 LCD 的 Granger 原因	2	0.78925	0.64473	拒绝	拒绝

从表 3-8 可知，京津冀协同发展与能源效率提升互为因果关系，两者相互影响、相互促进，当能源效率适应京津冀协同发展时，能源效率在自身提升的同时对京津冀协同发展起到驱动作用，而京津冀协同发展进程加速必然会促进能源效率的提升。

综上所述，京津冀协同发展与能源效率提升存在长期的均衡关系，*LEE* 每增加一个单位，则 *LCD* 增加 0.35 个单位；此外，京津冀协同发展与能源效率提升是相互作用、相互促进的。京津冀协同发展是能源效率驱动的必然结果，而能源效率驱动则是京津冀协同发展的重要途径。京津冀能源效率与协同发展关联性的揭示，充分说明能源效率驱动京津冀协同发展研究的必要性和紧迫性，亦为后续研究开展奠定了坚实的理论依据。此外，就现实情境而言，京津冀各区域要精确把握协同发展与能源效率的密切联系，进一步优化能源供需匹配，以合作推动能源产业融合创新，提升能源效率，助力京津冀协同发展。

第五节　京津冀能源效率提升与协同发展 面临的主要问题

一、区域发展不平衡，能源效率与区域协同发展存在差距

2021 年，京津冀三地人均 GDP 分别为 184 000 元、113 191 元、54 172 元，分别位居全国第 1 位、第 6 位和 27 位，排名靠后的河北人均 GDP 是天津的 47.9%、北京的 29.4%，远不及京津两地人均 GDP 的一半，经济发展水平的巨大差异，导致京津冀各区域能源效率提升以及协同发展的物质基础不尽相同，预期目标迥异。此外，京津冀三地的工业化进程也并不相同，北京已率先步入后工业化时代，天津则紧随其后，正处于工业化后期，不久

也将步入后工业化时代，而河北仍然处于中期工业化阶段，且需要停留一段时间。三地较大的发展差距使得北京、天津无法发挥出经济与制度优势，反而制约区域协调发展进程。作为核心城市的北京和天津，紧密的分工协作关系尚未完全形成，无法带动河北能源效率提升与协同发展，反而对河北形成"虹吸效应"。

二、行政势差存在，能源效率提升与协同发展推进受阻

由于政治势差与行政势差的存在，京津冀三地始终无法如同长三角以及珠三角一样，进行城市间的能源资源深度合作。作为中央政府驻地和直辖市，北京拥有中国任何一座城市均无可比拟的独立行政功能，而其特殊的历史文化背景，更赋予北京政治、经济与文化等多重职能。天津是一座国际港，一直被定位为"中国北方经济中心"，然而，作为"政治和文化中心"的北京，却一直未放弃过北方经济中心的职能，且有不断强化的趋势，导致两地存在着较为突出的矛盾；作为政治地位低于京津两地的河北，比较优势无法得到充分发挥，沦为京津冀发展过程中的"配角"。三者之间存在的行政地位差距，使得京津冀三地有着各自不同的利益诉求，能源效率提升与协同发展推进受阻。

三、能源产业结构差异显著，能源效率提升与协同发展互联互动程度不足

京津冀三地能源产业结构差异显著，不像长三角各城市因产业结构相近而彼此间可以进行能源产业承接和产业合作，北京的优势在于其高端产业的科技和现代服务业，处于产业链顶端；天津正在从传统的石化、钢铁等制造产业转向航天航空、电子信息等战略新兴产业，处于产业链中端；河北则仍以低端产业为主，存在大量高耗能、高污染、低附加值的低端制造业和服务业。在

京津冀三地中，北京第三产业增加值所占比重已经高达80%左右，其产业结构的重点已经转向第三产业和高新技术产业，并进入了"后工业化阶段"；而拥有较为完善工业体系的天津，其第三产业以56%的占比正逐步成为该地区产值增加的主要动力，即处于第二产业与第三产业协同拉动经济并向第三产业成为经济支柱方向发展的"工业化的高级阶段"；而河北经济的支柱产业仍是第二产业，所占比重为48%左右，其第三产业有所发展，占比达41%，但与京津两地相比仍有明显的差距，处于"工业化的中级阶段"。明显的产业结构差异，使得京津冀三地产业依存度低，能源效率提升与协同发展互联互动程度不足。

本章小结

本章基于对京津冀能源生产消费现状及特征的分析，立足于绿色全要素视角，并通过构建DEA模型，借助京津冀地区2011年至2021年省级面板数据，在非期望产出指标中，考虑传统的废水、废气、废渣排放，并纳入雾霾（CO、$PM_{2.5}$等）指标作为考察对象构建投入产出模型测度绿色全要素能源效率，并构建包括"经济结构子系统、科技创新子系统、绿色生态子系统、对外开放子系统、社会资源子系统"五个子系统、35项指标要素的京津冀协同度系统框架体系，采用复合系统协同度模型测度京津冀地区的协同发展水平，进一步探讨京津冀能源效率及协同发展的关联性。

第一，2011年至2021年，京津冀地区能源生产与消费存在明显的时空差异特征，能源生产总量大致保持稳定状态，能源消费总量持续增长，可再生能源等清洁能源消费比重不断上升，能源结构逐步优化。

第二，以化石能源消费为主，清洁能源比重较低；能源效率低下，环境污染问题严重是京津冀能源消费的两大典型特征。

第三，2011 年至 2021 年，京津冀地区绿色全要素能源效率相对较低，只有北京以及天津的部分年度（2013 年、2014 年、2017 年）绿色全要素能源效率（GTEPI = 1）达到生产前沿面，河北 2011 年至 2021 年绿色全要素能源效率未达到生产前沿面，河北整体绿色全要素能源效率测度值低于京、津地区。

第四，2011 年至 2021 年，京津冀区域协同发展总体协同度 $D = 0.68 \in (0.3, 0.7]$，处于一般协同水平，协同度一直呈现上升趋势。其中，2017 年至 2021 年的协同度增速明显高于 2011 年至 2016 年，京津冀协同发展程度在近五年不断得到深化，良好的协同发展态势已然形成。但协同度依然有待提高，区域协同发展面临诸多问题。在有序度方面，三地均呈现较为平稳的上升趋势，且逐步朝有序化方向推进，其中，北京在 2011 年至 2017 年间，协同发展有序度增长速度明显放缓；天津在 2014 年至 2018 年间，协同发展有序度呈逐渐增长放缓趋势；而河北则在 2012 年至 2017 年间，协同发展有序度的增长幅度明显放缓。

第五，京津冀协同发展与能源效率存在长期的均衡关系，*LEE* 每增加一个单位，则 *LCD* 增加 0.35 个单位；此外，京津冀协同发展与能源效率提升相互作用、相互促进。京津冀协同发展是能源效率驱动的必然结果，而能源效率驱动则是京津冀协同发展的重要途径。

目前，京津冀协同发展面临资源枯竭及生态环境破坏等问题，迫切需要能源效率提升的根本性变革，唯有在能源效率驱动下，京津冀协同发展的路径、模式和效率才会实现新的突破。

第四章
能源效率驱动下多元利益主体认知
诊断及其群体差异分析

　　普通心理学和认知行为理论皆认为，认知是一切态度和行为的基础，直接决定着行为的方向，对解决实际问题具有重要的应用价值。在京津冀协同发展战略实施过程中，多元利益主体总是基于认知构建，决定是否采取能源效率驱动手段参与京津冀协同发展进程。多元利益主体的认知水平将决定其协同行为决策的效率及科学性，直接关乎京津冀协同发展战略实施成败。此外，京津冀能源供给压力以及区域发展差距的持续扩大，加剧多元利益主体价值判断和价值选择的多样性和差异性，导致不同利益主体信息识别能力与偏好日益分化，对京津冀协同发展产生迥异的认知构建，延缓京津冀协同发展进程。因此，在能源效率驱动下，迫切需要查明多元利益主体对京津冀协同发展的认知水平，揭示不同背景特征多元利益主体认知水平存在的群体差异特征，为后续研究中博弈模型以及障碍因子体系构建纳入认知要素奠定理论基础，并为能源效率驱动下京津冀协同发展对策建议中如何提升多元利益主体认知水平提供政策依据。

第一节　认知与能源效率驱动及京津冀协同发展的辩证关系

一、认知是前提

认知行为理论认为，认知是一切行动的基础和前提，其形成过程受"自动化思考"机制影响，对行动策略进行解读，将直接影响决策者是否最终采取行动。认知行为理论亦始终强调认知在解决实际问题中的重要价值，认为个体常常借助内在认知与外在环境的互动实现行为修正。

在京津冀协同发展过程中，多元利益主体总是基于对京津冀协同发展战略能源政策法规、制度安排，理论内涵的认知构建与解读，形成是否采取参与京津冀协同发展的策略行动。唯有在正确、深度认知下，多元利益主体才敢于尝试能源效率驱动手段，致力于推动京津冀高质量协同发展。

二、能源效率驱动是手段

能源是驱动京津冀协同发展的重要物质基础与主要动力。然而长期以来，京津冀能源消费总量巨大且一直呈上升趋势，能源供应紧张，长期依赖从外部调入化石能源，对外依存度高、供应保障压力大，高能耗导致生态环境持续恶化，严重阻碍京津冀协同发展，迫切需要以能源效率驱动京津冀协同发展。

对京津冀协同发展的正确认知是落实京津冀协同发展行动策略的先决条件，而能源效率驱动则是将京津冀协同发展战略理念转化为可操作性行为要素的关键一环，摒弃能源效率驱动手段，侃侃而谈认知与协同发展，无异于缘木求鱼，只有通过能源效率驱动手段，优化京津冀能源消费结构，发挥节能潜力，缩小能源效率区域差异，营造良好生态环境，才能助力京津冀协同发展取得扎实成效。

三、协同发展是目标

形成互利共赢的协同发展格局是打造现代化新型首都圈的战略深意与主要内涵。在京津冀协同发展战略背景下，多元利益主体的认知修正以及能源效率驱动行为始终以共同发展、互利共赢为主旨，最终实现区域协同发展目标。

京津冀协同发展是一项长期、复杂的系统工程，并非简单的资金、项目投入，更不是处心积虑的产业转移，谋求廉价能源生产要素，而是要依靠内涵发展、效率驱动，形成多元主体参与、多重利益共赢的能源合作利益共享协调机制。在协同发展目标下，多元利益主体需要突破认知局限约束，实现能源效率驱动与协同发展目标的有效联结，形成协同发展的不竭源头活水。认知度与能源效率及京津冀协同发展的辩证关系如图4-1所示：

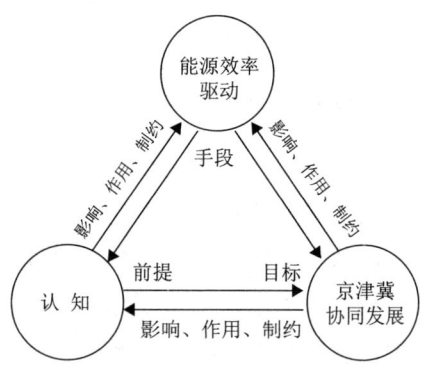

图4-1 认知度与能源效率及京津冀协同发展的辩证关系

第二节 京津冀协同发展的多元利益主体构成

能源效率驱动京津冀协同发展是长期、复杂的系统工程，涉及的利益主体多元，各主体在区域协同发展过程中扮演的角色错综复杂，以经济利益为核心交织成多重、复杂的社会关系网络，充满契合、分歧与冲突，不同的认知构建及利益需求决定多元主体的行为决策，从而影响能源效率驱动京津冀协同发展进程。对于多元利益主体构成，众多学者依据不同角度进行划分，提出不同的要素构成。

一、基于行政边界划分的多元利益主体构成

能源效率驱动京津冀协同发展的关键在于突破行政边界的刚性约束，实现互利共赢，构建区域均衡协调发展新格局。但由于京津冀三地行政地位势差，区域经济封闭的旧有格局依旧存在，统一的能源要素市场尚未建立，资源难以优化配置，区域发展能级落差巨大，京津冀跨行政边界协同发展依旧困难。因此，基于行政边界，可将多元利益主体划分为京、津、冀三类区域利益主体。能源效率驱动下京津冀协同发展的多元区域利益主体构成如图4-2所示：

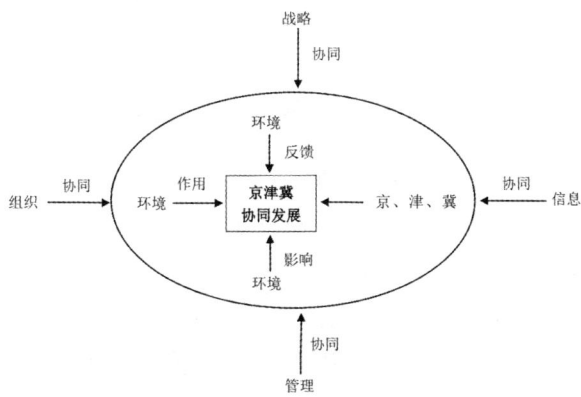

图4-2 能源效率驱动下京津冀协同发展的多元区域利益主体构成

在行政主导资源分配方式下，北京享有政治制度与经济发展的首都优势，占据资源分配先机，绿色技术创新投资重心、石

油、天然气等核心能源要素的供应最大程度向北京倾斜，而京津冀协同发展战略的核心即有序疏解北京的非首都功能。

天津毗邻北京，陆港兼具，尽享地缘优势，被定位为空港型国家物流枢纽、中国国际航空物流中心，拥有港口和产业集群优势。同时，作为四大直辖市之一、京畿门户，天津又具有经济政治优势，能够优先践行国家发展清洁能源的产业政策，承接首都科技资源，是筑牢首都"护城河"，服务能源效率驱动京津冀协同发展的战略门户。

作为京畿重地，河北环抱京津，有着京津走廊的天然优势，便于有效承接京津外溢科技资源和产业，但由于京津"虹吸效应"的长期存在，河北经济、人口外溢，在京津冀协同发展格局中处于相对弱势地位，经济发展缓慢，后继乏力，面临诸多环境生态瓶颈制约。

作为三个独立的行政区，京津冀在能源效率驱动协同发展过程中具有鲜明的行政边界属性特征，不可避免地出现利己倾向的区域利益博弈现象。

二、基于社会系统划分的多元利益主体构成

在研究环境治理或协同发展时，学者常基于社会系统视角，将多元利益主体划分为政府、企业与公众三类基本利益主体[1][2]。京津冀协同发展与环境协同治理类似，其本质在于协调各级政府、企业和公众等多元利益主体之间的利益关系，促使多方联动协作形成合力，共同推进区域能源效率提升并促进经济社会协调

〔1〕 谌杨：《论中国环境多元共治体系中的制衡逻辑》，载《中国人口·资源与环境》2020 年第 6 期。

〔2〕 李静：《从"一元单向分段'到'多元网络协同"——中国食品安全监管机制的完善路径》，载《北京理工大学学报（社会科学版）》2015 年第 4 期。

发展。因此，政府、企业和公众是能源效率驱动下京津冀协同发展的三类基本社会利益主体，其构成如图4-3所示：

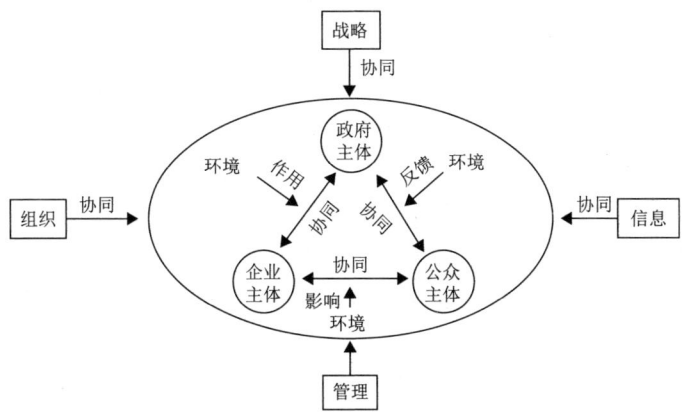

图4-3　能源效率驱动下京津冀协同发展的多元社会利益主体构成

1. 政府

政府是公共政策及能源政策的制定者，在能源效率驱动京津冀协同发展过程中编制规划、进行顶层设计，确定京津冀协同发展方向，积极探索京津冀协同发展路径、发展模式，充分发挥调控监督职能，整合内部能源要素，引导区域内企业、公众积极参与京津冀协同发展。并颁布相关能源法律法规，从制度和法律上为企业、公众参与京津冀协同发展保驾护航，以政治、经济上的权威性，统筹区域内资源、政策，协调仲裁主体间利益冲突，保障京津冀能源效率目标的实现，从而推进首都经济圈的一体化进程。

2. 企业

作为京津冀协同发展至关重要的实践者，企业是国民经济的重要组成部分以及能源资源的终端消费者，其能源利用效率直接反映京津冀地区能效水平。随着经济、社会的快速发展，京津冀地区能源消费持续增长，已逼近本区域能源和环境的最大可承载底线，"节能降耗，提高能源利用效率"成为企业刻不容缓的必然选择，直接关乎京津冀协同发展目标能否实现，进一步影响我国国民经济平稳运行的可持续性。

3. 公众

作为能源的重要消费者和直接使用者，公众是能源效率驱动京津冀协同发展不可或缺亦不容忽视的重要力量，当政府和市场双重失灵时，公众参与可以克服市场和政府调节的缺陷，形成"自下而上"的能源协同治理补充力量。在能源效率驱动京津冀协同发展过程中，公众积极培育能源效率提升理念，在日常生活中大力倡导节能减排，践行绿色生产生活方式。此外，当政府与企业深陷"经济人"角色，一味追求自身经济利益而忽视能源效益，产生违背政策法规的不良行为时，公众可利用舆论监督机制对政府和企业进行监督和制约。

第三节　京津冀协同发展的多元利益主体认知诊断

一、测度指标体系的构建

构建科学、合理的京津冀协同发展认知度测度指标体系是准确测度认知水平的前提和关键。有学者在分析农户绿色生产认知时，围绕"政策认知、法律认知、效益认知、关系认知"构建认知度测度指标体系[1][2][3]，而更多的文献则聚焦政策或者法

〔1〕 郝祖涛等：《基于禀赋异质性视角的荆门市农户绿色生产认知诊断》，载《河南农业大学学报》2021年第3期。

〔2〕 欧名豪、孙涛、郭杰：《成本收益、政策认知与农户种粮意愿研究》，载《干旱区资源与环境》2022年第12期。

〔3〕 徐强、王亚影、蒋晨曦：《政策认知、实施效果与城乡居民养老保险满意度影响关系研究》，载《公共治理研究》2022年第4期。

律某一方面探索个体的认知。但截至目前，统一的协同发展认知度测度指标体系并未形成。作为能源效率驱动下京津冀协同发展战略实施的重要基石，能源政策引导与能源法律保障具有强制性与系统性特征，是京津冀协同发展的具体表述，是对能源相关政策与能源法律的认知与解读，以及对能源效率驱动下京津冀协同发展认知的直接反映；此外，能源效率与协同发展的关系以及协同产生的效益是京津冀协同发展内涵与目标的集中体现，对能源效率与协同发展关系、协同效益的深度把握无疑是对京津冀协同发展本质的理解。因此，本书在研究过程中，围绕"能源协同政策认知、能源协同法律认知、能源协同效益认知、能源效率与协同发展关系认知"4项一级指标，对文献梳理过程中所涉及的指标体系进行反复提炼和修改，并召开京津冀协同发展认知度测度指标体系论证小组会议，征询专家意见，结合相关性分析的变量筛选方法，最终确定包含14项二级指标的京津冀协同发展认知度测度指标体系。具体的京津冀协同发展认知度测度指标体系如表4-1所示：

表4-1　能源效率驱动下京津冀协同发展认知度测度指标体系

能源协同政策认知	能源协同法律认知	能源协同效益认知	能源效率与协同发展关系认知
财税政策认知	法律制度认知	经济效益认知	存在关系认知
金融政策认知	法律环境认知	社会效益认知	事实关系认知
能源政策认知	法律协调机制认知		价值关系认知
公共服务政策认知	法律保障机制认知		行为关系认知

二、调查问卷的设计及相关说明

本次调查共历经两个阶段，第一阶段调查于 2021 年 4 月下旬至 7 月上旬展开，以京津冀地区各级政府工业主管部门（包括中央、省级、市级以及县级工业主管部门）、大中型制造型企业以及公众这三类群体为调查对象，采取电话方式进行沟通，全程采用录音回溯功能记载被调查者回答，经过试调修改形成《能源效率驱动下京津冀协同发展认知度调查表》；第二阶段调查于 2021 年 10 月下旬至 11 月上旬进行，采用网络信息推送方式对被调查者实施问卷调查。

两次调查共发放问卷 500 份，采用答卷者信息隐匿法，要求被调查者回复问题或填写问卷，问卷正文主要包括被调查者基本信息、对京津冀协同发展的了解程度、已经采取了哪些协同行为。经过对问卷内容的有效性核查，剔除 14 份数据缺失或存在明显逻辑错误的问卷，两轮调查共获得 486 份有效问卷，问卷的有效率为 97.2%。利用 SPSS 24.0 软件对 486 份有效问卷进行信度和效度检验，测得各因子的 Cronbach's α 系数值均在 0.85 ~ 0.89 之间，KMO 检验系数值为 0.879，两者均大于 0.7，问卷信度和效度良好，其设计质量符合本次研究要求。

三、基于 AHP 的认知体系各指标权重确定

层次分析法（AHP）是定性与定量相结合的多目标决策方法，是确定评价体系中指标权重的有效方法。因此，本研究采用 AHP 方法对京津冀协同发展认知度测度指标体系中的指标权重进行确定。详细过程如下：

1. 建立层次结构模型

遵循能源效率驱动下京津冀协同发展认知度测度指标体系的

理论内涵，有效利用太原理工大学专家资源，咨询访谈 3 位对层次结构模型建构有独特建树的学者以及 3 位认知心理学领域的教授，综合专家对于能源效率驱动下京津冀协同发展认知度测度指标体系建构原则和方法的建议，以递阶层次结构对表 4-1 中能源效率驱动下京津冀协同发展认知度测度指标体系进行结构设计，并将其划分为三个层次：目标层、准则层和指标层，构成指标之间的逻辑递阶层次关系。

（1）目标层：评价问题的预定目标，反映评价问题期望实现的理想结果。本研究的目标层为能源效率驱动下京津冀协同发展认知度测度（V）。

（2）准则层：影响目标实现的准则，从不同侧面反映能源效率驱动下京津冀协同发展认知度测度指标体系的属性和水平，包括能源协同政策认知（V_1）、能源协同法律认知（V_2）、能源协同效益认知（V_3）、能源效率与协同发展关系认知（V_4）四个方面。

（3）指标层：实现预定目标的最直接指标，是能源效率驱动下京津冀协同发展认知度测度指标体系的直观呈现，包括：财税政策认知（V_{11}）、金融政策认知（V_{12}）、能源政策认知（V_{13}）、公共服务政策认知（V_{14}）、法律制度认知（V_{21}）、法律环境认知（V_{22}）、法律协调机制认知（V_{23}）、法律保障机制认知（V_{24}）、经济效益认知（V_{31}）、社会效益认知（V_{32}）、存在关系认知（V_{41}）、事实关系认知（V_{42}）、价值关系认知（V_{43}）、行为关系认知（V_{44}）。

所建立的相应层次结构模型如图 4-4 所示：

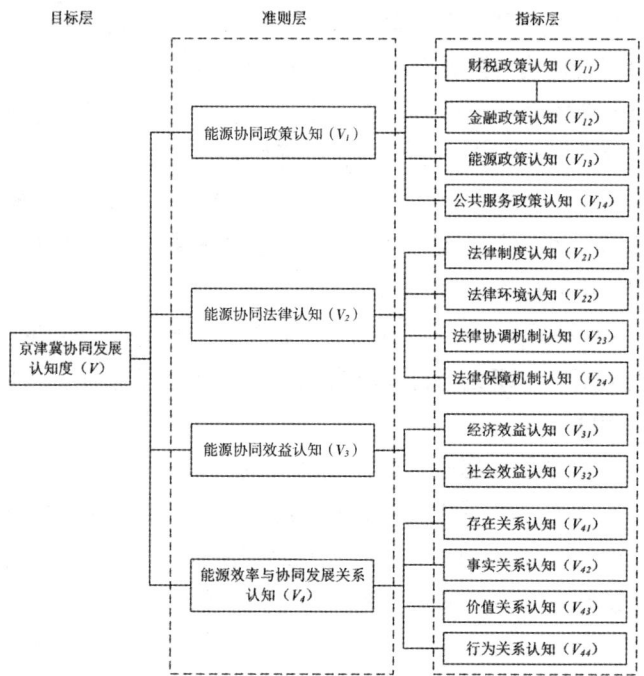

图 4-4　能源效率驱动下京津冀协同发展认知度测度指标体系层次结构模型

2. 构造判断矩阵

在能源效率驱动下京津冀协同发展认知度测度指标体系中，各因素对于上层因素的重要性不尽相同，需要借助科学的标度方法对各指标的重要程度进行确定。本研究采用 1-9 标度表确定能源效率驱动下京津冀协同发展认知度测度指标体系中各指标的重要程度。指标重要程度 1-9 标度表如表 4-2 所示：

表 4-2　指标重要程度 1-9 标度表

a_{ij} 的取值	含义
$a_{ij} = A_i / A_j = 1$	A_i 比 A_j 同样重要

a_{ij} 的取值	含义
$a_{ij}=A_i/A_j=3$	A_i 比 A_j 稍微重要
$a_{ij}=A_i/A_j=5$	A_i 比 A_j 明显重要
$a_{ij}=A_i/A_j=7$	A_i 比 A_j 重要得多
$a_{ij}=A_i/A_j=9$	A_i 比 A_j 极端重要
$a_{ij}=A_i/A_j=2$，4，6，8	介于上述相邻两种情况之间
以上各数的倒数	两元素反过来比较

若 A_1，A_2，……A_n 是能源效率驱动下京津冀协同发展认知度测度指标体系递阶层次中第 i 层因素，B_k 是第 $i-1$ 层因素，第 i 层的两因素 A_i 和 A_j 对第 $i-1$ 层中因素 B_k 的重要程度依据 1-9 标度表进行量化，并用 $a_{ij}=A_i/A_j$ 表示，构成 $B-A$ 判断矩阵。其中，a_{ij} 满足性质：$a_{ij}=1$，$a_{ij}=1/a_{ij}$，。则 $B-A$ 判断矩阵可表示为：

$$B-A\begin{bmatrix} 1 & a_{12} & a_{13} & \cdots\cdots & a_{1n} \\ 1/a_{12} & 1 & a_{23} & \cdots\cdots & a_{2n} \\ 1/a_{1n} & 1/a_{2n} & 1/a_{3n} & \cdots\cdots & 1 \end{bmatrix} \quad (4-1)$$

根据上述定义，本研究中能源效率驱动下京津冀协同发展认知度测度指标体系递阶层次的准则层指标能源协同政策认知（V_1）、能源协同法律认知（V_2）、能源协同效益认知（V_3）、能源效率与协同发展关系认知（V_4）对目标层指标能源效率驱动下京津冀协同发展认知度测度（V）影响程度的判断矩阵为：

$$V-V_i=\begin{bmatrix} 1 & 5 & 4 & 5 \\ 1/5 & 1 & 1/3 & 1/2 \\ 1/4 & 3 & 1 & 2 \\ 1/5 & 2 & 1/2 & 1 \end{bmatrix} \quad (4-2)$$

本研究的所有指标层指标 V_{1j}、V_{2j}、V_{3j}、V_{4j} 对相应准则层指标 V_1、V_2、V_3、V_4 影响程度的判断矩阵分别为：

$$V_1 - V_{1j} = \begin{bmatrix} 1 & 1/5 & 1/4 & 1/5 \\ 5 & 1 & 4 & 3 \\ 4 & 1/4 & 1 & 1/3 \\ 5 & 1/3 & 3 & 1 \end{bmatrix}, V_2 - V_{2j} = \begin{vmatrix} 1 & 3 & 4 & 5 \\ 1/3 & 1 & 4 & 5 \\ 1/4 & 1/4 & 1 & 3 \\ 1/5 & 1/5 & 1/3 & 1 \end{vmatrix}$$

$$(4-3)$$

$$V_3 - V_{3j} = \begin{bmatrix} 1 & 3 \\ 1/3 & 1 \end{bmatrix}, V_4 - V_{4j} = \begin{vmatrix} 1 & 1/3 & 2 & 4 \\ 3 & 1 & 6 & 4 \\ 1/2 & 1/6 & 1 & 2 \\ 1/4 & 1/4 & 1/2 & 1 \end{vmatrix} \quad (4-4)$$

3. 对判断矩阵 $V-V_i$ 每一列进行规范化处理

$$\bar{a}_{ij} = \frac{a_{ij}}{\sum_{i=1}^{n} a_{ij}} \ (i, j = 1, 2, \cdots, n) \quad (4-5)$$

且 $\bar{A} = (\bar{a}_{ij})_{n \times n}$。

4. 对向量 $\bar{W}$ 进行规范化处理

对按列正规化后的矩阵 $\bar{A}$ 按行相加：

$$\bar{b}_i = \sum_{j=1}^{n} \bar{a}_{ij} (i = 1, 2, \cdots, n) \quad (4-6)$$

得到矩阵 $\bar{B} = (\bar{b}_i)_{n \times 1}$，并计算算术平均值：

$$\bar{w}_i = \frac{\bar{b}_i}{n} \ (i = 1, 2, \cdots, n) \quad (4-7)$$

对向量 $\bar{W} = (\bar{w}_1, \bar{w}_2, \cdots, \bar{w}_n) (i=1, 2, \cdots, n)$ 进行正规化运算，其中：

$$w_i = \frac{\bar{w}_i}{\sum_{i=1}^{n} \bar{w}_i} (i = 1, 2, \cdots, n) \quad (4-8)$$

即可得特征向量 $W = (w_1, w_2, \cdots, w_n)^T (i = 1, 2, \cdots, n)$。

5. 对判断矩阵 $V\text{-}V_i$ 的最大特征根 λ_{max} 进行计算：

$$\lambda_{max} = \sum_i^n \frac{(AW)_i}{nw_i} \qquad (4\text{-}9)$$

6. 对一致性进行检验

首先，利用公式：

$$CI = \frac{\lambda_{max} - n}{n - 1} \qquad (4\text{-}10)$$

计算一致性指标 CI。然后，参考已有学者研究，对平均随机一致性指标 RI 的取值如表 4-3 所示[1]：

表 4-3　各阶 RI 的值

阶数	1	2	3	4	5	6	7	8	9	10	11
RI	0.00	0.00	0.58	0.90	1.12	1.24	1.32	1.41	1.45	1.49	1.51

最后，利用公式：

$$CR = \frac{CI}{RI} \qquad (4\text{-}11)$$

计算一致性比率 CR。

借助 MATLAB 2021b 软件，计算出判断矩阵 $V\text{-}V_i$ 的特征向量：$W = (0.5921, 0.0801, 0.2048, 0.1230)$，其中，最大特征根 $\lambda_{max} = 4.0980$，$CI = 0.0327$，而一致性比率 $CR = \dfrac{0.0327}{0.9000} = 0.0363 < 0.10$，满足一致性检验通过条件。

利用同样方法，对能源效率驱动下京津冀协同发展认知度测度指标体系中各层级指标权重进行计算，经过一致性检验，最终

---

[1] 王晓岭、武春友、赵奥：《中国城市化与能源强度关系的交互动态响应分析》，载《中国人口·资源与环境》2012 年第 5 期。

确定各指标权重值如表 4-4 所示：

表 4-4　各指标权重值

目标层	准则层	（权重）	指标层	（权重）
能源效率驱动下京津冀协同发展认知度测度指标体系（V）	能源协同政策认知（V_1）	（0.5921）	财税政策认知（V_{11}）	（0.0600）
			金融政策认知（V_{12}）	（0.5215）
			能源政策认知（V_{13}）	（0.1421）
			公共服务政策认知（V_{14}）	（0.2765）
	能源协同法律认知（V_2）	（0.0801）	法律制度认知（V_{21}）	（0.5191）
			法律环境认知（V_{22}）	（0.2977）
			法律协调机制认知（V_{23}）	（0.1205）
			法律保障机制认知（V_{24}）	（0.0626）
	能源协同效益认知（V_3）	（0.2048）	经济效益认知（V_{31}）	（0.7500）
			社会效益认知（V_{32}）	（0.2500）
	能源效率与协同发展关系认知（V_4）	（0.1230）	存在关系认知（V_{41}）	（0.2391）
			事实关系认知（V_{42}）	（0.5591）
			价值关系认知（V_{43}）	（0.1196）
			行为关系认知（V_{44}）	（0.0822）

四、基于多层次灰色评价模型的认知度测算

1. 评价样本矩阵

$$A = \begin{array}{c} \\ V_{11} \\ V_{12} \\ \vdots \\ V_{1n_1} \\ V_{21} \\ V_{22} \\ \vdots \\ V_{2n_2} \\ \vdots \\ V_{m1} \\ V_{m2} \\ \vdots \\ V_{mn_m} \end{array} \begin{array}{cccc} 1 & 2 & \cdots & p \\ \left[\begin{array}{cccc} d_{111}^{(s)} & d_{112}^{(s)} & \cdots & d_{11p}^{(s)} \\ d_{121}^{(s)} & d_{122}^{(s)} & \cdots & d_{12p}^{(s)} \\ \vdots & \vdots & \vdots & \vdots \\ d_{1n_11}^{(s)} & d_{1n_12}^{(s)} & \cdots & d_{1n_1p}^{(s)} \\ d_{211}^{(s)} & d_{212}^{(s)} & \cdots & d_{21p}^{(s)} \\ d_{221}^{(s)} & d_{222}^{(s)} & \cdots & d_{22p}^{(s)} \\ \vdots & \vdots & \vdots & \vdots \\ d_{2n_21}^{(s)} & d_{2n_22}^{(s)} & \cdots & d_{2n_2p}^{(s)} \\ \vdots & \vdots & \cdots & \vdots \\ d_{m11}^{(s)} & d_{m12}^{(s)} & \cdots & d_{m1p}^{(s)} \\ d_{m21}^{(s)} & d_{m22}^{(s)} & \cdots & d_{m2p}^{(s)} \\ \vdots & \vdots & \vdots & \vdots \\ d_{mn_m1}^{(s)} & d_{mn_m2}^{(s)} & \cdots & d_{mn_mp}^{(s)} \end{array} \right] \end{array} = \left(d_{ijk}^{(s)} \right)_{\sum\limits_{i=1}^{m} n \times p} =$$

$$
\begin{array}{c}
\qquad\quad 1 \quad\ 2 \quad\cdots\quad 228 \\
\begin{array}{c}
V_{11} \\
V_{12} \\
\vdots \\
V_{14} \\
V_{21} \\
V_{22} \\
\vdots \\
V_{25} \\
V_{31} \\
V_{32} \\
V_{41} \\
\vdots \\
V_{45}
\end{array}
\left[
\begin{array}{cccc}
d_{111}^{(s)} & d_{112}^{(s)} & \cdots & d_{11(228)}^{(s)} \\
d_{121}^{(s)} & d_{122}^{(s)} & \cdots & d_{12(228)}^{(s)} \\
\vdots & \vdots & \vdots & \vdots \\
d_{141}^{(s)} & d_{142}^{(s)} & \cdots & d_{14(228)}^{(s)} \\
d_{211}^{(s)} & d_{212}^{(s)} & \cdots & d_{21(228)}^{(s)} \\
d_{221}^{(s)} & d_{222}^{(s)} & \cdots & d_{22(228)}^{(s)} \\
\vdots & \vdots & \vdots & \vdots \\
d_{251}^{(s)} & d_{252}^{(s)} & \cdots & d_{25(228)}^{(s)} \\
d_{311}^{(s)} & d_{312}^{(s)} & \cdots & d_{31(228)}^{(s)} \\
d_{321}^{(s)} & d_{322}^{(s)} & \cdots & d_{32(228)}^{(s)} \\
d_{411}^{(s)} & d_{412}^{(s)} & \cdots & d_{41(228)}^{(s)} \\
\vdots & \vdots & \vdots & \vdots \\
d_{451}^{(s)} & d_{452}^{(s)} & \cdots & d_{45(228)}^{(s)}
\end{array}
\right] = (d_{ijk}^{(s)})_{16\times228}
\end{array}
\qquad (4-12)
$$

2. 确定评价灰类和对应白化权函数

本研究基于多元利益主体对能源效率驱动下京津冀协同发展的认知度调查，并参考 Likert 五分量表法的编制思路，将评价灰类划分为："非常清楚""比较清楚""了解""一般"以及"不知道"五个等级。同时，对五个等级的评价灰类进行赋值，对应分值依次为：9 分、7 分、5 分、3 分、1 分。为了提高评价结果的准确性，引入"弱评价指标等级"，将五个评价灰类间两个相邻等级的标准评分进行赋值：8.5 分、6.5 分、4.5 分、2.5 分，从而确定京津冀协同发展认知度的评价灰类，并建立相应的白化权函数。

对评价灰类"非常清楚"（$e=1$）进行定义，其灰数为：$\otimes 1 \in$ [0，9，∞]，对应的评分赋值为 9 分，建立的白化权函数为：

$$f_1(d_{ijk}) = \begin{cases} d_{ijk}\big/9 & 0 \leq d_{ijk} \leq 9 \\ 1 & d_{ijk} \geq 9 \\ 0 & 其他 \end{cases} \quad (4-13)$$

评价灰类"比较清楚"($e=2$)的灰数为：$\otimes 2 \in [0, 7, 14]$，所对应的评分赋值为 7 分，建立的白化权函数为：

$$f_2(d_{ijk}) = \begin{cases} 1 & 0 \leq d_{ijk} \leq 7 \\ (14 - d_{ijk})\big/7 & 7 \leq d_{ijk} \leq 14 \\ 0 & 其他 \end{cases} \quad (4-14)$$

评价灰类"了解"($e=3$)的灰数为：$\otimes 3 \in [0, 5, 10]$，所对应的评分赋值为 5 分，建立的白化权函数为：

$$f_3(d_{ijk}) = \begin{cases} 1 & 0 \leq d_{ijk} \leq 5 \\ (10 - d_{ijk})\big/5 & 5 \leq d_{ijk} \leq 10 \\ 0 & 其他 \end{cases} \quad (4-15)$$

评价灰类"一般"($e=4$)的灰数为：$\otimes 4 \in [0, 3, 6]$，所对应的评分赋值为 3 分，建立的白化权函数为：

$$f_4(d_{ijk}) = \begin{cases} 1 & 0 \leq d_{ijk} \leq 3 \\ (6 - d_{ijk})\big/3 & 3 \leq d_{ijk} \leq 6 \\ 0 & 其他 \end{cases} \quad (4-16)$$

评价灰类"不知道"($e=5$)的灰数为：$\otimes 5 \in [0, 1, 3]$，所对应的评分赋值为 1 分，建立的白化权函数为：

$$f_5(d_{ijk}) = \begin{cases} 1 & 0 \leq d_{ijk} \leq 1 \\ (3 - d_{ijk})\big/2 & 1 \leq d_{ijk} \leq 3 \\ 0 & 其他 \end{cases} \quad (4-17)$$

3. 灰类评价系数的确定

对于能源效率驱动下京津冀协同发展认知度测度指标体系中的评价指标 V_{ij}，在第 e 个评价灰类中，其评价系数记为 X_{ije}，并设定计算公式如下：

$$X_{ije} = \sum_{k=1}^{p} f_e(d_{ijk}) \qquad (4-18)$$

若评价灰类为"非常清楚"，则 $e=1$，评价系数

$$X_{111} = \sum_{k=1}^{486} f_1(d_{11k}) = f_1(5) + \cdots + f_1(7) + \cdots + f_1(3) + \cdots + f_1(1) + \cdots + f_1(9) = 212.926 \qquad (4-19)$$

若评价灰类为"比较清楚"，则 $e=2$，评价系数

$$X_{112} = \sum_{k=1}^{486} f_2(d_{11k}) = f_2(5) + \cdots + f_2(7) + \cdots + f_2(3) + \cdots + f_2(1) + \cdots + f_2(9) = 235.232 \qquad (4-20)$$

若评价灰类为"了解"，则 $e=3$，评价系数

$$X_{113} = \sum_{k=1}^{486} f_3(d_{11k}) = f_3(5) + \cdots + f_3(7) + \cdots + f_3(3) + \cdots + f_3(1) + \cdots + f_3(9) = 264.796 \qquad (4-21)$$

若评价灰类为"一般"，则 $e=4$，评价系数

$$X_{114} = \sum_{k=1}^{486} f_4(d_{11k}) = f_4(5) + \cdots + f_4(7) + \cdots + f_4(3) + \cdots + f_4(1) + \cdots + f_4(9) = 322.217 \qquad (4-22)$$

若评价灰类为"不知道"，则 $e=5$，评价系数

$$X_{115} = \sum_{k=1}^{486} f_5(d_{11k}) = f_5(5) + \cdots + f_5(7) + \cdots + f_5(3) + \cdots + f_5(1) + \cdots + f_5(9) = 62.126 \qquad (4-23)$$

因此，能源效率驱动下京津冀协同发展认知度测度指标体系中评价指标 V_{ij} 的灰类评价系数为：

$$X_{ij} = \sum_{e=1}^{5} X_{ije} = X_{ij1} + X_{ij2} + X_{ij3} + X_{ij4} + X_{ij5} \qquad (4-24)$$

即：

$$X_{11} = \sum_{e=1}^{5} X_{11e} = X_{111} + X_{112} + X_{113} + X_{114} + X_{115} = 1067.297 \qquad (4-25)$$

4. 确定灰色评价权重向量

在第 e 个灰类评价下，评价指标 V_{ij} 的灰色评价权重：

$$r_{ije} = \frac{X_{ije}}{X_{ij}} \qquad (4-26)$$

因此，评价指标 V_{ij} 在五类灰色评价下的灰色评价权重向量为：

$$r_{11} = \left[r_{111} r_{112} r_{113} r_{114} r_{115} \right] = \left[\frac{X_{111}}{X_{11}} \frac{X_{112}}{X_{11}} \frac{X_{113}}{X_{11}} \frac{X_{114}}{X_{11}} \frac{X_{115}}{X_{11}} \right]$$

$$= \left[0.1995 \ 0.2204 \ 0.2481 \ 0.3019 \ 0.0301 \right] \qquad (4-27)$$

利用同样方法，确定其他指标的灰色评价权重向量如下：

$$r_{12} = \left[r_{121} \ r_{122} \ r_{123} \ r_{124} \ r_{125} \right] = \left[0.2213 \ 0.2472 \ 0.2353 \ 0.2829 \right.$$
$$\left. 0.0133 \right] \qquad (4-28)$$

$$r_{13} = \left[r_{131} \ r_{132} \ r_{133} \ r_{134} \ r_{135} \right] = \left[0.1911 \ 0.2054 \ 0.2986 \ 0.2798 \right.$$
$$\left. 0.0251 \right] \qquad (4-29)$$

$$r_{14} = \left[r_{141} \ r_{142} \ r_{143} \ r_{144} \ r_{145} \right] = \left[0.2426 \ 0.1956 \ 0.2115 \ 0.3469 \right.$$
$$\left. 0.0034 \right] \qquad (4-30)$$

$$r_{21} = \left[r_{211} \ r_{212} \ r_{213} \ r_{214} \ r_{215} \right] = \left[0.2716 \ 0.2277 \ 0.2295 \ 0.2155 \right.$$
$$\left. 0.0557 \right] \qquad (4-31)$$

$$r_{22} = \left[r_{221} \ r_{222} \ r_{223} \ r_{224} \ r_{225} \right] = \left[0.2193 \ 0.1971 \ 0.3247 \ 0.2069 \right.$$
$$\left. 0.0520 \right] \qquad (4-32)$$

$$r_{23} = \left[r_{231} \ r_{232} \ r_{233} \ r_{234} \ r_{235} \right] = \left[0.2206 \ 0.1676 \ 0.2112 \ 0.2358 \right.$$
$$\left. 0.1648 \right] \qquad (4-33)$$

$$r_{24} = \left[r_{241} \ r_{242} \ r_{243} \ r_{244} \ r_{245} \right] = \left[0.1956 \ 0.1779 \ 0.3571 \ 0.1698 \right.$$

$0.0996\big]$ $\qquad(4-34)$

$r_{31} = \big[\, r_{311}\ r_{312}\ r_{313}\ r_{314}\ r_{315}\,\big] = \big[\, 0.1641\ 0.2253\ 0.2497\ 0.1941$

$0.1668\,\big]$ $\qquad(4-35)$

$r_{32} = \big[\, r_{321}\ r_{322}\ r_{323}\ r_{324}\ r_{325}\,\big] = \big[\, 0.1013\ 0.2285\ 0.1573\ 0.2913$

$0.2216\,\big]$ $\qquad(4-36)$

$r_{41} = \big[\, r_{411}\ r_{412}\ r_{413}\ r_{414}\ r_{415}\,\big] = \big[\, 0.1797\ 0.2351\ 0.2247\ 0.2633$

$0.0973\,\big]$ $\qquad(4-37)$

$r_{42} = \big[\, r_{421}\ r_{422}\ r_{423}\ r_{424}\ r_{425}\,\big] = \big[\, 0.2037\ 0.1974\ 0.1986\ 0.1843$

$0.2160\,\big]$ $\qquad(4-38)$

$r_{43} = \big[\, r_{431}\ r_{432}\ r_{433}\ r_{434}\ r_{435}\,\big] = \big[\, 0.1578\ 0.2141\ 0.1944\ 0.1913$

$0.2424\,\big]$ $\qquad(4-39)$

$r_{44} = \big[\, r_{441}\ r_{442}\ r_{443}\ r_{444}\ r_{445}\,\big] = \big[\, 0.1484\ 0.1986\ 0.1434\ 0.1733$

$0.3363\,\big]$ $\qquad(4-40)$

5. 确定灰色评价权重矩阵

以上述灰色评价权重向量为元素，构成评价指标 V_{ij} 的灰色评价权重矩阵：

$$R_i = \begin{bmatrix} r_{i11} & r_{i12} & r_{i13} & r_{i14} & r_{i15} \\ r_{i21} & r_{i22} & r_{i23} & r_{i24} & r_{i25} \\ \vdots & \vdots & \vdots & \vdots & \vdots \\ r_{ij1} & r_{ij2} & r_{ij3} & r_{ij4} & r_{ij5} \end{bmatrix} \qquad (4-41)$$

因此，本研究中各评价指标 V_{ij} 的灰色评价权重矩阵如下：

$$R_1 = \begin{bmatrix} r_{111}\ r_{112}\ r_{113}\ r_{114}\ r_{115} \\ r_{121}\ r_{122}\ r_{123}\ r_{124}\ r_{125} \\ r_{131}\ r_{132}\ r_{133}\ r_{134}\ r_{135} \\ r_{141}\ r_{142}\ r_{143}\ r_{144}\ r_{145} \end{bmatrix} = \begin{bmatrix} 0.1995\ 0.2204\ 0.2481\ 0.3019\ 0.0301 \\ 0.2213\ 0.2472\ 0.2353\ 0.2829\ 0.0133 \\ 0.1911\ 0.2054\ 0.2986\ 0.2798\ 0.0251 \\ 0.2426\ 0.1956\ 0.2115\ 0.3469\ 0.0034 \end{bmatrix}$$

$$(4-42)$$

$$R_2 = \begin{bmatrix} r_{211} & r_{212} & r_{213} & r_{214} & r_{215} \\ r_{221} & r_{222} & r_{223} & r_{224} & r_{225} \\ r_{231} & r_{232} & r_{233} & r_{234} & r_{235} \\ r_{241} & r_{242} & r_{243} & r_{244} & r_{245} \end{bmatrix} = \begin{bmatrix} 0.2716 & 0.2277 & 0.2295 & 0.2155 & 0.0557 \\ 0.2193 & 0.1971 & 0.3247 & 0.2069 & 0.0520 \\ 0.2206 & 0.1676 & 0.2112 & 0.2358 & 0.1648 \\ 0.1956 & 0.1779 & 0.3571 & 0.1698 & 0.0996 \end{bmatrix}$$

$$(4-43)$$

$$R_3 = \begin{bmatrix} r_{311} & r_{312} & r_{313} & r_{314} & r_{315} \\ r_{321} & r_{322} & r_{323} & r_{324} & r_{325} \end{bmatrix} = \begin{bmatrix} 0.1641 & 0.2253 & 0.2497 & 0.1941 & 0.1668 \\ 0.1013 & 0.2285 & 0.1573 & 0.2913 & 0.2216 \end{bmatrix}$$

$$(4-44)$$

$$R_4 = \begin{bmatrix} r_{411} & r_{412} & r_{413} & r_{414} & r_{415} \\ r_{421} & r_{422} & r_{423} & r_{424} & r_{425} \\ r_{431} & r_{432} & r_{433} & r_{434} & r_{435} \\ r_{441} & r_{442} & r_{443} & r_{444} & r_{445} \end{bmatrix} = \begin{bmatrix} 0.1797 & 0.2351 & 0.2247 & 0.2633 & 0.0973 \\ 0.2037 & 0.1974 & 0.1986 & 0.1843 & 0.2160 \\ 0.1578 & 0.2141 & 0.1944 & 0.1913 & 0.2424 \\ 0.1484 & 0.1986 & 0.1434 & 0.1733 & 0.3363 \end{bmatrix}$$

$$(4-45)$$

6. 灰色评价指标权重计算

对于京津冀协同发展认知度测度指标体系中的二级指标 V_{ij}，其灰色评价权重向量的计算公式为：

$$H_i = W_i \cdot R_i = \begin{bmatrix} h_{i1} & h_{i2} & h_{i3} & h_{i4} & h_{i5} \end{bmatrix} \qquad (4-46)$$

故本研究中：

$$H_1 = W_1 \cdot R_1 = \begin{bmatrix} h_{11} & h_{12} & h_{13} & h_{14} & h_{15} \end{bmatrix}$$

$$= (0.0600 \ 0.5215 \ 0.1421 \ 0.2765) \begin{bmatrix} 0.1995 & 0.2204 & 0.2481 & 0.3019 & 0.0301 \\ 0.2213 & 0.2472 & 0.2353 & 0.2829 & 0.0133 \\ 0.1911 & 0.2054 & 0.2986 & 0.2798 & 0.0251 \\ 0.2426 & 0.1956 & 0.2115 & 0.3469 & 0.0034 \end{bmatrix}$$

$$= (0.2216 \ 0.2254 \ 0.2385 \ 0.3013 \ 0.0132) \qquad (4-47)$$

$$H_2 = W_2 \cdot R_2 = \begin{bmatrix} h_{21} & h_{22} & h_{23} & h_{24} & h_{25} \end{bmatrix}$$

$$= (0.5191\ 0.2977\ 0.1205\ 0.0626) \begin{bmatrix} 0.2716\ 0.2277\ 0.2295\ 0.2155\ 0.0557 \\ 0.2193\ 0.1971\ 0.3247\ 0.2069\ 0.0520 \\ 0.2206\ 0.1676\ 0.2112\ 0.2358\ 0.1648 \\ 0.1956\ 0.1779\ 0.3571\ 0.1698\ 0.0996 \end{bmatrix}$$

$$= (0.2451\ 0.2082\ 0.2636\ 0.2125\ 0.0706) \tag{4-48}$$

$$H_3 = W_3 \cdot R_3 = [h_{31}\ h_{32}\ h_{33}\ h_{34}\ h_{35}]$$

$$= (0.7500\ 0.2500) \begin{bmatrix} 0.1641\ 0.2253\ 0.2497\ 0.1941\ 0.1668 \\ 0.1013\ 0.2285\ 0.1573\ 0.2913\ 0.2216 \end{bmatrix}$$

$$= (0.1484\ 0.2261\ 0.2266\ 0.2184\ 0.1805) \tag{4-49}$$

$$H_4 = W_4 \cdot R_4 = [h_{41}\ h_{42}\ h_{43}\ h_{44}\ h_{45}]$$

$$= (0.2391\ 0.5591\ 0.1196\ 0.0822) \begin{bmatrix} 0.1797\ 0.2351\ 0.2247\ 0.2633\ 0.0973 \\ 0.2037\ 0.1974\ 0.1986\ 0.1843\ 0.2160 \\ 0.1578\ 0.2141\ 0.1944\ 0.1913\ 0.2424 \\ 0.1484\ 0.1986\ 0.1434\ 0.1733\ 0.3363 \end{bmatrix}$$

$$= (0.1879\ 0.2085\ 0.1998\ 0.2031\ 0.2007) \tag{4-50}$$

则京津冀协同发展认知度测度指标体系中一级指标 V_i 的灰色评价权重 R, 由灰色评价权重向量 H_i 组成。

$$R = \begin{bmatrix} H_1 \\ H_2 \\ H_3 \\ H_4 \end{bmatrix} = \begin{bmatrix} h_{11}\ h_{12}\ h_{13}\ h_{14}\ h_{15} \\ h_{21}\ h_{22}\ h_{23}\ h_{24}\ h_{25} \\ h_{31}\ h_{32}\ h_{33}\ h_{34}\ h_{35} \\ h_{41}\ h_{42}\ h_{43}\ h_{44}\ h_{45} \end{bmatrix}$$

$$= \begin{bmatrix} 0.2216\ 0.2254\ 0.2385\ 0.3013\ 0.0132 \\ 0.2451\ 0.2082\ 0.2636\ 0.2125\ 0.0706 \\ 0.1484\ 0.2261\ 0.2266\ 0.2184\ 0.1805 \\ 0.1879\ 0.2085\ 0.1998\ 0.2031\ 0.2007 \end{bmatrix} \tag{4-51}$$

则一级指标 V_i 灰色综合评价的评价权重向量为:

$$H = W \cdot R = [h_1\ h_2\ h_3\ h_4\ h_5]$$

$$= (0.5921\ 0.0801\ 0.2048\ 0.1230) \begin{bmatrix} 0.2216 & 0.2254 & 0.2385 & 0.3013 & 0.0132 \\ 0.2451 & 0.2082 & 0.2636 & 0.2125 & 0.0706 \\ 0.1484 & 0.2261 & 0.2266 & 0.2184 & 0.1805 \\ 0.1879 & 0.2085 & 0.1998 & 0.2031 & 0.2007 \end{bmatrix}$$

$$= (0.2043\ 0.2221\ 0.2333\ 0.2651\ 0.0751) \tag{4-52}$$

7. 多元利益主体对能源效率驱动下京津冀协同发展认知度的综合评价

综合评价计算公式：

$$G = H \cdot Q^T = \begin{bmatrix} h_1 & h_2 & h_3 & h_4 & h_5 \end{bmatrix} \begin{bmatrix} 9 \\ 7 \\ 5 \\ 3 \\ 1 \end{bmatrix} = 5.4303 \tag{4-53}$$

五、认知度综合评价赋值解析

经过计算，多元利益主体对能源效率驱动下京津冀协同发展认知度的综合评价赋值为5.4303分。在五个评价灰类中，介于评价灰类"比较清楚"与"了解"的赋值区间，但更接近于评价灰类"了解"的赋值（5分）。研究结果表明，在当前京津冀协同发展战略推动下，区域内多元利益主体对能源效率驱动下京津冀协同发展具备一定的认知水平，但认知度略低，大多处于了解阶段，对能源效率驱动下京津冀协同发展战略的解读和领悟并不深刻，存在认识盲区，这必然影响和制约多元利益主体对京津冀协同发展的参与程度。这是因为，自2014年京津冀协同发展战略提出以来，北京、天津和河北三地各自借助优势，弥补不足，快速发展，尤其是在国家统筹协调下，京津冀三地建立了紧密的能源协作关系，在以新能源为主体的新型电力、核电、化石能源开发利用等重点领域取得一批突破性成果，区域"抱团发展"态势增强。但当前仍存在一定程度的双重封闭，区域竞争多、合作少，独行多、联动少的整体发展情况。此外，各主体对于能源协同政策的理解普遍停留在国家能源政策宣传等浅层认知上，对于京津冀协同发展能源政策内涵的理解仍然比较模糊，尤其是对能源效率驱动与协同发展的关系、能源协同发展收益的理解简单化、片面化，无法凝聚高质量协同发展的共识，从而导致多元主体认知受限，能源协同意愿匮乏，"各自为政"发展，区域整体资源配置效率下降，部分能源产业同质化日益严重，陷入恶性竞争循环。为了扭转这一趋势，国家应借助多种网络平台，强化对能源效率驱动下京津冀协同发展战略的宣传和说明，进一步推动多元利益主体积极、主动参与京津冀协同发展进程。

第四节　多元区域利益主体的认知度差异

由于能源宏观政策、历史基础、产业结构等诸多方面的差异，京津冀经济发展不均衡现象突出，且有愈演愈烈之势，而区域经济发展程度的不同，必然导致区域市场化程度、人才素质以及思想观念文化呈现不同面貌，不同区域对能源效率驱动下京津冀协同发展的认知亦表现出不同形态。不同区域对能源效率驱动下京津冀协同发展认知度的方差分析结果如表4-5所示：

表4-5　不同区域对能源效率驱动下京津冀协同发展认知度的方差分析结果

	区域	样本数量（份）	均值（分）	标准差	F 值	显著性 Sig.
	北京	116	6.52	0.723		
认知度	天津	109	5.97	0.634	13.218	0.000
	河北	261	4.67	0.517		

　　从表4-5可以看出，不同区域对能源效率驱动下京津冀协同发展的认知度存在显著的区域差异（显著性<0.05）。三地中，北京的认知度最高，这是因为，与津冀相比，北京已率先进入"后工业化阶段"，产业结构重点已转向第三产业和高新技术产业，绿色低碳能源利用比例最高，并始终围绕《北京市"十四五"时期能源发展规划》这一重大战略部署，充分发挥"一核"作用，示范、引领带动津冀能源结构调整，与此同时，北京正以能源绿色低碳智慧体系建设为契机，持续推动以新能源为主体的新型电力、核电、化石能源开发利用，在能源产业数字化智能化等技术领域取得新突破，高质量完成能源效率驱动下京津冀协同发展的预定目标。因此，在京津冀三地中，北京对能源效率驱动下津冀协同发展的认知度最高。

　　毗邻北京，天津交通便捷，四通八达，享有协同发展政策先行先试的优势，且自京津冀协同发展战略实施以来，天津即全面贯彻落实习近平总书记提出的"三个着力"重要要求，主动服务北京非首都功能疏解，承接了中海油等一批能源企业，打造了一批能源转型示范项目，并提出要落实"四个革命"能源安全新战略，深化能源体制机制改革，积极协同拓宽可再生能源消纳途径。在践行协同发展过程中，天津对能源效率驱动下京津冀协同发展的认知进一步深入，故其认知度居于第二位。

　　就河北来说，其与天津一样，在京津冀协同发展中居于从属与配合的地位，承接了一部分来自于京津的能源产业转移，同时为了京津冀地区的生态环境治理也关闭了很大一部分能源企业和矿产企业，这对河北经济造成一定不利影响。此外，由于区域社会经济发展不平衡的客观现实，加上受京津"虹吸"严重，在京津冀协同发展中处于弱势地位，河北在协同发展观念、行动以及政策理解上存在一定偏差，这影响其对能源效率驱动下京津冀协同发展的认知，因此，河北对能源效率驱动下京津冀协同发展的认知暂时落后，其认知度居于第三位。

第五节 多元社会利益主体的认知度差异及其方差分析

一、多元社会利益主体的认知度差异

不同利益主体因知识背景与认识能力的不同对同一事物的感知存在差异。因此，在能源效率驱动京津冀协同发展过程中，政府、企业与公众群体背景特征与利益诉求呈现多元化特征，三类主体对京津冀协同发展的认知存在显著差异。对群体差异性特征的把握将有助于政府部门有针对性地制定激励政策，驱动更多利益主体主动参与京津冀协同发展进程。本部分利用统计分析手段，揭示不同背景特征下，政府、企业与公众三类利益主体对能源效率驱动下京津冀协同发展认知存在的群体差异，如表4-6所示：

表4-6 政府、企业与公众对能源效率驱动下京津冀协同
发展认知度的群体差异

	身份类别	样本数量（份）	均值（分）	标准差	F 值	显著性 Sig.
	政府	113	5.98	0.632		
认知度	企业	125	5.86	0.584	13.876	0.000
	公众	248	4.91	0.537		

从表4-6可以看出，政府、企业与公众三类利益主体对能源效率驱动下京津冀协同发展的认知度存在显著差异（显著性<0.05）。在京津冀协同发展的多元利益主体中，各级政府的认知度测度值为5.98分，居于第一位，这是因为在能源效率驱动下京津冀协

同发展过程中，政府发挥着举足轻重的作用：一是推动京津冀区域能源合作共识形成；二是构建京津冀能源协同发展的政府工作机制；三是组织编制京津冀能源协同发展规划及其实施方案；四是推进京津冀区域在非首都核心功能疏解、交通一体化、环保一体化和能源产业转移、合作发展等重点领域的务实合作。政府是京津冀能源协同发展各类政策的制定者、推行者以及监管者，因此，各级政府对于能源效率驱动下京津冀协同发展的体察更为深刻，认知度最高。

作为能源效率驱动下京津冀协同发展战略实施的重要载体，企业对是否参与区域能源协同发展高度敏感。企业是市场经济最为活跃的主体，对国家能源发展战略规划的感知尤为强烈。同时，对与企业发展息息相关的国家宏观能源产业政策、法律法规有着较为深刻的认识，也迫切需要深入解读各项能源政策对企业未来发展的影响。追求利润最大化是企业的主要趋利动机，当京津冀协同发展战略有利于企业突破地方保护主义束缚、实现跨区域能源资源共享，降低生产成本，扩大利润空间时，企业必定主动关注京津冀协同发展战略的相关信息并参与协同发展进程，对京津冀协同发展的认知水平亦因此而获得提升。因此，企业的认知度测度值为 5.86 分，仅次于各级政府，居于第二位。

公众是能源效率驱动下京津冀协同发展不可或缺的参与力量，是能源的直接消费者和京津冀一体化发展的直接获益者，有权监督政府、企业的运行，维护自身的合法权益，促进区域生态环境与经济社会的协调发展。伴随着经济社会的高速发展，公众的主体意识、权利意识与政治参与意识进一步增强，对京津冀协同发展不再置身事外，而是主动通过多种渠道了解能源协同发展的相关信息，但由于大多数普通公众并未直接参与京津冀协同发展的事务性工作，对京津冀协同发展的参与度与感受并非十分强烈，认知度有限，因此，在多元利益主体中，公众的认知度测度值为4.91分，暂居第三位。

二、方差分析

（1）不同行政级别政府部门对能源效率驱动下京津冀协同发展认知度的方差分析（如表4-7所示）。

表4-7 不同行政级别政府部门对能源效率驱动下京津冀协同发展认知度的方差分析结果

类别		样本数量（份）	均值（分）	标准差	F值	显著性 Sig.
认知度	中央政府	113	6.48	0.737		
	省级政府	115	5.42	0.635	12.571	0.025
	市级政府	122	5.15	0.674		
	县级政府	136	4.72	0.613		

从表4-7可以看出，行政级别对政府部门对能源效率驱动下京津冀协同发展的认知度有显著影响（显著性<0.05）。相比之下，行政级别高的政府部门对能源效率驱动下京津冀协同发展的认知度较高，而省级政府和市级政府的认知度相差不大，较为接近。

（2）不同性质企业对能源效率驱动下京津冀协同发展认知度的方差分析（如表4-8所示）。

表4-8　不同性质企业对能源效率驱动下京津冀协同发展
认知度的方差分析结果

	类别	样本数量 （份）	均值 （分）	标准差	F 值	显著性 Sig.
认知度	国有企业	219	5.71	0.675	10.727	0.025
	民营企业	267	5.15	0.568		

从表4-8可以看出，企业性质对能源效率驱动下京津冀协同发展的认知度具有显著影响（显著性<0.05）。国有企业对能源效率驱动京津冀协同发展的认知度均值为5.71分，显著高于民营企业。

（3）不同性别公众对能源效率驱动下京津冀协同发展认知度的方差分析（如表4-9所示）。

表4-9　不同性别公众对能源效率驱动下京津冀协同发展
认知度的方差分析结果

	类别	样本数量 （份）	均值 （分）	标准差	F 值	显著性 Sig.
认知度	男	268	5.51	0.673	13.256	0.000
	女	218	5.27	0.612		

从表4-9可以看出，性别对公众对能源效率驱动下京津冀协同发展的认知度有显著影响（显著性<0.05）。相比之下，男性公众对能源效率驱动京津冀协同发展的认知度比女性高。

（4）不同年龄公众对能源效率下驱动京津冀协同发展认知度的方差分析（如表4-10所示）。

表4-10　不同年龄公众对能源效率驱动下京津冀协同发展
认知度的方差分析结果

	类别 （岁）	样本数量 （份）	均值 （分）	标准差	F 值	显著性 Sig.
	≤20	127	4.76	0.726		
	20~35	115	5.13	0.563		
认知度	35~50	98	5.67	0.782	11.254	0.021
	50~65	83	6.54	0.703		
	≥65	63	5.28	0.517		

从表4-10可看出，年龄对公众对能源效率驱动下京津冀协
同发展的认知度有显著影响（显著性<0.05）。65岁以上公众除
外，随着年龄的增长，公众对于能源效率驱动下京津冀协同发展
的认知度也逐步加强，其中20岁以下的公众对于能源效率驱动
下京津冀协同发展的认知度最低，而50岁至65岁的公众对于能
源效率驱动下京津冀协同发展的认知度最高。

（5）不同学历公众对能源效率驱动下京津冀协同发展认知度
的方差分析（如表4-11所示）。

表4-11　不同学历公众对能源效率驱动下京津冀协同发展
认知度的方差分析结果

	类别	样本数量 （份）	均值 （分）	标准差	F 值	显著性 Sig.
	高中及以下	166	4.76	0.654		
	专科	143	5.19	0.563	12.343	0.022
认知度	本科	123	5.87	0.572		
	研究生	54	6.87	0.763		

从表 4-11 可以看出，学历对公众对能源效率驱动下京津冀协同发展的认知度有显著影响（显著性<0. 05）。学历越高的公众对能源效率驱动京津冀协同发展的认知度越高。

本章小结

本章通过构建能源效率驱动下京津冀协同发展认知度测度指标体系，采用 AHP 分析法确定认知体系各要素（指标）的权重，借助模糊数学理论构建模型，测度能源效率驱动下京津冀协同发展多元利益主体的认知水平，并进一步利用统计分析手段，分别揭示多元区域利益主体"京、津、冀"以及多元社会利益主体"政府、企业、公众"对能源效率驱动下京津冀协同发展认知存在的群体差异。得出以下结论：

第一，目前，多元利益主体对能源效率驱动下京津冀协同发展认知度的综合评价赋值为 5. 4303 分，在五个评价灰类中，其介于评价灰类"比较清楚"与"了解"的赋值区间，但更接近于评价灰类"了解"赋值（5 分），表明区域内多元利益主体对京津冀协同发展具备一定的认知水平，但认知度略低，大多处于了解阶段，对京津冀协同发展战略的解读和领悟并不深刻，存在认识盲区，影响和制约多元利益主体对京津冀协同发展的参与程度。

第二，多元区域利益主体"京、津、冀"对能源效率驱动下京津冀协同发展的认知度存在显著的区域差异，其中，北京的认知度最高（6. 52 分）、天津第二（5. 97 分）、河北第三（4. 67 分）。

第三，多元社会利益主体"政府、企业、公众"对能源效率驱动下京津冀协同发展的认知度亦存在显著的群体差异，在政府、企业和公众三类主体中，政府对京津冀协同发展的认知度最高（5.98分）、企业第二（5.86分）、公众暂居第三（4.91分）；同时，不同行政级别政府部门、不同性质企业、不同性别、年龄、学历公众对京津冀协同发展的认知度存在显著差异。

多元利益主体对京津冀协同发展的认知水平在一定程度上影响着京津冀协同发展的广度和深度。然而，现阶段多元利益主体对京津冀协同发展的认知水平还有待提高，需要政府加以引导，推动多元利益主体积极参与协同，以促进能源效率驱动下京津冀协同发展。

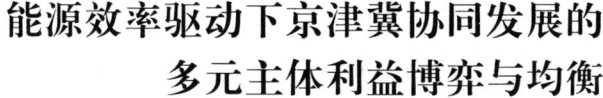

第五章

能源效率驱动下京津冀协同发展的多元主体利益博弈与均衡

根据近几年《京津冀低碳发展指数研究报告》以及《京津冀发展报告》，相较于长三角与珠三角，京津冀地区能源效率和协同发展水平偏低，区域协同合作受阻，面临节能减排压力。其根本原因在于京津冀协同发展系统中多元主体利益目标的离散性导致各主体策略选择的差异化，难以形成利益共享、责任共担的协同合力。因此，基于博弈视角，探索能源效率驱动下京津冀协同发展的多元主体利益博弈与均衡，是能源效率驱动下京津冀协同发展的必然要求。

第一节 能源效率驱动下京津冀多元主体系统协同的动力机制分析

一、能源效率驱动下京津冀协同发展系统协同的动力来源

京津冀协同发展是首都经济圈一体化发展的有效途径，其主要目标在于实现整体利益的最大化，而良好的协作关系则是实现京津冀协同发展系统高效运作的基本保证。在能源效率驱动下，京津冀协同发展系统的动力来源涉及多元利益主体及主体间错综复杂的相互关系，主要包括：

（1）京津冀能源效率提升需求（与当前能源效率的势差）；

（2）京津冀协同发展系统内部各主体的认知水平；

（3）京津冀协同发展系统内部各主体的努力程度；

（4）京津冀协同发展系统内部各主体间的耦合关系；

（5）京津冀协同发展的自适应功能；

（6）中央政府调控程度。

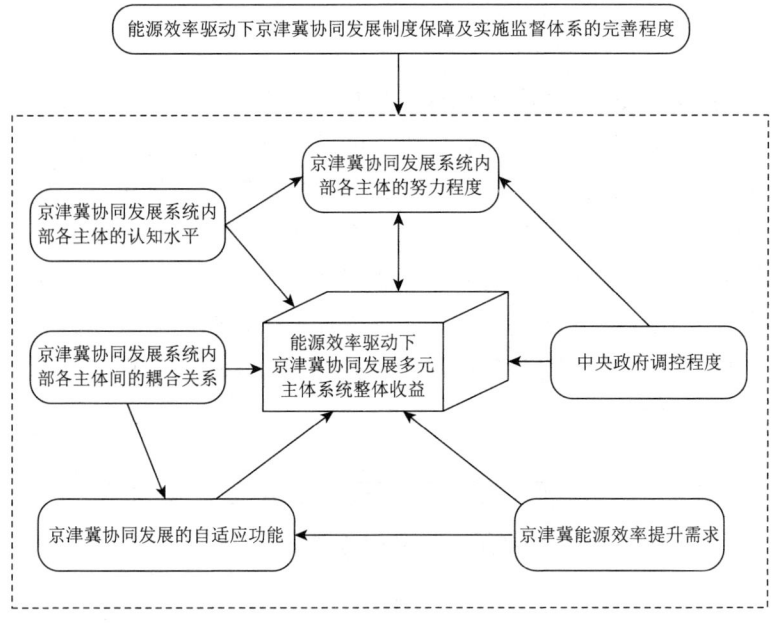

图 5-1　京津冀协同发展多元主体系统动力分析

其中，能源效率驱动下京津冀协同发展系统间的主要关系如下：

（1）能源效率驱动下京津冀协同发展系统具有复杂性和动态性特征，其整体利益同时受到多项动力因子影响；

（2）能源效率驱动下京津冀协同发展系统内部各主体的努力程度与其认知水平以及中央政府调控程度相关，并受其约束；

（3）能源效率驱动下京津冀协同发展的自适应功能根据能源效率提升需求以及系统内部各主体间的耦合关系进行相应的调适；

（4）制度保障及实施监督体系的完善程度是能源效率驱动下京津冀协同发展多元主体系统外部最主要的动力因素。

二、能源效率驱动下京津冀协同发展系统的可控性分析

能源效率驱动下京津冀协同发展多元主体系统的控制往往需要通过输入要素才能实现，而控制输入对多元主体系统状态的影响则通过可控性来反映。因此，本研究借助控制动力因子手段影响能源效率驱动下京津冀协同发展系统的运行过程，使结果符合预期目标设定。以系统动力学为指导，探析京津冀协同发展系统中各动力因素间的相互逻辑关联，结合系统控制理论的基本思路，构建能源效率驱动下京津冀协同发展系统动力模型。

1. 模型假设

（1）能源效率驱动下京津冀协同发展系统是自适应的，协同的最终目标是追求包括经济利益和社会利益在内的整体利益最大化。

（2）能源效率驱动下京津冀协同发展系统中多元利益主体行为协同的动力来源是京津冀一体化要求以及多元利益主体自身的利益追求。

（3）假设能源效率驱动下京津冀协同发展系统的多元利益主体、各动力因素间的子系统是线性定常系统，一般用离散时间函数表示该控制系统。

（4）多元利益主体对能源效率驱动下京津冀协同发展的认知具有理性，通过构建正确认知调整协同行为。

2. 模型构建

对图5-1所示的能源效率驱动下京津冀协同发展多元主体系统动力分析进行解读，设时间序列为 t，则能源效率驱动下京津冀协同发展多元主体系统的影响因子可表述为：$G(t)$：中央政府调控程度；$T(t)$：能源效率驱动下京津冀协同发展多元主体系统整体收益；$S(t)$：京津冀协同发展的自适应功能；$E(t)$：京津冀协同发展系统内部各主体的努力程度；$M(t)$：能源效率驱动下京津冀协同发展制度保障及实施监督体系的完善程度；$R(0)$、$N(0)$、$C(0)$ 分别表示当前京津冀协同发展系统内部各主体的认知水平、京津冀能源效率提升需求以及京津冀协同发展系统内部各主体间的耦合关系。

在能源效率驱动京津冀协同发展的现实情境下，各系统动力因子间的相互关系描述如下：

（1）中央政府调控程度由京津冀协同发展系统内部各主体间耦合的初始结构状态以及调控程度的积累决定。

（2）能源效率驱动下京津冀协同发展多元主体系统整体收益受到能源效率提升需求、系统内部各主体的认知水平、系统内部各主体的努力程度、中央政府调控程度、京津冀协同发展的自适应功能，系统内部各主体间的耦合关系以及上一节点状态的持续影响。

（3）能源效率驱动下京津冀协同发展的自适应功能受到能源效率提升需求、系统内部各主体间的耦合关系以及上一节点状态的影响。

（4）系统内部各主体的努力程度受到能源效率驱动下京津冀协同发展多元主体系统整体收益、系统内部各主体的认知水平以及中央政府调控程度的影响；

基于多元利益博弈视角并结合系统控制理论的指导，构建能源效率驱动下京津冀协同发展系统动力模型：

$$G(t+1) = \alpha_1 G(t) + \alpha_2 C(0) + \alpha_3 G(0) \qquad (5\text{-}1)$$

$$T(t+1) = \beta_1 G(t) + \beta_2 S(t) + \beta_3 E(t) + \beta_4 R(0) + \beta_5 N(0) +$$
$$\beta_6 C(0) \qquad (5\text{-}2)$$

$$S(t+1) = \gamma_1 S(t) + \gamma_2 C(0) + \gamma_3 N(0) \qquad (5\text{-}3)$$

$$E(t+1) = \lambda_1 G(t) + \lambda_2 T(t) + \lambda_3 E(0) + \lambda_4 R(0) \qquad (5\text{-}4)$$

其中，α_i 为中央政府调控程度影响系数；β_i 为能源效率驱动下京津冀协同发展多元主体系统整体收益影响系数；γ_i 为京津冀协同发展的自适应功能影响系数；λ_i 为京津冀协同发展系统内部各主体的努力程度影响系数。

由于所构建的能源效率驱动下京津冀协同发展系统动力模型是线性定常离散时间系统，各系数为大于零的常数，根据系统控制理论，可将模型进行转化为：

$$X(t+1) = AX(t) + BM(t) \qquad (5\text{-}5)$$

在任意时间 $t \in [t, t+1]$ 范围内，存在关于 t 的函数 $M(t)$，能使能源效率驱动下京津冀协同发展系统从任意状态 $X(t)$ 发展到 $X(t+1)$，则可称系统是状态可控的。其中，A 为系统矩阵、B 为输出矩阵，则能源效率驱动下京津冀协同发展系统动力模型（5-5）可转化为：

$$
\begin{bmatrix} G(t+1) \\ T(t+1) \\ S(t+1) \\ E(t+1) \end{bmatrix} =
\begin{bmatrix} \alpha_1 & 0 & 0 & 0 \\ \beta_1 & 0 & \beta_2 & \beta_3 \\ 0 & 0 & \gamma_1 & 0 \\ \lambda_1 & \lambda_2 & 0 & 0 \end{bmatrix}
\begin{bmatrix} G(t) \\ T(t) \\ S(t) \\ E(t) \end{bmatrix} +
$$

$$
\begin{bmatrix} \alpha_2 C(0) + \alpha_3 G(0) \\ \beta_4 R(0) + \beta_5 N(0) + \beta_6 C(0) \\ \gamma_2 C(0) + \gamma_3 N(0) \\ \lambda_3 E(0) + \lambda_4 R(0) \end{bmatrix} M(t) \qquad (5\text{-}6)
$$

由 5-5 式以及 5-6 可得：

$$A \times B = \begin{bmatrix} \alpha_1\alpha_2 C(0) + \alpha_1\alpha_3 G(0) \\ \beta_1\alpha_2 C(0) + \beta_1\alpha_3 G(0) + \beta_2\gamma_2 C(0) + \beta_2\gamma_3 N(0) + \\ \beta_3\lambda_3 E(0) + \beta_3\lambda_4 R(0)\gamma_1\gamma_2 C(0) + \gamma_1\gamma_3 N(0) \\ \lambda_1\alpha_2 C(0) + \lambda_1\alpha_3 G(0) + \lambda_2\beta_4 R(0) + \lambda_2\beta_5 N(0) + \lambda_2\beta_6 C(0) \end{bmatrix} \rightarrow$$

$$\begin{bmatrix} I \\ J \\ K \\ L \end{bmatrix} \tag{5-7}$$

$$A^2 \times B = \begin{bmatrix} \alpha_1 I \\ \beta_1 I + \beta_2 K + \beta_3 L \\ \gamma_1 K \\ \lambda_1 I + \lambda_2 J \end{bmatrix} \tag{5-8}$$

$$A^3 \times B = \begin{bmatrix} \alpha_1^2 I \\ \beta_1\alpha_1 I + \beta_2\gamma_1 K + \beta_3\lambda_1 I + \beta_3\lambda_2 J \\ \gamma_1^2 K \\ \lambda_1\alpha_1 I + \lambda_2\beta_1 I + \lambda_3\beta_2 K + \lambda_2\beta_3 L \end{bmatrix} \tag{5-9}$$

$$Rank[\, B \ AB \ A^2B \ A^3B \,] = 4 \tag{5-10}$$

而解的存在是系统状态可控的充要条件，因此，能源效率驱动下京津冀协同发展系统是可控的。

能源效率驱动下京津冀协同发展系统的可控性分析表明，强化中央政府的调控程度，提升多元主体的认知水平以及京津冀协同发展系统的自适应功能，促进能源效率提升，对系统中多元利益主体的行为进行有效激励，协调多元主体间的利益关系是促进京津冀协同发展的原动力。

第二节　能源效率驱动下京津冀协同发展的多元区域主体利益博弈与均衡

一、多元区域主体的利益关系

能源效率驱动下京津冀协同发展的多元区域主体利益交织，形成复杂的利益网络关系，各种利益关系互相连接，形成合力，推动京津冀协同发展。京津冀协同发展多元区域主体利益关系网络如图 5-2 所示：

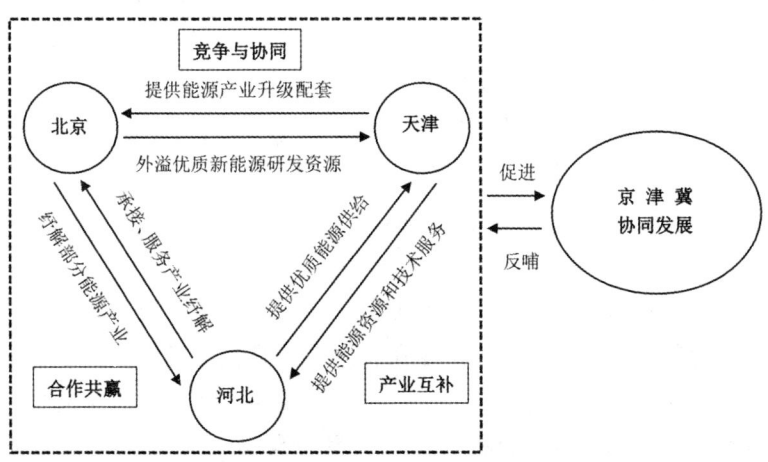

图 5-2　京津冀协同发展多元区域主体利益关系网络

1. 北京与天津的利益关系

北京与天津相邻，空间距离仅 120 公里，是能源效率驱动京津冀协同发展的双引擎，两地存在长期的相互依存关系。《京津冀协同发展规划纲要》和《"十三五"时期京津冀国民经济和社会发展规划》对北京与天津有着明确的定位表述：北京是全国政治、文化、科创中心，而天津则是全国先进制造研发基地以及改革先行示范区，在能源效率驱动下，天津因近京优势，对接北京创新链，率先获得北京外溢的优质新能源研发资源，而北京则需要天津为其能源产业升级提供配套，北京与天津由此形成竞争与协同发展的利益关系。

2. 北京与河北的利益关系

在能源效率驱动京津冀协同发展过程中，河北一直承载着接纳转移北京高耗能、高污染企业的"使命"，并为北京提供风能、太阳能等可再生能源资源，在服务北京过程中借势发展自己，以期改变首都"周边塌陷"窘境，从而获得新的经济增长极。而北京作为首都，则以高速的经济发展对河北形成辐射，与河北合作共建新能源基地，使新能源能"联动互用"。多年来，北京与河北的关系常被誉为"蛋黄"与"蛋清"的关系，实现蛋清与蛋黄的融合一直是河北的长久期待，在此过程中，形成了北京疏解，河北承接、服务北京的利益关系。

3. 天津与河北的利益关系

天津被河北环绕，两地资源禀赋相长，市场环境相同，经济互补性很强。天津加工制造业在我国位居首位，拥有较为完善的第二产业体系，而河北则以第二产业为主导。在京津冀协同发展过程中，天津的主要目标在于优先发展高端装备等先进制造业、节能环保战略性新兴产业以及航运物流和服务外包等现代服务业，拟打造具有影响力的全国先进制造研发基地和生产性服务业聚集区。而河北的发展路径略有不同，主要是以改造、提升传统优势产业为主，大力建设新型工业化基地，设立一批产业转型升级实验区。虽主导产业不同，两地经济发展模式存在差异，但在能源效率驱动京津冀协同发展过程中，河北加强能源产业转移承接平台建设，积极承接来自天津的产业转移，为天津提供优质的能源供给，天津则发挥雄厚的工业基础优势，为河北的协同发展提供重要的能源资源和技术服务，形成产业互补、协同发展的利益关系。

二、多元区域主体的需求动机

作为不同的行政区域，京津冀三方在协同发展过程中出现利益博弈无法避免，利益博弈过程呈现显著的利己倾向特征。

1. 北京需求动机

北京具有优越的首都地缘政治优势以及政治制度与经济发展机遇，拥有核心能源要素的分配先机，在京津冀协同发展中具有绝对优势，经济总量占京津冀地区经济总量的 41.49%，其应在能源效率驱动京津冀协同发展中占据中心地位，并寄希望于津冀提供支持，由津冀两地分担部分污染产业。北京协同发展的需求动机在于借助天津与河北解决"大城市病"问题，巩固其在京津冀协同发展中的绝对核心位置。

2. 天津需求动机

毗邻北京以及直辖市的特殊区位和经济政治优势，使天津天然便具有巨大的发展空间，在京津冀协同发展过程中，天津与北京一同被赋予京津冀协同发展战略"双核心"地位并明确确立"一基地三区"功能定位。2022 年，天津经济总量占京津冀地区经济总量的 16.26%，经济总量迈上新台阶。作为能源效率驱动京津冀协同发展"桥头堡"，天津协同发展的趋利行为动机在于精准打造高端产业承接平台，承接北京高端能源产业转移，转移落后产能至河北，实现产业升级，提质增效，实现北方经济中心的建设目标。

3. 河北需求动机

被誉为京津走廊的河北，环抱京津，独特的地缘优势有利于其承接京津产业外溢,但同时也使其易于被京津"虹吸",导致经济、人口流失。以重工业为主的河北,其基础工业和传统工业所占份额较大,与京、津产业具有明显的差异性和互补性,是京津产业外溢的主要集中承载地。在京津冀协同发展战略驱动下,2022年,河北经济总量占京津冀地区经济总量的42.25%,经济获得长足发展,但在京津冀协同发展格局中处于相对弱势地位。河北认为,能源效率驱动京津冀协同发展的根本目的在于消除区域发展差异,实现均衡发展,而其在三地中明显发展程度相对较低,优势资源应向其而不是京津倾斜,尤其是京津优势产业的迁移,而不是转移产能过剩行业至河北。河北协同发展的趋利行为动机在于争取优势资源倾斜,谋求京津优势产业转移,遏制产能过剩行业扩张,缩小与京津发展差异,实现京津冀协同、均衡发展。

三、利益博弈问题描述与假设

1. 问题描述与假设

基于博弈论中"局中人"思想,可将能源效率驱动京津冀协同发展的多元区域主体"京、津、冀"定义为异质小群体,与其中一方对立的另外两方构成一致性大群体,任意异质小群体均对一致性大群体产生影响,且影响程度相同。在京津冀协同发展战略背景下,京、津、冀异质小群体中各方行动策略选择相似,选择集均为{协同,不协同}。

由于京、津、冀地区行政区划分割存在,若无中央政府调控约束条件,京、津、冀协同发展行为表现为如下三种情形:

(1)当京、津、冀三方对能源效率驱动下的协同发展存在认知局限,均选择不协同的策略时,各方都将承担因本辖区能源效率低下而导致的环境污染损失与另外两方的负外部性损失。

（2）当京、津、冀中一方或两方对能源效率驱动下的协同发展存在认知局限而选择不协同的策略时，协同方将获得自身协同收益、协同的公共收益以及两方协同时的正外部性收益，与此同时，还将承担相应的协同成本、环境治理和能源效率提升导致的经济损失、不协同方导致的负外部性损失等；而不协同方则需要承担因能源效率低下、环境污染严重而引起的经济损失，但同时，不协同方也获得由协同方产生的正外部性收益。

（3）当京、津、冀三方对能源效率驱动下的协同发展突破自我认知局限，均选择协同策略时，各方辖区内的能源效率均达到最优状态，生态环境良好，京、津、冀三方相互间的外部性效应并不显著。属地发展或协同发展成为京、津、冀三方的不二选择。若选择属地发展，则京、津、冀三方均需要承担协同成本，获得协同收益；若选择协同发展，则京、津、冀三方均可获得自身发展收益，同时，还可获得在合作过程中产生的共同收益和公共收益。在能源提升的成本方面，对京、津、冀三方而言，属地发展成本与合作交易成本均需要同时支付。但在中央政府调控约束条件下，京、津、冀合作发展联盟的“稳态”被打破，势必发生变化而呈现新的特征，因此，分别探讨有、无中央政府调控约束时京津冀三方的协同行为策略选择具有重要的现实意义。

本书提出四点假设：

（1）京、津、冀三方均具有理性，总是基于正确认知制定适合自身发展的协同策略选择。

（2）在能源效率驱动下，京、津、冀三方在本辖区内的协同发展策略均有效，即协同发展净收益为正。

（3）在能源效率驱动下，若京、津、冀三方中有一方或两方选择协同策略，则博弈均衡状态无法实现，只有当京、津、冀三方均选择合作发展策略时，各方协同发展的共同收益才会产生。

（4）不考虑京、津、冀区域外能源效率对本研究区域——京、津、冀的影响。

2. 变量释义与参数设置

在能源效率驱动下，京津冀协同发展的三方"行动"博弈参数如下：

（1）Ct_i：京津冀协同发展战略的认知成本；

（2）Rv_i：京津冀构建正确认知的信誉价值；

（3）Cd_i：本地能源协同的决策成本；

（4）Cp_i：本地能源效率提升成本；

（5）Le_i：本地能源效率提升引致的可接受性短期经济增长损值；

（6）Lp_i：能源效率低下导致的本地性经济损失；

（7）Ce：京、津、冀三方为达成合作发展联盟而付出的交易成本；

（8）Cm_i：本地能源协同的监督成本；

（9）Ri_i：能源效率提升而产生的自身收益；

（10）Rs：京、津、冀三方合作提升能源效率而产生的共同收益；

（11）Rp_i：本地单独提升能源效率而获得的公共收益；

（12）Rp：京、津、冀三方合作提升能源效率而产生的公共收益；

（13）E_i：在京、津、冀三方中，中央政府给予达成合作发展联盟的区域的奖励；

（14）F_i：在京、津、冀三方中，中央政府给予不进行能源效率提升的区域的惩罚；

（15）Sf_i：在京、津、冀三方中，中央政府给予因外部不协同而只能进行属地能源效率提升的区域的生态性补偿；

（16）φ_i：在京、津、冀三方中，各区域的能源效率外部性效应系数。

京津冀协同发展的三方"行动"博弈参数均为正值，$0 < \varphi_1, \varphi_2, \varphi_3 < 1$ 且均为常数，$Rp > Rp_1 + Rp_2 + Rp_3$，具体参数设置与变量释义如下表 5-1 所示：

表 5-1　能源效率驱动下京津冀协同发展的三方"行动"博弈参数

序号	能源效率驱动下京津冀协同发展的三方"行动"博弈相关因素	北京	天津	河北
1	京津冀协同发展战略的认知成本	Ct_1	Ct_2	Ct_3
2	京津冀构建正确认知的信誉价值	Rv_1	Rv_2	Rv_3
3	本地能源协同的决策成本	Cd_1	Cd_2	Cd_3
4	本地能源效率提升成本	Cp_1	Cp_2	Cp_2
5	本地能源效率提升引致的可接受性短期经济增长损值	Le_1	Le_2	Le_3
6	能源效率低下导致的本地性经济损失	Lp_1	Lp_2	Lp_3
7	京津冀三方为达成合作发展联盟而付出的交易成本		Ce	
8	本地能源协同的监督成本	Cm_1	Cm_2	Cm_3
9	能源效率提升而产生的自身收益	Ri_1	Ri_2	Ri_3
10	京、津、冀三方合作提升能源效率而产生的共同收益		Rs	
11	本地单独提升能源效率而获得的公共收益	Rp_1	Rp_2	Rp_3
12	京、津、冀三方合作提升能源效率而产生的公共收益		Rp	

序号	能源效率驱动下京津冀协同发展的 三方"行动"博弈相关因素	北京	天津	河北
13	在京、津、冀三方中，中央政府给予达成合作发展联盟的区域的奖励	E_1	E_2	E_3
14	在京、津、冀三方中，中央政府给予不进行能源效率提升的区域的惩罚	F_1	F_2	F_3
15	在京、津、冀三方中，中央政府给予因外部不协同而只能进行属地能源效率提升的区域的生态性补偿	Sf_1	Sf_2	Sf_3
16	在京、津、冀三方中，各区域的能源效率外部性效应系数	φ_1	φ_2	φ_3

四、无中央政府调控约束条件下京津冀三方属地发展行为博弈分析

在协同发展战略背景下，京、津、冀异质小群体中任何一方均有八种行为策略组合：

（1）若京、津、冀三方对能源效率驱动下的协同发展存在正向认知，均选择协同策略，则此时京、津、冀各方之间的外部性效应并不显著，京、津、冀各方均获得正向认知的信誉价值，以及因自身能源效率提升而获得发展收益与公共收益，但同时，各方也必须承担京津冀协同发展战略的认知成本、本地能源协同的决策成本、监督成本，以及因能源效率提升而导致的成本和短期的经济增长损值。以北京为例，即：$Rv_1+Ri_1+Rp_1-Ct_1-Cd_1-Cm_1-Cp_1-Le_1$。

（2）若北京、天津对能源效率驱动下的协同发展存在正向认知而选择协同策略，河北因负向认知而选择不协同策略，则在京、津、冀三方中，北京获得正向认知的信誉价值，以及因自身

能源效率提升而获得发展收益与公共收益，并获得由天津能源效率提升而产生的正外部性收益，但同时，需要承担京津冀协同发展战略的认知成本、本地能源协同的决策成本、监督成本，以及因能源效率提升而导致的成本和短期的经济增长损值，以及因河北不协同而导致的负外部性损失，即：$Rv_1 + Ri_1 + Rp_1 + \varphi_2 Lp_2 - Ct_1 - Cd_1 - Cm_1 - Cp_1 - Le_1 - \varphi_3 Lp_3$。

（3）若北京、河北对能源效率驱动下的协同发展存在正向认知而选择协同策略，天津因负向认知而选择不协同策略，则北京获得正向认知的信誉价值，以及因自身能源效率提升而获得发展收益与公共收益，并获得由河北能源效率提升而产生的正外部性收益，但同时，需要承担京津冀协同发展战略的认知成本、本地能源协同的决策成本、监督成本，以及因能源效率提升而导致的成本和短期的经济增长损值，以及因天津不协同而导致的负外部性损失，即：$Rv_1 + Ri_1 + Rp_1 + \varphi_3 Lp_3 - Ct_1 - Cd_1 - Cm_1 - Cp_1 - Le_1 - \varphi_2 Lp_2$。

（4）若北京对能源效率驱动下的协同发展存在正向认知而选择协同策略，天津、河北因负向认知而选择不协同策略，则北京获得正向认知的信誉价值，以及因自身能源效率提升而获得发展收益与公共收益，但同时，需要承担京津冀协同发展战略的认知成本、本地能源协同的决策成本、监督成本，以及因能源效率提升而导致的成本和短期的经济增长损值，以及因天津、河北不协同而导致的负外部性损失，即：$Rv_1 + Ri_1 + Rp_1 - Ct_1 - Cd_1 - Cm_1 - Cp_1 - Le_1 - \varphi_2 Lp_2 - \varphi_3 Lp_3$。

（5）若北京对能源效率驱动下的协同发展存在负向认知而选择不协同策略，天津、河北因正向认知而选择协同策略，则北京将获得由天津、河北能源效率提升而产生的正外部性收益，并承担本辖区能源效率低下引致的损失，即：$- (Lp_1 - \varphi_2 Lp_2 -$

$\varphi_3 Lp_3$）。

（6）若北京、河北对能源效率驱动下的协同发展存在负向认知而选择不协同策略，天津因正向认知而选择协同策略，则北京将获得由天津能源效率提升而产生的正外部性收益，并承担本辖区能源效率低下引致的损失与因河北不协同而导致的负外部性损失，即：$-（Lp_1-\varphi_2 Lp_2+\varphi_3 Lp_3）$。

（7）若北京、天津对能源效率驱动下的协同发展存在负向认知而选择不协同策略，河北因正向认知而选择协同策略，则北京将获得由河北能源效率提升而产生的正外部性收益，并承担本辖区能源效率低下引致的损失与因天津不协同而导致的负外部性损失，即：$-（Lp_1+\varphi_2 Lp_2-\varphi_3 Lp_3）$。

（8）若京、津、冀三方对能源效率驱动下的协同发展存在负向认知，均选择不协同策略，则北京将承担本辖区能源效率低下引致的损失与因天津、河北不协同而导致的负外部性损失，即：$-Lp_1-\varphi_2 Lp_2-\varphi_3 Lp_3$。

天津、河北的收益支付情况类似，因此，无中央政府调控约束条件下京津冀三方属地发展行为博弈支付矩阵如表5-2所示：

表5-2　无中央政府调控约束条件下京津冀三方属地发展行为博弈支付矩阵

		天津			
		协同		不协同	
		河北			
		协同	不协同	协同	不协同
北京	协同	$Rv_1+Ri_1+Rp_1-Ct_1-Cd_1-Cm_1-Cp_1-Le_1$；	$Rv_1+Ri_1+Rp_1+\varphi_2 Lp_2-Ct_1-Cd_1-Cm_1-Cp_1-Le_1-\varphi_3 Lp_3$；	$Rv_1+Ri_1+Rp_1+\varphi_3 Lp_3-Ct_1-Cd_1-Cm_1-Cp_1-Le_1-\varphi_2 Lp_2$；	$Rv_1+Ri_1+Rp_1-Ct_1-Cd_1-Cm_1-Cp_1-Le_1-\varphi_2 Lp_2-\varphi_3 Lp_3$；

续表

	天津			
	协同		不协同	
	河北			
	协同	不协同	协同	不协同
	$Rv_2+Ri_2+Rp_2-Ct_2-Cd_2-Cm_2-Cp_2-Le_2$; $Rv_3+Ri_3+Rp_3-Ct_3-Cd_3-Cm_3-Cp_3-Le_3$ $-(Lp_1-\varphi_2Lp_2-\varphi_3Lp_3)$;	$Rv_2+Ri_2+Rp_2+\varphi_1Lp_1-Ct_2-Cd_2-Cm_2-Cp_2-Le_2-\varphi_3Lp_3$; $-(Lp_2-\varphi_1Lp_1-\varphi_3Lp_3)$ $-(Lp_1-\varphi_2Lp_2+\varphi_3Lp_3)$;	$-(Lp_2-\varphi_1Lp_1-\varphi_3Lp_3)$; $Rv_3+Ri_3+Rp_3+\varphi_1Lp_1-Ct_3-Cd_3-Cm_3-Cp_3-Le_3-\varphi_2Lp_2$; $-(Lp_1+\varphi_2Lp_2-\varphi_3Lp_3)$;	$-(Lp_2-\varphi_1Lp_1+\varphi_3Lp_3)$; $-(Lp_3-\varphi_1Lp_1+\varphi_2Lp_2)$ $-Lp_1-\varphi_2Lp_2-\varphi_3Lp_3$;
不协同	$Rv_2+Ri_2+Rp_2+\varphi_3Lp_3-Ct_2-Cd_2-Cm_2-Cp_2-Le_2-\varphi_1Lp_1$; $Rv_3+Ri_3+Rp_3+\varphi_2Lp_2-Ct_3-Cd_3-Cm_3-Cp_3-Le_3-\varphi_1Lp_1$	$Rv_2+Ri_2+Rp_{23}-Ct_2-Cd_2-Cm_2-Cp_2-Le_2-\varphi_1Lp_1-\varphi_3Lp_3$; $-(Lp_3+\varphi_1Lp_1-\varphi_2Lp_2)$	$-(Lp_2+\varphi_1Lp_1-\varphi_3Lp_3)$; $Rv_3+Ri_3+Rp_3-Ct_3-Cd_3-Cm_3-Cp_3-Le_3-\varphi_1Lp_1-\varphi_2Lp_2$	$-Lp_2-\varphi_1Lp_1-\varphi_3Lp_3$; $-Lp_2-\varphi_1Lp_1-\varphi_3Lp_3$

在能源效率驱动京津冀协同发展过程中，各方总是以一定的概率进行策略选择，假设北京选择协同策略或不协同策略的概率分别为 $p_1=x$ 与 $\bar{p}_1=1-x$ ；则天津选择协同策略或不协同策略的概率分别为 $p_2=y$ 与 $\bar{p}_2=1-y$ ；河北选择协同策略或不协同策略的概率分别为 $p_3=z$ 与 $\bar{p}_3=1-z$ 。

此时，北京选择协同策略的期望收益为：

$$U_{11}=Rv_1+Ri_1+Rp_1-Ct_1-Cd_1-Cm_1-Cp_1-Le_1+(2y-$$

$yz - 1)\varphi_2 Lp_2 + (2z - yz - 1)\varphi_3 Lp_3$ $\qquad(5-11)$

选择不协同策略的期望收益为：

$$U_{12} = - Lp_1 + (2y - 1)\varphi_2 Lp_2 + (2z - 1)\varphi_3 Lp_3 \qquad(5-12)$$

策略选择的平均收益为：

$$\mu_1 = x(Rv_1 + Ri_1 + Rp_1 - Ct_1 - Cd_1 - Cm_1 - Cp_1 - Le_1) - (1 -$$
$$x)Lp_1 + (2y - xyz - 1)\varphi_2 Lp_2 + (2z - xyz - 1)\varphi_3 Lp_3 \qquad(5-13)$$

采用类似方法，可得天津、河北策略选择的平均期望收益。则无中央政府调控约束条件下京津冀三方属地发展行为博弈的复制动态方程为：

$$F(x) = x(1-x)(Rv_1 + Ri_1 + Rp_1 + Lp_1 - Ct_1 - Cd_1 - Cm_1 - Cp_1 - Le_1 -$$
$$yz\varphi_2 Lp_2 - yz\varphi_3 Lp_3) \qquad(5-14)$$

$$F(y) = y(1-y)(Rv_2 + Ri_2 + Rp_2 + Lp_2 - Ct_2 - Cd_2 - Cm_2 - Cp_2 - Le_2 -$$
$$xz\varphi_1 Lp_1 - xz\varphi_3 Lp_3) \qquad(5-15)$$

$$F(z) = z(1-z)(Rv_3 + Ri_3 + Rp_3 + Lp_3 - Ct_3 - Cd_3 - Cm_3 - Cp_3 - Le_3 -$$
$$xy\varphi_1 Lp_1 - xy\varphi_2 Lp_2) \qquad(5-16)$$

在能源效率驱动下，京津冀协同发展的三方在利益博弈过程中，以概率 p 选择不同策略，其中，p 与时间 t 有关，而对于复制动态方程 $F(x)$，$F(y)$，$F(z)$，其解域分别为 $[0, 1]$，$[0, 1]$，$[0, 1]$。因此，令复制动态方程为 $F(x) = 0$，$F(y) = 0$，$F(z) = 0$ 成立，则解出 8 个特殊均衡点：$E_1(0, 0, 0)$、$E_2(1, 0, 0)$、$E_3(0, 1, 0)$、$E_4(0, 0, 1)$、$E_5(1, 1, 0)$、$E_6(1, 0, 1)$、$E_7(0, 1, 1)$、$E_8(1, 1, 1)$，以及一般均衡点（鞍点）：$E^*(x^*, y^*, z^*)$：

$$x^* = \left[\frac{H_2 H_3}{H_1} \cdot \frac{\varphi_2 Lp_2 + \varphi_3 Lp_3}{(\varphi_1 Lp_1 + \varphi_2 Lp_2)(\varphi_1 Lp_1 + \varphi_3 Lp_3)}\right]^{\frac{1}{2}} \qquad(5-17)$$

$$y^* = \left[\frac{H_2 H_3}{H_1} \cdot \frac{\varphi_2 Lp_2 + \varphi_3 Lp_3}{(\varphi_1 Lp_1 + \varphi_2 Lp_2)(\varphi_1 Lp_1 + \varphi_3 Lp_3)}\right]^{\frac{1}{2}} \cdot \left(\frac{H_2}{H_1} \cdot\right.$$

$$\frac{\varphi_1 Lp_1 + \varphi_3 Lp_3}{\varphi_2 Lp_2 + \varphi_3 Lp_3}) \tag{5-18}$$

$$z^* = \Big[\frac{H_2 H_3}{H_1} \cdot \frac{\varphi_2 Lp_2 + \varphi_3 Lp_3}{(\varphi_1 Lp_1 + \varphi_2 Lp_2)(\varphi_1 Lp_1 + \varphi_3 Lp_3)} \Big]^{-\frac{1}{2}} \cdot$$

$$(\frac{H_2}{\varphi_1 Lp_1 + \varphi_3 Lp_3}) \tag{5-19}$$

其中，$H_1 = Rv_1 + Ri_1 + Rp_1 + Lp_1 - Ct_1 - Cd_1 - Cm_1 - Cp_1 - Le_1$；

$\qquad H_2 = v_2 + Ri_2 + Rp_2 + Lp_2 - Ct_2 - Cd_2 - Cm_2 - Cp_2 - Le_2$；

$\qquad H_3 = Rv_3 + Ri_3 + Rp_3 + Lp_3 - Ct_3 - Cd_3 - Cm_3 - Cp_3 - Le_3$。

在能源效率驱动下，京津冀协同发展系统的多元利益主体行为博弈稳定策略符合纳什均衡，意味着在博弈均衡点，多元主体的策略一定是纯策略，基于微分方程定性理论，对 8 个纯策略点进行讨论，据此判断复制动态方程的稳定性。

参考大卫·弗里德曼（Friedman D）提出的分析法，首先，对复制动态方程的解所对应的雅克比矩阵进行分析，特征根小于 0 时为博弈系统的演化均衡点。

即同时满足 $dF(x)/dx < 0$、$dF(y)/dy < 0$、$dF(z)/dz < 0$ 的行动策略为演化稳定策略：

$dF(x)/dx = (1 - 2x)(Rv_1 + Ri_1 + Rp_1 + Lp_1 - Ct_1 - Cd_1 - Cm_1 - Cp_1 - Le_1 - yz\varphi_2 Lp_2 - yz\varphi_3 Lp_3) < 0$ (5-20)

$dF(y)/dy = (1 - 2y)(Rv_2 + Ri_2 + Rp_2 + Lp_2 - Ct_2 - Cd_2 - Cm_2 - Cp_2 - Le_2 - xz\varphi_1 Lp_1 - xz\varphi_3 Lp_3) < 0$ (5-21)

$dF(z)/dz = (1 - 2z)(Rv_3 + Ri_3 + Rp_3 + Lp_3 - Ct_3 - Cd_3 - Cm_3 - Cp_3 - Le_3 - xy\varphi_1 Lp_1 - xy\varphi_2 Lp_2) < 0$ (5-22)

显然，在特殊均衡点中，$E_2(1, 0, 0)$、$E_3(0, 1, 0)$、$E_4(0, 0, 1)$ 为稳定策略点，分别对应京津冀协同发展三方行为博弈过程中"一方协同、两方不协同"的策略选择。而根据初始状态的不同，京津冀协同发展三方行为博弈系统会沿着鞍点 $E^*(x^*,$ $y^*, z^*)$ 的渐近线分别往 $E_2(1, 0, 0)$、$E_3(0, 1, 0)$、$E_4(0,$ $0, 1)$ 方向收敛，在多重因素影响下，E^* 与 E_2、E_3、E_4 分别组成的相位体积决定了京津冀协同发展系统具体的收敛方向。上述研究结果表明：在无中央政府调控约束条件下，由于行政区划分割客观事实以及本辖区 GDP 增长至上理念的存在，京津冀协同发展系统最终朝"一方协同，两方不协同"的方向演进，意味着在能源效率驱动下，京津冀协同发展的三方在利益博弈过程中，逐渐放弃协同而倾向于"搭便车"，协同发展难以为继。

五、无中央政府调控约束条件下京津冀三方协同发展行为博弈分析

在无中央政府调控约束条件下，与属地发展模式相比，京津冀协同发展模式的根本区别在于：在能源效率驱动下，若京津冀协同发展的三方均选择协同策略，各方获得正向认知的信誉价值、自身能源效率提升收益，以及因协同发展而产生的公共收益 Rp 与共同收益 Rs，同时，也承担京津冀协同发展战略的认知成本、本地能源协同的决策成本、监督成本、能源效率提升成本与可接受性短期经济增长损值，以及能源效率提升的交易成本 Ce。无中央政府调控约束条件下京津冀三方协同发展行为博弈支付矩阵如表 5-3 所示：

表5-3　无中央政府调控约束条件下京津冀三方协同发展行为博弈支付矩阵

		天津			
		协同		不协同	
		河北			
		协同	不协同	协同	不协同
北京	协同	$Rv_1+Ri_1+Rp+Rs-Ct_1-Cd_1-Cm_1-Cp_1-Le_1-Ce;$ $Rv_2+Ri_2+Rp+Rs-Ct_2-Cd_2-Cm_2-Le_2-Ce;$ $Rv_3+Ri_3+Rp+Rs-Ct_3-Cd_3-Cm_3-Cp_3-Le_3-Ce$ $-(Lp_1-\varphi_2 Lp_2-\varphi_3 Lp_3);$	$Rv_1+Ri_1+Rp_1+\varphi_2 Lp_2-Ct_1-Cd_1-Cm_1-Cp_1-Le_1-\varphi_3 Lp_3;$ $Rv_2+Ri_2+Rp_2+\varphi_1 Lp_1-Ct_2-Cd_2-Cm_2-Cp_2-Le_2-\varphi_3 Lp_3;$ $-(Lp_2-\varphi_1 Lp_1-\varphi_3 Lp_3)$ $-(Lp_1-\varphi_2 Lp_2-\varphi_3 Lp_3);$	$Rv_1+Ri_1+Rp_1+\varphi_3 Lp_3-Ct_1-Cd_1-Cm_1-Cp_1-Le_1-\varphi_2 Lp_2;$ $-(Lp_2-\varphi_1 Lp_1-\varphi_3 Lp_3);$ $Rv_3+Ri_3+Rp_3+\varphi_1 Lp_1-Ct_3-Cd_3-Cm_3-Cp_3-Le_3-\varphi_2 Lp_2;$ $-(Lp_1+\varphi_2 Lp_2-\varphi_3 Lp_3);$	$Rv_1+Ri_1+Rp_1-Ct_1-Cd_1-Cm_1-Cp_1-Le_1-\varphi_2 Lp_2-\varphi_3 Lp_3;$ $-(Lp_2-\varphi_1 Lp_1+\varphi_3 Lp_3);$ $-(Lp_3-\varphi_1 Lp_1+\varphi_2 Lp_2)$ $-Lp_1-\varphi_2 Lp_2-\varphi_3 Lp_3;$
	不协同	$Rv_2+Ri_2+Rp_2+\varphi_3 Lp_3-Ct_2-Cd_2-Cm_2-Cp_2-Le_2-\varphi_1 Lp_1;$ $Rv_3+Ri_3+Rp_3+\varphi_2 Lp_2-Ct_3-Cd_3-Cm_3-Cp_3-Le_3-\varphi_1 Lp_1$	$Rv_2+Ri_2+Rp_{23}-Ct_2-Cd_2-Cm_2-Cp_2-Le_2-\varphi_1 Lp_1-\varphi_3 Lp_3;$ $-(Lp_3+\varphi_1 Lp_1-\varphi_2 Lp_2)$	$-(Lp_2+\varphi_1 Lp_1-\varphi_3 Lp_3);$ $Rv_3+Ri_3+Rp_3-Ct_3-Cd_3-Cm_3-Cp_3-Le_3-\varphi_1 Lp_1-\varphi_2 Lp_2$	$-Lp_2-\varphi_1 Lp_1-\varphi_3 Lp_3;$ $-Lp_2-\varphi_1 Lp_1-\varphi_3 Lp_3$

　　根据博弈支付矩阵,得出无中央政府调控约束条件下京津冀三方协同发展行为博弈的复制动态方程如下:

$$F(x)=x(1-x)[(Rv_1+Ri_1+(1-yz)Rp_1+yz(Rs+Rp-Ce)+Lp_1-Ct_1-Cd_1-Cm_1-Cp_1-Le_1-yz(\varphi_2 Lp_2+\varphi_3 Lp_3)] \quad (5-23)$$

$$F(y)=y(1-y)[(Rv_2+Ri_2+(1-xz)Rp_2+xz(Rs+Rp-Ce)+$$

$$Lp_2-Ct_2-Cd_2-Cm_2-Cp_2-Le_2-xz \; (\varphi_1Lp_1+\varphi_3Lp_3) \;] \tag{5-24}$$

$$F(z)=z(1-z) \; [\; (Rv_3+Ri_3+(1-xy)Rp_3+xy(Rs+Rp-Ce)+$$

$$Lp_3-Ct_3-Cd_3-Cm_3-Cp_3-Le_3-xy \; (\varphi_1Lp_1+\varphi_2Lp_2) \;] \tag{5-25}$$

$F(x)=0$，$F(y)=0$，$F(z)=0$ 的 8 个特殊均衡点与 1 个一般均衡点分别为：$E_1(0, 0, 0)$、$E_2(1, 0, 0)$、$E_3(0, 1, 0)$、$E_4(0, 0, 1)$、$E_5(1, 1, 0)$、$E_6(1, 0, 1)$、$E_7(0, 1, 1)$、$E_8(1, 1, 1)$ 以及 $E^*(x^*, y^*, z^*)$，其中，E^* 的解为：

$$x^* = \left[\frac{H_2H_3}{H_1} \cdot \frac{N_1 + \varphi_2Lp_2 + \varphi_3Lp_3}{(N_2 + \varphi_1Lp_1 + \varphi_2Lp_2)(N_1 + \varphi_1Lp_1 + \varphi_3Lp_3)}\right]^{\frac{1}{2}} \tag{5-26}$$

$$y^* = \left[\frac{H_2H_3}{H_1} \cdot \frac{N_1 + \varphi_2Lp_2 + \varphi_3Lp_3}{(N_2 + \varphi_1Lp_1 + \varphi_2Lp_2)(N_3 + \varphi_1Lp_1 + \varphi_3Lp_3)}\right]^{\frac{1}{2}} \cdot$$

$$\left(\frac{H_1}{H_2} \cdot \frac{N_2 + \varphi_1Lp_1 + \varphi_3Lp_3}{N_1 + \varphi_2Lp_2 + \varphi_3Lp_3}\right) \tag{5-27}$$

$$z^* = \left[\frac{H_2H_3}{H_1} \cdot \frac{N_1 + \varphi_2Lp_2 + \varphi_3Lp_3}{(N_2 + \varphi_1Lp_1 + \varphi_2Lp_2)(N_3 + \varphi_1Lp_1 + \varphi_3Lp_3)}\right]^{-\frac{1}{2}} \cdot$$

$$\left(\frac{H_2}{N_2 + \varphi_1Lp_1 + \varphi_3Lp_3}\right) \tag{5-28}$$

其中，$H_1 = Rv_1+Ri_1+Rp_1+Lp_1-Ct_1-Cd_1-Cm_1-Cp_1-Le_1$，$N_1 = Rp_1+Ce-Rs-Rp$，

$H_2 = Rv_2+Ri_2+Rp_2+Lp_2-Ct_2-Cd_2-Cm_2-Cp_2-Le_2$，$N_2 = Rp_2+Ce-Rs-Rp$，

$H_3 = Rv_3+Ri_3+Rp_3+Lp_3-Ct_3-Cd_3-Cm_3-Cp_3-Le_3$，$N_3 = Rp_3+Ce-Rs-Rp$。

在特殊均衡点中，$E_1(0, 0, 0)$、$E_8(1, 1, 1)$ 为稳定策略点，分别对应京津冀协同发展三方行为博弈过程中"三方都不协同"和"三方都协同"的策略选择。而根据初始状态的不同，京

津冀协同发展三方行为博弈系统会沿过鞍点 E^* 的渐近线分别往 $E_1(0, 0, 0)$、$E_8(1, 1, 1)$ 方向收敛。研究结果表明：在能源效率驱动下，若无中央政府调控约束，由于"政治位势"差异的普遍存在，"协同小组"等合作机构的权威性会受到质疑与挑战，更使得《京津冀协同发展规划纲要》等纲领性文件或规章制度的约束效力受限，京津冀三方的协同收益不稳定，极易形成负向认知，致使京津冀协同发展系统最终朝"三方都协同"或"三方都不协同"的方向演进，鞍点 E^* 的位置决定京津冀协同发展系统的演进方向，而能源效率提升收益、能源效率提升成本以及可接受性短期经济增长损值又决定 E^* 点位置。对于鞍点 E^* 而言，若其位置更接近 $E_1(0, 0, 0)$，则它与 $E_8(1, 1, 1)$ 组成的相位体积较大，京津冀协同发展系统便往"三方都协同"的方向演进，若其位置远离 $E_1(0, 0, 0)$，则京津冀协同发展系统更倾向于往"三方都不协同"的方向演进。

六、中央政府调控约束条件下京津冀三方属地发展行为博弈分析

在能源效率驱动下，京津冀协同发展往往受制于中央政府调控，相较于无约束条件下的京津冀三方属地发展行为，有约束条件下的京津冀三方属地发展必然深受中央政府宏观调控影响，因此，对于京津冀三方中能源效率提升不协同方，中央政府会施加惩罚 F_i，而对于协同方，中央政府则会给予一定的生态性补偿 Sf_i。因此，中央政府调控约束条件下京津冀三方属地发展行为博弈支付矩阵如表5-4所示：

表5-4　中央政府调控约束条件下京津冀三方属地发展行为博弈支付矩阵

	天津			
	协同		不协同	
	河北			
	协同	不协同	协同	不协同
北京　协同	$Rv_1+Ri_1+Rp_1-Ct_1-Cd_1-Cm_1-Cp_1-Le_1$； $Rv_2+Ri_2+Rp_2-Ct_2-Cd_2-Cm_2-Cp_2-Le_2$； $Rv_3+Ri_3+Rp_3-Ct_3-Cd_3-Cm_3-Cp_3-Le_3$ $-(Lp_1-\varphi_2Lp_2-\varphi_3Lp_3)-F_1$；	$Rv_1+Ri_1+Rp_1+\varphi_2Lp_2+Sf_1-Ct_1-Cd_1-Cm_1-Cp_1-Le_1-\varphi_3Lp_3$； $Rv_2+Ri_2+Rp_2+\varphi_1Lp_1+Sf_2-Ct_2-Cd_2-Cm_2-Cp_2-Le_2-\varphi_3Lp_3$； $-(Lp_2-\varphi_1Lp_1-\varphi_3Lp_3)-F_3$ $-(Lp_1-\varphi_2Lp_2+\varphi_3Lp_3)-F_1$；	$Rv_1+Ri_1+Rp_1+\varphi_3Lp_3+Sf_1-Ct_1-Cd_1-Cm_1-Cp_1-Le_1-\varphi_2Lp_2$； $-(Lp_2-\varphi_1Lp_1-\varphi_3Lp_3)-F_2$； $Rv_3+Ri_3+Rp_3+\varphi_1Lp_1+Sf_3-Ct_3-Cd_3-Cm_3-Cp_3-Le_3-\varphi_2Lp_2$ $-(Lp_1+\varphi_2Lp_2+\varphi_3Lp_3)-F_1$；	$Rv_1+Ri_1+Rp_1+Sf_1-Ct_1-Cd_1-Cm_1-Cp_1-Le_1-\varphi_2Lp_2-\varphi_3Lp_3$； $-(Lp_2-\varphi_1Lp_1+\varphi_3Lp_3)-F_2$； $-(Lp_3-\varphi_1Lp_1+\varphi_2Lp_2)-F_3$ $-Lp_1-\varphi_2Lp_2-\varphi_3Lp_3-F_1$；
北京　不协同	$Rv_2+Ri_2+Rp_2+\varphi_3Lp_3+Sf_2-Ct_2-Cd_2-Cm_2-Cp_2-Le_2-\varphi_1Lp_1$； $Rv_3+Ri_3+Rp_3+\varphi_2Lp_2+Sf_3-Ct_3-Cd_3-Cm_3-Cp_3-Le_3-\varphi_1Lp_1$	$Rv_2+Ri_2+Rp_{23}+Sf_2-Ct_2-Cd_2-Cm_2-Cp_2-Le_2-\varphi_1Lp_1-\varphi_3Lp_3$； $-(Lp_3+\varphi_1Lp_1-\varphi_2Lp_2)-F_3$	$-(Lp_2+\varphi_1Lp_1-\varphi_3Lp_3)-F_2$； $Rv_3+Ri_3+Rp_3+Sf_3-Ct_3-Cd_3-Cm_3-Cp_3-Le_3-\varphi_1Lp_1-\varphi_2Lp_2$	$-Lp_2-\varphi_1Lp_1-\varphi_3Lp_3-F_2$； $-Lp_2-\varphi_1Lp_1-\varphi_3Lp_3-F_3$

根据博弈支付矩阵，得出中央政府调控约束条件下京津冀三方属地发展行为博弈的复制动态方程如下：

$$F(x) = x(1-x)[Rv_1+Ri_1+Rp_1+(1-yz)Sf_1+Lp_1+F_1-Ct_1-Cd_1-Cm_1-Cp_1-Le_1-yz(\varphi_2Lp_2+\varphi_3Lp_3) \tag{5-29}$$

$$F(y) = y(1-y)[Rv_2+Ri_2+Rp_2+(1-xz)Sf_2+Lp_2+F_2-Ct_2-$$
$$Cd_2-Cm_2-Cp_2-Le_2-xz(\varphi_1Lp_1+\varphi_3Lp_3) \tag{5-30}$$

$$F(z) = z(1-z)[Rv_3+Ri_3+Rp_3+(1-xy)Sf_3+Lp_3+F_3-Ct_3-$$
$$Cd_3-Cm_3-Cp_3-Le_3-xy(\varphi_1Lp_1+\varphi_2Lp_2) \tag{5-31}$$

$F(x)=0$，$F(y)=0$，$F(z)=0$ 的 8 个特殊均衡点与 1 个一般均衡点分别为：$E_1(0,0,0)$、$E_2(1,0,0)$、$E_3(0,1,0)$、$E_4(0,0,1)$、$E_5(1,1,0)$、$E_6(1,0,1)$、$E_7(0,1,1)$、$E_8(1,1,1)$、$E^*(x^*,y^*,z^*)$，其中 E^* 的解为：

$$x^* = \left[\frac{H_2H_3}{H_1} \cdot \frac{Sf_1+\varphi_2Lp_2+\varphi_3Lp_3}{(Sf_2+\varphi_1Lp_1+\varphi_2Lp_2)(Sf_1+\varphi_1Lp_1+\varphi_3Lp_3)}\right]^{\frac{1}{2}} \tag{5-32}$$

$$y^* = \left[\frac{H_2H_3}{H_1} \cdot \frac{Sf_1+\varphi_2Lp_2+\varphi_3Lp_3}{(Sf_2+\varphi_1Lp_1+\varphi_2Lp_2)(Sf_3+\varphi_1Lp_1+\varphi_3Lp_3)}\right]^{\frac{1}{2}} \cdot$$
$$\left(\frac{H_1}{H_2} \cdot \frac{Sf_2+\varphi_1Lp_1+\varphi_3Lp_3}{Sf_1+\varphi_2Lp_2+\varphi_3Lp_3}\right) \tag{5-33}$$

$$z^* = \left[\frac{H_2H_3}{H_1} \cdot \frac{Sf_1+\varphi_2Lp_2+\varphi_3Lp_3}{(Sf_2+\varphi_1Lp_1+\varphi_2Lp_2)(Sf_3+\varphi_1Lp_1+\varphi_3Lp_3)}\right]^{-\frac{1}{2}} \cdot$$
$$\left(\frac{H_2}{Sf_2+\varphi_1Lp_1+\varphi_3Lp_3}\right) \tag{5-34}$$

其中，$H_1=Rv_1+Ri_1+Rp_1+Sf_1+Lp_1+F_1-Ct_1-Cd_1-Cm_1-Cp_1-Le_1$；

$H_2=Rv_2+Ri_2+Rp_2+Sf_2+Lp_2+F_2-Ct_2-Cd_2-Cm_2-Cp_2-Le_2$；

$H_3=Rv_3+Ri_3+Rp_3+Sf_3+Lp_3+F_3-Ct_3-Cd_3-Cm_3-Cp_3-Le_3$。

在特殊均衡点中，$E_2(1,0,0)$、$E_3(0,1,0)$、$E_4(0,0,1)$ 为稳定策略点，分别对应京津冀协同发展三方行为博弈过程中"一方协同、两方不协同"的策略选择。因初始状态的不同，京津冀协同发展三方行为博弈系统会沿过鞍点 E^* 的渐近线分别往 $E_2(1,0,0)$、$E_3(0,1,0)$、$E_4(0,0,1)$ 方向收敛。上述研究结果表明：在中央政府调控约束条件下，以行政区划分割为典型特征的属地发展模式，因"政治位势"差异存在，且自身发展利益目标不同导致策略选择呈现离散化特征，但依然推动京津冀协同发展系统最终朝"一方协同，两方不协同"的方向演进，京津冀三方在协同发展过程中，更倾向于"搭便车"，这导致各区域"独立发展"与中央政府调控约束存在差异。

七、中央政府调控约束条件下京津冀三方协同发展行为博弈分析

在中央政府调控约束条件下，对于京津冀三方中能源效率提升不协同方，中央政府会施加惩罚 F_i，而对于协同方，中央政府则会给予一定的生态性补偿 Sf_i，且对于京津冀三方达成合作发展联盟，政府还会追加额外的奖励 E_i。因此，中央政府调控约束条件下京津冀三方协同发展行为博弈支付矩阵如表 5-5 所示：

表 5-5　中央政府调控约束条件下京津冀三方协同发展行为博弈支付矩阵

		天津			
		协同		不协同	
		河北			
		协同	不协同	协同	不协同
北京	协同	Rv_1+Ri_1+Rp+ $Rs+E_1-Ct_1-$ Cd_1-Cm_1- $Cp_1-Le_1-Ce;$ Rv_2+Ri_2+Rp+ $Rs+E_2-Ct_2-$ Cd_2-Cm_2- $Cp_2-Le_2-Ce;$	$Rv_1+Ri_1+Rp_1+$ $\varphi_2 Lp_2+Sf_1-Ct_1-$ $Cd_1-Cm_1-Cp_1-$ $Le_1-\varphi_3 Lp_3;$ $Rv_2+Ri_2+Rp_2+$ $\varphi_1 Lp_1+Sf_2-Ct_2-$ $Cd_2-Cm_2-Cp_2-$ $Le_2-\varphi_3 Lp_3;$	$Rv_1+Ri_1+Rp_1+$ $\varphi_3 Lp_3+Sf_1-Ct_1-$ $Cd_1-Cm_1-Cp_1-$ $Le_1-\varphi_2 Lp_2;$ $-(Lp_2-\varphi_1 Lp_1-$ $\varphi_3 Lp_3)-F_2;$	$Rv_1+Ri_1+Rp_1+$ $Sf_1-Ct_1-Cd_1-$ $Cm_1-Cp_1-Le_1-$ $\varphi_2 Lp_2-\varphi_3 Lp_3;$ $-(Lp_2-\varphi_1 Lp_1+$ $\varphi_3 Lp_3)-F_2;$

续表

	天津			
	协同		不协同	
	河北			
	协同	不协同	协同	不协同
不协同	Rv_3+Ri_3+Rp+ $Rs+E_3-Ct_3-$ Cd_3-Cm_3- Cp_3-Le_3-Ce $-(Lp_1-\varphi_2Lp_2-$ $\varphi_3Lp_3)-F_1;$ $Rv_2+Ri_2+Rp_2+$ $\varphi_3Lp_3+Sf_2-Ct_2-$ $Cd_2-Cm_2-Cp_2-$ $Le_2-\varphi_1Lp_1;$ $Rv_3+Ri_3+Rp_3+$ $\varphi_2Lp_2+Sf_3-Ct_3-$ $Cd_3-Cm_3-Cp_3-$ $Le_3-\varphi_1Lp_1$	$-(Lp_2-\varphi_1Lp_1-$ $\varphi_3Lp_3)-F_3$ $-(Lp_1-\varphi_2Lp_2+$ $\varphi_3Lp_3)-F_1;$ $Rv_2+Ri_2+Rp_{23}+$ $Sf_2-Ct_2-Cd_2-$ $Cm_2-Cp_2-Le_2-$ $\varphi_1Lp_1-\varphi_3Lp_3;$ $-(Lp_3+\varphi_1Lp_1-$ $\varphi_2Lp_2)-F_3$	$Rv_3+Ri_3+Rp_3+$ $\varphi_1Lp_1+Sf_3-$ $Ct_3-Cd_3-Cm_3-$ $Cp_3-Le_3-\varphi_2Lp_2;$ $-(Lp_1+\varphi_2Lp_2-$ $\varphi_3Lp_3)-F_1;$ $-(Lp_2+\varphi_1Lp_1-$ $\varphi_3Lp_3)-F_2;$ $Rv_3+Ri_3+Rp_3+$ $Sf_3-Ct_3-Cd_3-$ $Cm_3-Cp_3-Le_3-$ $\varphi_1Lp_1-\varphi_2Lp_2$	$-(Lp_3-\varphi_1Lp_1+$ $\varphi_2Lp_2)-F_3$ $-Lp_1-\varphi_2Lp_2-$ $\varphi_3Lp_3-F_1;$ $-Lp_2-\varphi_1Lp_1-$ $\varphi_3Lp_3-F_2;$ $-Lp_2-\varphi_1Lp_1-$ $\varphi_3Lp_3-F_3$

根据博弈支付矩阵，得出中央政府调控约束条件下京津冀三方协同发展行为博弈的复制动态方程如下：

$$F(x)=x(1-x)[Rv_1+Ri_1-Ct_1-Cd_1-Cm_1-Cp_1-Le_1+yz(Rp+Rs+E_1-Ce)+(1-yz)(Rp_1+Sf_1)+Lp_1+F_1-yz(\varphi_2Lp_2+\varphi_3Lp_3)]$$

$$(5-35)$$

$$F(y)=y(1-y)[Rv_2+Ri_2-Ct_2-Cd_2-Cm_2-Cp_2-Le_2+xz(Rp+Rs+E_2-Ce)+(1-xz)(Rp_2+Sf_2)+Lp_2+F_2-xz(\varphi_1Lp_1+\varphi_3Lp_3)]$$

$$(5-36)$$

$$F(z)=z(1-z)[Rv_3+Ri_3-Ct_3-Cd_3-Cm_3-Cp_3-Le_3+xy(Rp+Rs+E_3-Ce)+(1-xy)(Rp_3+Sf_3)+Lp_3+F_3-xy(\varphi_1Lp_1+\varphi_2Lp_2)]$$

$$(5-37)$$

$F(x)=0$，$F(y)=0$，$F(z)=0$ 的 8 个特殊均衡点与 1 个一般均衡点分别为：$E_1(0,0,0)$、$E_2(1,0,0)$、$E_3(0,1,0)$、$E_4(0,0,1)$、$E_5(1,1,0)$、$E_6(1,0,1)$、$E_7(0,1,1)$、$E_8(1,1,1)$、$E^*(x^*,y^*,z^*)$，其中 E^* 的解为：

$$x^* = \left[\frac{G_2 G_3}{G_1} \cdot \frac{H_1}{H_2}\right] \frac{1}{2} \tag{5-38}$$

$$y^* = \left[\frac{G_2 G_3}{G_1} \cdot \frac{H_1}{H_2}\right] \frac{1}{2} \cdot \frac{G_1}{G_2} \cdot \frac{H_2}{H_1} \tag{5-39}$$

$$z^* = \left(\frac{G_2 G_3}{G_1} \cdot \frac{H_1}{H_2}\right) - \frac{1}{2} \cdot \left(\frac{G_2}{H_1}\right) \tag{5-40}$$

其中，$G_1 = Rv_1 + Ri_1 + Rp_1 + Sf_1 + F_1 - Ct_1 - Cd_1 - Cm_1 - Cp_1 - Le_1$；

$G_2 = Rv_2 + Ri_2 + Rp_2 + Sf_2 + F_2 - Ct_2 - Cd_2 - Cm_2 - Cp_2 - Le_2$；

$G_3 = Rv_3 + Ri_3 + Rp_3 + Sf_3 + F_3 - Ct_3 - Cd_3 - Cm_3 - Cp_3 - Le_3$；

$H_1 = Rp_1 + Sf_1 + Ce - Rp - Rs - E_1 + \varphi_2 Lp_2 + \varphi_3 Lp_3$；

$H_2 = Rp_2 + Sf_2 + Ce - Rp - Rs - E_2 + \varphi_1 Lp_1 + \varphi_3 Lp_3$；

$H_3 = Rp_3 + Sf_3 + Ce - Rp - Rs - E_3 + \varphi_1 Lp_1 + \varphi_2 Lp_2$。

在特殊均衡点中，$E_2(1,0,0)$、$E_8(1,1,1)$ 为稳定策略点，分别对应京津冀协同发展三方行为博弈过程中"三方都不协同"和"三方都协同"的策略选择。按初始状态的不同，京津冀协同发展三方行为博弈系统会沿着鞍点 E^* 的渐近线分别朝 $E_2(1,0,0)$、$E_8(1,1,1)$ 方向收敛。但在中央政府调控约束（F、Sf、E）的驱动下，京津冀协同发展系统会逐渐朝 $E_8(1,1,1)$ 方向演进。上述研究结果表明：在能源效率驱动下，京津冀三方均受到合作收益、合作成本以及中央政府宏观调控等多重因素影响，容易达成协同发展联盟，致使京津冀协同发展系统朝"三方都协同"方向演进的概率大增，但中央政府调控约束的方式及程度，目前，并无定论。

第三节　能源效率驱动下京津冀协同发展的多元社会主体利益博弈与均衡

一、多元社会主体的利益关系

京津冀协同发展涉及多元社会主体的利益博弈，由于不同社会主体地位的非对称性和能源效率驱动的外部性，其利益关系呈现复杂性特征，利益冲突不可规避，厘清多元社会主体间的利益关系并制定互利共赢的方案和策略是推动京津冀协同发展的关键。京津冀协同发展多元社会主体利益关系网络如图 5-3 所示：

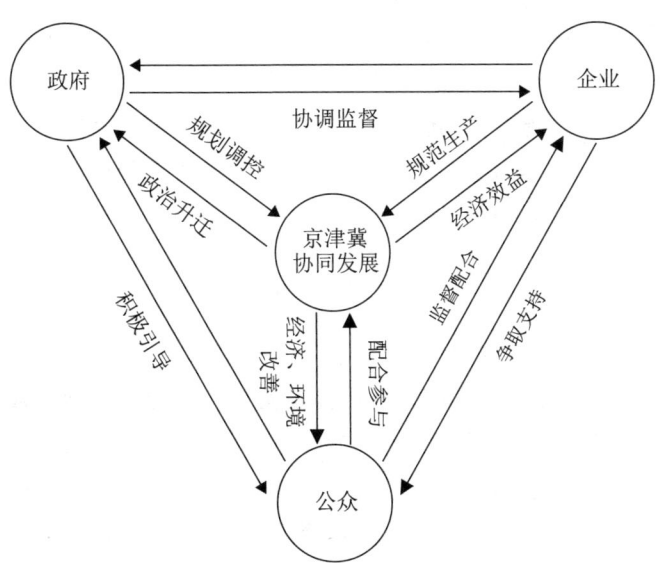

图 5-3　京津冀协同发展多元社会主体利益关系网络

1. 地方政府与企业的利益关系

作为社会公共利益的代表，地方政府谋求社会福利和财政收入最大化。企业能源效率驱动的环保投资效益以及引起的京津冀协同发展规模效益的增加等可以转化为政府收益，当企业生产经营活动产生的环境负外部性超过一定经济、社会效益，如旅游和养殖潜在经济效益损失、生态保持服务功能价值损失等，将计入管理成本，地方政府可对企业的能源效率予以政策约束，这可能会影响企业协同发展策略的继续实施。

2. 地方政府与公众的利益关系

公众利益是地方政府的维护对象，京津冀协同发展的本质即政府严格执行由民意总结和衍生出来的各种指令和任务，维护广大群众的根本利益：一方面，地方政府需要承担相应的社会责任；另一方面，地方政府需要协调多方利益主体，通过合作实现京津冀协同发展这一伟大战略目标。考虑到公众对能源资源节约和生态环境保护的适应能力和从业情况，地方政府选择以当地居民是否积极配合政府安排来决定对公众调整能源消费结构的补偿力度，其解决公众调整能源消费结构问题的妥善程度将直接影响京津冀协同发展进程。而公众则通过社情民意反映制度，参与能源产业发展规划等重大能源问题的讨论，对政府决策产生积极影响。

3. 企业与公众的利益关系

企业能源效率提升的终极目标是实现自身经济、社会效益的最大化。通过资源节约、环境友好的生产经营方式，京津冀企业满足公众的绿色消费需求从而获得市场竞争优势。而公众对企业能源效率关注的焦点则在于环境保护监督是否提升自身收入或改善人居环境，若企业能源生产、消费行为与公众利益诉求吻合，则公众将积极配合企业，采取协同行为保障企业生产项目的顺利实施。

二、多元社会主体的趋利行为动机

1. 政府趋利行为动机

作为京津冀协同发展系统的重要主体，中央政府和地方政府以自身利益最大化为目标，产生政府趋利行为。其中，中央政府通过经济宏观调控手段，促进京津冀均衡、可持续发展。而地方政府则受到中央政府管治，权力由中央政府规定和授予。但与西方国家不同的是，我国地方政府在经济上具有一定的自主决策权，能对管辖区域的经济活动进行调节，是地方利益的代表，其趋利行为动机主要包括：促进辖区 GDP 增长、提高人民群众收入、增加地方政府财政收入以及助力地方官员政治升迁四类。

2. 企业趋利行为动机

追求利润最大化是企业趋利行为的首要动机，企业的趋利行为动机主要包括：生产资料价值与增值补偿的满足、企业员工自我实现需要的满足、企业要求社会为其提供服务的满足三类。在能源效率驱动京津冀协同发展过程中，企业期望通过能源效率提升手段，实现"企业盈利、员工满足、社会肯定"的多重目标。

在要素自由流动和区域协同发展背景下，如果企业能源效率的提升并未使其获得期望收益，且生产力水平受到严重制约，那么企业则会立即恢复高耗能、高污染发展模式以谋求更多的经济收益。除此之外，企业的趋利行为还容易受到企业外部环境（宏观经济环境、地方性法律法规等）和内部环境（企业家精神、员工素质等）的双重制约，呈现不同的表现形态。

3. 公众趋利行为动机

公众利益是区域利益实现的基础，主要表现为公众在参与经济社会活动中所呈现的自我生存、自我发展和自我完善的需要，是一种特定物质和精神需求的满足。经济利益的实现是公众趋利行为的直接动机，在京津冀协同发展过程中，公众参与能源效率的提升过程，主要是基于获得更高的经济回报以及人居环境的改善，在趋利成本和约束条件的权衡下，收益大于成本，趋利行为才会发生。即当能源效率提升所获得的经济效益高于体力成本与智力成本之和时，公众才会积极参与能源效率提升行动。

公众的趋利行为动机极易受到客观条件的制约。宏观环境（经济环境、市场化程度等）、中观环境（区域资源、区域产业布局）、微观环境（个人自身能力）对公众的趋利行为动机的影响方式和影响路径不尽相同。除此之外，公众利益的获取来源总是基于一定的居住或工作区域，当无法从所处区域或工作单位获得相应利益，或利益不充分时，公众极易转向其他区域谋取既定的利益目标。

政府、企业、公众等多元社会主体趋利行为动机如图 5-4 所示：

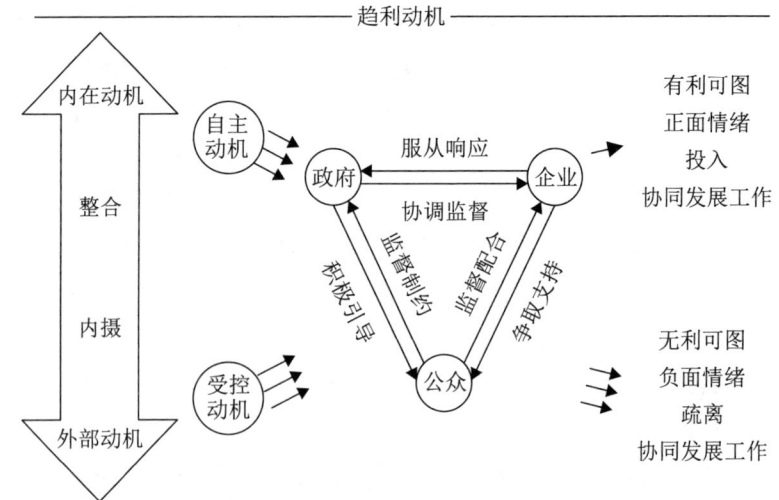

图 5-4 京津冀协同发展多元社会主体趋利行为动机

三、利益博弈问题描述与假设

1. 问题描述与假设

在能源效率驱动下，政府、企业与公众作为京津冀协同发展系统的三大社会利益主体，参与利益博弈与协调的全过程，政府、企业与公众通过合作，致力于解决京津冀经济、社会发展中存在的问题，从而实现京津冀整体收益的最大化。京津冀协同发展的关键在于构建多元利益主体的合作机制。对政府而言，通过能源的有效整合，以规划引导方式确保京津冀协同发展的可持续性，作为基本公共服务的供给方，其行为策略为"投入"或"不投入"（"监督"或"不监督"）。企业则是能源安全保障的重要主体，受节约成本和市场利润的影响，在生产过程中往往面临规范生产与违规生产的策略选择。对公众而言，能源供应安全、高效是其基本一致的利益诉求，在生产、生活实践中，与政府监管部门存在"合作"与"不合作"两种策略选择。

基于对京津冀协同发展的多元社会利益主体"政府、企业、公众"的博弈策略分析，提出如下研究假设：

（1）政府以监督成本与监督收益的比较结果作为策略选择的依据。若监督成本>监督收益，则政府选择"不监督"策略；若监督成本<监督收益，则政府选择"监督"策略。

（2）企业的策略选择视政府策略选择结果而定，若政府选择"不监督"策略，则企业选择"违规生产"策略；若政府选择"监督"策略，则企业选择"规范生产"策略。

（3）企业选择"违规生产"策略必然受到政府惩罚，而政府的惩罚措施对企业策略选择具有重大影响。

（4）在京津冀协同发展系统中，政府、企业与公众均具有有限理性，不断调整自身对能源效率驱动下京津冀协同发展的认知。

（5）在政府引导下，公众会选择参与合作监督综合能源服务，具有基本一致的利益诉求，在博弈过程分析中，可将其作为一个整体看待。

（6）公众对参与合作监督的成本与收益进行比较，若参与合作监督的成本>参与合作监督的收益，则公众选择不参与合作监督；若参与合作监督的成本<参与合作监督的收益，则公众选择参与合作监督。

2. 变量释义与参数设置

在能源效率驱动下，京津冀协同发展的多元社会利益主体"政府、企业、公众"的博弈参数如下：

（1）R_{11}：政府选择"监督"策略而获得的政府公信力提升；

（2）R_{12}：企业选择"规范生产"策略而获得的政府公信力提升；

（3）R_{13}：公众选择"参与合作"策略而获得的政府公信力提升；

（4）C_1：政府选择"监督"策略所带来的监督成本；

（5）L_1：政府对企业选择"不监督"策略所导致的政府公信力下降；

（6）C_{11}：政府对企业选择"不监督"策略所产生的政府社会、环境治理成本；

（7）R_{21}：政府选择"监督"策略给企业带来的预期收益；

（8）R_{22}：企业选择"规范生产"策略获得的预期收益；

（9）R_{23}：公众选择"参与合作"策略给企业带来的预期收益；

（10）C_2：企业选择"规范生产"策略付出的成本；

（11）L_2：企业选择"违规生产"策略导致的社会形象与政府资源的损失以及面对政府"监管"所带来的惩罚。

（12）R_{31}：公众选择"参与合作"策略实现的自我价值；

（13）R_{32}：公众选择"参与合作"策略提升的社会形象；

（14）C_3：公众选择"参与合作"策略付出的成本；

（15）L_{31}：公众选择"不参与合作"策略失去的政府支持；

（16）L_{32}：公众选择"不参与合作"策略产生的信任危机。

3. 政府、企业与公众的利益博弈分析

在能源效率驱动下，京津冀协同发展的多元社会利益主体"政府、企业、公众"在利益博弈过程中均有两种策略选择，共构成 8 种策略组合，不同策略组合下，多元社会利益主体的预期收益如表 5-6 所示：

表 5-6　政府、企业与公众博弈的支付矩阵

策略组合	预期收益		
	政府	企业	公众
监督，规范生产，参与合作	$R_{11} + R_{12} + R_{13} - C_1$	$R_{21} + R_{22} + R_{23} - C_2$	$R_{31} + R_{32} - C_3$
监督，规范生产，不合作	$R_{11} + R_{12} - C_1$	$R_{21} + R_{22} - C_2$	$-L_{31} - L_{32}$
监督，违规生产，参与合作	$R_{11} + R_{13} - C_1$	$R_{21} + R_{23} - L_2$	$R_{31} + R_{32} - C_3$
监督，违规生产，不合作	$R_{11} - C_1$	$R_{21} - L_2$	$-L_{31} - L_{32}$
不监督，规范生产，不合作	$R_{12} - L_1 - C_{11}$	$R_{22} - C_2$	$-L_{31} - L_{32}$
不监督，规范生产，参与合作	$R_{12} + R_{13} - L_1 - C_{11}$	$R_{22} + R_{23} - C_2$	$R_{31} + R_{32} - C_3$
不监督，违规生产，不合作	$-L_1 - C_{11}$	$-L_2$	$-L_{31} - L_{32}$

策略组合	预期收益		
	政府	企业	公众
不监督，违规生产，参与合作	$R_{13} - L_1 - C_{11}$	$R_{23} - L_2$	$R_{31} + R_{32} - C_3$

在京津冀协同发展的多元社会利益主体"政府、企业、公众"的博弈中，政府选择"监督"策略时收益为 E_{11}，选择"不监督"策略时收益为 E_{12}，平均收益为 E_1；企业选择"规范生产"策略时收益为 E_{21}，选择"违规生产"策略时收益为 E_{22}，平均收益为 E_2；公众选择"参与合作监督"策略时的收益为 E_{31}，选择"不参与合作监督"策略时的收益为 E_{32}，平均收益为 E_3。现对各主体策略选择的概率进行定义：政府选择"监督"策略的概率为 $p_1 = x$，则其选择"不监督"策略的概率为 $\bar{p}_1 = 1 - x$；企业选择"规范生产"策略的概率为 $p_2 = y$，则其选择"违规生产"策略的概率为 $\bar{p}_2 = 1 - y$；公众选择"参与合作监督"策略的概率为 $p_3 = z$，则其选择"不参与合作监督"策略的概率为 $\bar{p}_3 = 1 - z$。

根据表5-6的支付矩阵，可得政府选择"监督"和"不监督"策略的期望收益 E_{11}、E_{12}：

$$E_{11} = yz\ (R_{11} + R_{12} + R_{13} - C_1)\ +\ (1-y)\ z\ (R_{11} + R_{13} - C_1)\ +\ y\ (1-z)\ (R_{11} + R_{12} - C_1)\ +\ (1-y)\ (1-z)\ (R_{11} - C_1) \tag{5-41}$$

$$E_{12} = yz\ (R_{12} + R_{13} - L_1 - C_{11})\ +\ (1-y)\ z\ (R_{13} - L_1 - C_{11})\ +\ y\ (1-z)\ (R_{12} - L_1 - C_{11})\ +\ (1-y)\ (1-z)\ (-L_1 - C_{11}) \tag{5-42}$$

政府的平均收益为 E_1：

$$E_1 = xE_{11} + (1 - x)E_{12} \tag{5-43}$$

则政府协同发展行为博弈的复制动态方程 $F(x)$ 如下：

$$F(x) = \frac{dx}{dt} = x(E_{11} - E_1) = x(1 - x)(E_{11} - E_{12})$$

$$= x(1 - x)(R_{11} + L_1 - C_1 + C_{11}) \tag{5-44}$$

同理，分别计算企业选择"规范生产"和"违规生产"策略的期望收益 E_{21}、E_{22} 以及平均收益 E_2：

$$E_{21} = xz(R_{21} + R_{22} + R_{23} - C_2) + (1 - x)z(R_{22} + R_{23} - C_2) + x(1 - z)(R_{21} + R_{22} - C_2) + (1 - x)(1 - z)(R_{22} - C_2) \tag{5-45}$$

$$E_{22} = xz(R_{21} + R_{23} - L_2) + (1 - x)z(R_{23} - L_2) + x(1 - z)(R_{21} - L_2) + (1 - x)(1 - z)(-L_2) \tag{5-46}$$

$$E_2 = yE_{21} + (1 - y)E_{22} \tag{5-47}$$

计算公众选择"参与合作监督"和"不参与合作监督"策略的期望收益 E_{31}、E_{32} 以及平均收益 E_3：

$$E_{31} = xy(R_{31} + R_{32} - C_3) + x(1 - y)(R_{31} + R_{32} - C_3) + (1 - x)y(R_{31} + R_{32} - C_3) + (1 - x)(1 - y)(R_{31} + R_{32} - C_3) \tag{5-48}$$

$$E_{32} = xy(-L_{31} - L_{32}) + x(1 - y)(-L_{31} - L_{32}) + (1 - x)y(-L_{31} - L_{32}) + (1 - x)(1 - y)(-L_{31} - L_{32}) \tag{5-49}$$

$$E_3 = zE_{31} + (1 - z)E_{32} \tag{5-50}$$

可得企业、公众协同发展行为博弈的复制动态方程 $F(y)$、$F(z)$ 如下：

$$F(y) = \frac{dy}{dt} = y(E_{21} - E_1) = y(1 - y)(E_{21} - E_{22})$$
$$= y(1 - y)(R_{22} + L_2 - C_2) \tag{5-51}$$

$$F(z) = \frac{dz}{dt} = z(E_{31} - E_3) = z(1 - z)(E_{31} - E_{32})$$
$$= z(1 - z)(R_{31} + R_{32} - C_3 + L_1 + L_2) \tag{5-52}$$

在京津冀协同发展系统中，政府、企业和公众不断进行着利益的博弈，其策略选择概率分别为：$p_1 = x$、$p_2 = y$、$p_3 = z$，各概

率值均与时间 t 相关，即对复制动态方程 $F(x)$，$F(y)$，$F(z)$ 进行分析，其解域为 $[0, 1]$，$[0, 1]$，$[0, 1]$。令复制动态方程为 0，即 $F(x) = 0$，$F(y) = 0$，$F(z) = 0$ 成立，则解出 8 个特殊均衡点：$E_1(0, 0, 0)$、$E_2(1, 0, 0)$、$E_3(0, 1, 0)$、$E_4(0, 0, 1)$、$E_5(1, 1, 0)$、$E_6(1, 0, 1)$、$E_7(0, 1, 1)$、$E_8(1, 1, 1)$。

设 $U(x) = \dfrac{\partial F(x)}{\partial x}$、$V(y) = \dfrac{\partial F(y)}{\partial y}$、$W(z) = \dfrac{\partial F(z)}{\partial z}$，由演化博弈的性质可知，当且仅当 $U(x) < 0$、$V(y) < 0$、$W(z) < 0$ 时，政府、企业和公众所选择的策略为演化稳定策略。

四、多元社会主体演化稳定策略分析

1. 政府演化稳定策略分析

当 $R_{11} + L_1 - C_1 + C_{11} = 0$ 时为政府行动策略的均衡点，表示稳定状态的分界线。当 $R_{11} + L_1 - C_1 + C_{11} > 0$ 成立时，显然有 $U(x)|_{x=0} > 0$、$U(x)|_{x=1} < 0$，表示政府主体选择"监督"策略作为演化稳定策略，选择"不监督"策略作为不稳定策略；反之，若 $R_{11} + L_1 - C_1 + C_{11} < 0$ 成立时，则有 $U(x)|_{x=0} < 0$、$U(x)|_{x=1} > 0$，表明政府选择"不监督"策略作为演化稳定策略，选择"监督"策略作为不稳定策略。当 $0 < x < 1$ 时，政府所选策略的稳定状态取决于 $R_{11} + L_1 - C_1 + C_{11}$ 赋值。

2. 企业演化稳定策略分析

当 $R_{22} + L_2 - C_2 = 0$ 时为企业行为策略的均衡点，表示稳定状态的分界线。当 $R_{22} + L_2 - C_2 > 0$ 成立时，显然有 $V(y)|_{y=0} > 0$、$V(y)|_{y=1} < 0$，表示企业主体选择"规范生产"策略作为演化稳定策略，选择"违规生产"策略作为不稳定策略；反之，若 $R_{22} + L_2 - C_2 < 0$ 成立时，则有 $V(y)|_{y=0} < 0$、$V(y)|_{y=1} > 0$，表明企业选择"违规生产"策略作为演化稳定策略，选择"规范生产"

策略作为不稳定策略。当 $0 < y < 1$ 时，企业所选策略的稳定状态取决于 $R_{22} + L_2 - C_2$ 赋值。

3. 公众演化稳定策略分析

当 $R_{31} + R_{32} - C_3 + L_1 + L_2 = 0$ 时为公众行为策略的均衡点，表示稳定状态的分界线。当 $R_{31} + R_{32} - C_3 + L_1 + L_2 > 0$ 成立时，显然有 $W(z)\big|_{z=0} > 0$、$W(z)\big|_{z=1} < 0$，表示公众选择"参与合作监督"策略作为演化稳定策略，选择"不参与合作监督"策略作为不稳定策略；反之，若 $R_{31} + R_{32} - C_3 + L_1 + L_2 < 0$ 成立时，则有 $W(z)\big|_{z=0} < 0$、$W(z)\big|_{z=1} > 0$，表明公众选择"不参与合作监督"策略作为演化稳定策略，选择"参与合作监督"策略作为不稳定策略。当 $0 < z < 1$ 时，企业所选策略的稳定状态取决于 $R_{31} + R_{32} - C_3 + L_1 + L_2$ 赋值。

研究结果表明：在能源效率的驱动下，京津冀协同发展的多元社会利益主体"政府、企业、公众"总是在不断地进行利益博弈。参与各方的策略选择极易受自身认知水平以及其他参与者策略选择影响。在京津冀协同发展系统中，政府主体通过能源规划调控与立法监督，引导企业主体与公众主体参与京津冀协同发展，形成以政府为主导、企业为主体、公众积极参与的协同机制。在此过程中，企业主体和公众主体的策略选择取决于政府主体的策略行动。在能源效率提升行动的调控监督过程中，若政府主体选择"监督"策略的初始概率为 x（$x > 0$），则当"监督"策略的概率 $x \to 1$ 时，政府选择"监督"策略作为演化稳定策略，此时，企业主体和公众主体以政府策略选择为依据，选择"规范生产"与"参与合作监督"的概率 y、z 增大并逐渐接近于 1，在此情形下，政府主体、企业主体与公众主体倾向于共同合作，推动能源效率的提升。同理，若企业主体选择"规范生产"策略的初始概率为 y（$y > 0$），则当"规范生产"策略的概率 $y \to 1$ 时，企业选择"规范生产"策略作为演化稳定策略的条件为 $R_{22} > C_2 - L_2$，即企业"规范生产"所带来的预期收益大于其支付的成本与因"违规生产"而导致的政府监管惩罚的差值，此时企业应强化规范生产力度。若公众主体选择"参与合作监督"策略的初始概率为 $z（z > 0）$，则当"参与合作监督"策略的概率 $z \to 1$ 时，公众选择"参与合作监督"策略作为演化稳定策略的条件为 $R_{31} + R_{32} > L_1 + L_2 - C_3$，即公众合作监督能源效率提升所获得的自我价值与自我形象收益大于企业违规生产监管惩罚、政府"不监督"策略导致的公信力下降与其支付成本的差值，此时公众应合作监督综合能源服务供给。

本章小结

本章分析能源效率驱动下京津冀协同发展的多元主体利益博弈与均衡。以系统动力学为研究工具，分析京津冀多元主体系统协同的动力来源以及可控性；采用博弈模型，建立京津冀三方协同发展行为博弈支付矩阵，纳入多元主体认知水平效应及多个能源效率因素，构建多元主体博弈的复制动态方程，探讨京津冀协同发展多元区域利益主体"京、津、冀"三方行为博弈过程中"三方都不协同"和"三方都协同"的策略选择；基于演化博弈理论，分析多元社会利益主体"政府、企业、公众"的利益博弈与均衡。得出以下结论：

第一，在能源效率驱动下，若无中央政府调控约束条件，由于"政治位势"差异的普遍存在，"协同小组"等合作机构的权威性会受到质疑与挑战，《京津冀协同发展规划纲要》等纲领性文件或规章制度的约束效力也会受到限制，多元区域利益主体"京、津、冀"三方的能源协同收益不稳定，导致京津冀协同发展系统最终朝"三方都协同"或"三方都不协同"的方向演进，鞍点 E^* 的位置决定京津冀协同发展系统的演进方向，而能源效率提升收益、能源效率提升成本以及可接受性短期经济增长损值又决定 E^* 点位置。对于鞍点 E^* 而言，若其位置更接近 E_1 (0, 0, 0)，则其与 E_8 (1, 1, 1) 组成的相位体积较大，京津冀协同发展系统便朝"三方都协同"方向演进；若其位置远离 E_1 (0, 0, 0)，则京津冀协同发展系统更倾向于朝"三方都不协同"方向演进。

第二，在能源效率驱动下，若有中央政府调控约束条件，则多元区域利益主体"京、津、冀"三方均受到能源合作收益、合作成本以及中央政府宏观调控等多重影响，容易达成协同发展联盟，致使京津冀协同发展系统朝"三方都协同"方向演进的概率大增，但中央政府调控约束的方式及程度，目前并无定论。

第三，在京津冀协同发展系统中，多元社会利益主体"政府、企业、公众"总是基于利己倾向进行协同决策，政府主体通过能源规划调控与立法监督，引导企业主体与公众主体参与京津冀能源协同发展，形成以政府为主导、企业为主体、公众积极参与的协同机制。在此过程中，企业主体和公众主体的策略选择取决于政府主体的策略行动。在能源效率提升行动的调控监督过程中，若政府主体选择"监督"策略的初始概率为 x ($x>0$)，则当"监督"策略的概率 $x \to 1$ 时，政府选择"监督"策略作为演化稳定策略，此时，企业主体和公众主体以政府策略选择为依据，选择能源"规范生产"与"参与合作监督"的概率 y、z 增大并逐渐接近于1，在此情形下，政府主体、企业主体与公众主体倾向于共同合作，推动能源效率的提升。同理，若企业主体选择能源"规范生产"策略的初始概率为 y ($y>0$)，则当"规范生产"策略的概率 $y \to 1$ 时，企业选择"规范生产"策略作为演化稳定策

略的条件为 $R_{22} > C_2 - L_2$，即企业"规范生产"所带来的预期收益大于其支付的成本与因"违规生产"而导致的政府监管惩罚的差值，企业应强化规范生产力度。若公众主体选择能源"参与合作监督"策略的初始概率为 z（z>0），则当"参与合作监督"策略的概率 $z \rightarrow 1$ 时，公众选择"参与合作监督"策略作为演化稳定策略的条件为 $R_{31} + R_{32} > L_1 + L_2 - C_3$，即公众合作监督能源效率提升所获得的自我价值与自我形象收益大于企业违规生产监管惩罚、政府"不监督"策略导致的公信力下降与其支付成本的差值，此时公众应合作监督综合能源服务供给。

在能源效率驱动下，京津冀协同发展的关键在于协调好多元主体的利益诉求，各主体在竞争与合作中相互影响，产生协同效应，推动京津冀协同发展系统有序演进，实现京津冀经济、社会的高质量发展。

能源效率驱动下京津冀协同发展
关键障碍因子识别研究

作为新经济地理学的重要组成部分，协同发展理论认为，京津冀坚定不移地推进协同发展，实质是突破体制、机制障碍，实现区域及域内各主体利益均衡的过程，最终目的在于推动京津冀协同发展。作为维持国民经济快速增长至关重要的战略资源与物质基础，能源的生产、消费及效率对经济、社会发展产生巨大影响，更直接关乎京津冀协同发展成败。在能源效率驱动下，对京津冀协同发展关键障碍因子进行识别具有重要的理论创新与实践指导价值。基于此，本书基于系统论思想及多元利益博弈视角，利用 Fuzzy-Dematel 模型对能源效率驱动下京津冀协同发展的关键障碍因子进行识别，并在此基础上，揭示关键障碍因子障碍度的区域差异，提出突破产业协同发展瓶颈的对策建议。

第一节　能源效率驱动下京津冀协同发展
障碍因子体系构建

《京津冀协同发展规划纲要》提出"要深化体制机制改革，着力推进重点领域率先突破"，而《京津冀能源协同发展规划（2016—2025 年）》则进一步强调，强化能源协同是京津冀协同发展的核心任务与重要内容。作为能源协同发展的重要途径，能源效率驱动是实现京津冀协同发展的必经之路，而能源企业则是能源效率驱动的最直接主体。京津冀协同发展需要传统能源企业的转型、疏解和逐步退出，这是北京非首都功能疏解以及京津冀一体化的重要保障。以打造能源革命"北京样板"为契机，北京逐步淘汰落后产能，牵头建设清洁低碳、安全高效的京津冀现代能源体系；天津拟打造京津冀清洁能源供给基地，推动可再生能源高质量发展，协同拓宽绿色能源消纳途径；而河北则抢抓京津冀协同发展机遇，积极承接京津能源产业转移，努力为京津提供清洁能源，打造京津冀生态环境支撑区。在能源效率驱动下，京津冀协同发展充满希望，前景可期；但仍然面临诸多挑战，有重重障碍需要克服。而关键障碍因子的识别，则是突破障碍因子束缚，实施京津冀协同发展战略，实现区域联动与融合发展的关键。因此，本书聚焦能源产业，梳理国内外相关文献研究，并咨询业内专家，收集专家建议，结合京津冀能源企业调研所形成的问卷统计分析结论，构建能源效率驱动下京津冀协同发展障碍因子体系框架。具体步骤包括：

第一阶段：文献梳理。在追溯区域"封闭式"发展缘由时，地区利益、制度、观念成为众多学者关注的焦点，解决上述障碍是实现区域协同的根本保证[1]；而市场资源配置机制以及属地管理模式一定程度上制约着京津冀协同发展[2]；良好的法治环境则为制度障碍提供了破解之道[3]，此外，在观念障碍、

［1］ 徐丽：《我国区域经济协同发展的策略思考》，新疆师范大学 2006 年硕士学位论文。

［2］ 周桂荣、闫晋凤：《京津冀产业创新生态系统构建与协同机制创新》，载《产业创新研究》2021 年第 8 期。

［3］ 王月英：《京津冀协同发展中一体化法治环境构建的思考》，载《公安研究》2016 年第 10 期。

制度障碍之外，市场障碍、组织障碍亦是京津冀协同发展需要着力突破的重点[1]。

聚焦上述研究文献所涉及区域协同发展障碍因子，以合并同类项方式对其进行整合，经过归纳对比，合并内涵相似性障碍因子，以高频出现原则围绕"制度障碍、市场障碍、组织障碍以及观念障碍"确定初步的京津冀协同发展障碍因子体系框架。

第二阶段：结论回溯。依据第六章以及第七章研究结论：当前多元主体的能源协同认知局限是影响京津冀协同发展的一大障碍；能源效率驱动下京津冀协同的关键在于能源合作利益的协调，而现阶段能源合作的利益共享机制尚未建立阻碍京津冀协同发展。因此，在制度障碍和观念障碍中分别纳入能源合作利益共享机制缺失以及能源协同认知局限两项障碍因子。

第三阶段：专家咨询。邀请资深专家对初步的京津冀协同发展障碍因子体系框架进行论证，并植入能源效率驱动背景，征询专家意见，对障碍因子进行逐一检查、修正，经过两轮专家咨询，形成能源效率驱动下京津冀协同发展障碍因子体系框架。

第四阶段：理论分析。组建京津冀能源协同研究团队，详尽阐述京津冀协同发展的动因及背景，采用群决策方法，理性分析能源效率驱动下京津冀协同发展的内涵与特征，进一步完善障碍因子体系框架。

第五阶段：问卷编制。召集京津冀能源协同研究团队成员，以会议形式广泛征集意见，每一个问题的最终确定都要经过三轮的反复推敲。所编制问卷的内容主要聚焦以下四个方面：①能源企业归属地及参与京津冀协同发展的动因；②能源效率驱动

---

[1]　杨秀瑞、栗继祖：《京津冀产业协同发展障碍因子诊断及对策研究——基于系统论视角》，载《经济问题》2020年第10期。

下能源企业参与京津冀协同发展的障碍及各障碍因子间的逻辑联结关系；③各障碍因子对能源企业参与京津冀协同发展的影响方式及程度；④能源企业对参与京津冀协同发展的政策需求及对策建议。

第六阶段：实地调研。本次调研于 2021 年 9 月至 12 月进行，分三阶段对京津冀地区部分能源企业进行调研，以分组讨论与个别咨询相结合的方式对能源企业领导层进行问卷调查与访谈，立足于京津冀协同发展障碍因子的获取。本次调研共发放问卷 200 份，回收有效问卷 195 份，有效问卷回收率为 97.5%，共呈现障碍因子 20 项，其中，部分障碍因子高度重合，符合障碍因子识别目标，但亦有部分障碍因子首次出现，不具备显著特征。

第七阶段：问卷分析。利用 SPSS 24.0 软件对回收问卷信息进行统计分析，选择统计判别法剔除其中异常值，经过归纳总结，再次对京津冀协同发展障碍因子体系框架进行纠错与补遗。

第八阶段：框架构建。京津冀能源协同研究团队召开会议，提出能源效率驱动下，基于制度、市场、组织、观念层面的系统分析模式，构建包含 14 项障碍因子（指标）的京津冀协同发展障碍因子体系框架（如表 6-1 所示）。

表 6-1　能源效率驱动下京津冀协同发展障碍因子体系框架

14 项障碍因子			
制度障碍	市场障碍	组织障碍	观念障碍
能源体系顶层设计缺乏 S_1	能源生产要素流动受阻 S_5	能源统筹规划条块分割 S_9	能源本位主义 S_{12}
能源合作利益共享机制缺失 S_2	劳动力人口层级分布极化 S_6	能源区域管理机构松散 S_{10}	能源协同认知局限 S_{13}

14 项障碍因子			
能源法律保障体系不完善 S_3	能源区域封锁 S_7	能源发展行政壁垒 S_{11}	能源管理思维滞后 S_{14}
能源安全保障制度不健全 S_4	能源市场竞争环境恶劣 S_8		

第二节　京津冀协同发展关键障碍因子识别

由于各障碍因子构成要素间的相互作用，以及障碍度和变化趋势不一，京津冀协同发展障碍因子体系具有一定的复杂性。各障碍因子相互作用，共同抑制了三地能源产业的协同发展。并且，各障碍因子之间具有多样性和复杂性的关系，致使京津冀协同发展障碍因子体系的内部在呈现出空间关系的同时，也可以用固定的数量关系加以描述。作为京津冀协同发展障碍因子诊断的有效工具，本书运用 Fuzzy-Dematel 模型来数量化呈现各障碍因子的逻辑关系，以更好地展示各障碍因子相互间的影响程度。

一、障碍因子相互关联的数量关系测度

1. 障碍因子间的相互影响度评定

邀请京津冀地区的 30 位能源企业管理者、10 位太原理工大学资深专家学者组建京津冀协同发展障碍因子相互影响度评定小组，利用专家群决策方法，对障碍因子间的相互影响度进行评定。

2. 确定语言变量与模糊数的转换关系

参考学者王茂骏、吴林海及郝祖涛的研究，设定专家语言变

量与模糊数的转换关系（如表6-2所示）。

表6-2　语言变量与模糊数的转换关系

语言变量（linguistic variable）	相对应的三元模糊数（TFN）
No 没有影响（No Influence）	（0，0.1，0.3）
VL 影响很小（Very Low Influence）	（0.1，0.3，0.5）
L 影响不大（Low Influence）	（0.3，0.5，0.7）
H 影响较大（High Influence）	（0.5，0.7，0.9）
VH 影响很大（Very High Influence）	（0.7，0.9，1.0）

3. 三元模糊数的去模糊化处理

对于京津冀协同发展障碍因子体系中的任意两障碍因子 i 和 j，在全体 K 位专家中，第 k 位专家评定的障碍因子 i 对障碍因子 j 的影响值记为 $z_{ij}^k = (l_{ij}, m_{ij}, r_{ij})$，其中 $1 \leq k \leq K$。借助于学者奥普里佐维奇（Opricovic）研究中的 CFCS 方法，对三元模糊数作去模糊化处理，将其转化为准确数值，具体计算步骤如下：

步骤一：模糊数的标准化处理

$$xl_{ij}^k = \frac{l_{ij}^k - \min\limits_{1 \leq k \leq K} l_{ij}^k}{\Delta_{\min}^{\max}} \tag{6-1}$$

$$xm_{ij}^k = \frac{m_{ij}^k - \min\limits_{1 \leq k \leq K} l_{ij}^k}{\Delta_{\min}^{\max}} \tag{6-2}$$

$$xr_{ij}^k = \frac{r_{ij}^k - \min\limits_{1 \leq k \leq K} l_{ij}^k}{\Delta_{\min}^{\max}} \tag{6-3}$$

上述公式中，$\Delta_{\min}^{\max} = \min\limits_{1 \leq k \leq K} r_{ij}^k - \min\limits_{1 \leq k \leq K} l_{ij}^k$。

步骤二：标准化后模糊数的左右标准值计算

$$xls_{ij}^k = \frac{xm_{ij}^k}{1 + xm_{ij}^k - xl_{ij}^k} \tag{6-4}$$

$$xrs_{ij}^{k} = \frac{xr_{ij}^{k}}{1 + xr_{ij}^{k} - xm_{ij}^{k}} \qquad (6-5)$$

步骤三：总标准化值计算

$$x_{ij}^{k} = \frac{xls_{ij}^{k}(1 - xls_{ij}^{k}) + xrs_{ij}^{k}xrs_{ij}^{k}}{1 + xls_{ij}^{k} - xrs_{ij}^{k}} \qquad (6-6)$$

步骤四：影响值的量化

首先，利用公式：

$$w_{ij}^{k} = \min_{1 \leq k \leq K} l_{ij}^{k} + x_{ij}^{k}\Delta_{\min}^{\max} \qquad (6-7)$$

获得第 k 位专家评定的障碍因子 i 对障碍因子 j 量化的影响值。

再利用公式：

$$w_{ij} = \frac{1}{K}\sum_{k=1}^{K} w_{ij}^{k} \qquad (6-8)$$

获得 K 位专家全体评定的障碍因子 i 对障碍因子 j 量化的影响值，从而实现全体模糊数据的量化。

最终得到京津冀协同发展 14 项障碍因子的直接影响矩阵（如表 6-3 所示），数值化结果以矩阵 $A = (a_{ij})_{14 \times 14}$ 表示。

表6-3 京津冀协同发展障碍因子的直接影响矩阵 A

因子	S_1	S_2	S_3	S_4	S_5	S_6	S_7	S_8	S_9	S_{10}	S_{11}	S_{12}	S_{13}	S_{14}
S_1	0.0000	0.8597	0.7557	0.8466	0.7462	0.8557	0.7696	0.3211	0.3802	0.3094	0.8738	0.2977	0.808	0.7191
S_2	0.7688	0.0000	0.7451	0.7851	0.7959	0.6891	0.5866	0.3159	0.3894	0.7873	0.7013	0.2951	0.7981	0.7162
S_3	0.0392	0.0468	0.0000	0.2447	0.2393	0.2746	0.6243	0.2582	0.2557	0.1094	0.7882	0.1471	0.684	0.1191
S_4	0.1994	0.1992	0.1162	0.0000	0.3579	0.4291	0.5238	0.6393	0.3693	0.0958	0.7653	0.6374	0.7436	0.3377
S_5	0.0131	0.0304	0.1069	0.2234	0.0000	0.2248	0.6549	0.7449	0.2892	0.2251	0.7625	0.4894	0.6769	0.2634
S_6	0.0941	0.0808	0.1157	0.3802	0.1108	0.0000	0.2668	0.6691	0.1288	0.2538	0.8682	0.4154	0.6992	0.2593
S_7	0.5383	0.5368	0.7579	0.6281	0.7273	0.8004	0.0000	0.6549	0.6368	0.6556	0.6971	0.3061	0.6552	0.6783
S_8	0.1294	0.078	0.1191	0.3252	0.1669	0.2666	0.5631	0.0000	0.6809	0.2484	0.8251	0.3673	0.8013	0.2138
S_9	0.5480	0.516	0.1268	0.3432	0.1878	0.2236	0.5672	0.6331	0.0000	0.3643	0.7468	0.5049	0.6541	0.7672
S_{10}	0.3441	0.3877	0.1183	0.3271	0.1363	0.1183	0.6358	0.0857	0.2374	0.0000	0.6891	0.2762	0.5699	0.2656
S_{11}	0.6222	0.5687	0.6347	0.5741	0.6662	0.7012	0.7141	0.6784	0.5852	0.5698	0.0000	0.6194	0.6668	0.5429
S_{12}	0.4372	0.4652	0.1182	0.4564	0.1741	0.1182	0.6071	0.0802	0.5797	0.1582	0.7804	0.0000	0.6858	0.3594
S_{13}	0.5743	0.5582	0.5334	0.6672	0.5193	0.5751	0.6273	0.6381	0.6093	0.5873	0.7469	0.6774	0.0000	0.5392
S_{14}	0.4199	0.5144	0.1251	0.4335	0.1673	0.2194	0.5752	0.1071	0.5582	0.5891	0.6774	0.7602	0.6771	0.0000

4. 直接影响矩阵 A 的标准化

对直接影响矩阵 A 进行标准化处理，所得矩阵记为 G：

$$G = (g_{ij})_{m \times n} = \cfrac{1}{\max\left(\max\limits_{1 \le i \le n} \sum\limits_{j}^{n} a_{ij}, \ \max\limits_{1 \le j \le n} \sum\limits_{i}^{n} a_{ij}\right)} A \qquad (6-9)$$

其中 $0 \le g_{ij} \le 1$，且 $\max\limits_{1 \le i \le n} \sum\limits_{j}^{n} g_{ij} = 1$。

则直接影响矩阵 A 的标准化矩阵 G，如表 6-4 所示：

表 6-4　直接影响矩阵 A 的标准化矩阵 G

因子	S_1	S_2	S_3	S_4	S_5	S_6	S_7	S_8	S_9	S_{10}	S_{11}	S_{12}	S_{13}	S_{14}
S_1	0.0000	0.0866	0.0762	0.0853	0.0752	0.0862	0.0776	0.0324	0.0383	0.0312	0.0881	0.0300	0.0814	0.0725
S_2	0.0775	0.0000	0.0751	0.0791	0.0802	0.0695	0.0591	0.0318	0.0392	0.0793	0.0707	0.0297	0.0804	0.0722
S_3	0.0040	0.0047	0.0000	0.0247	0.0241	0.0277	0.0629	0.0260	0.0258	0.0110	0.0794	0.0148	0.0689	0.0120
S_4	0.0201	0.0201	0.0117	0.0000	0.0361	0.0432	0.0528	0.0644	0.0372	0.0097	0.0771	0.0642	0.0749	0.034
S_5	0.0013	0.0031	0.0108	0.0225	0.0000	0.0227	0.0660	0.0751	0.0291	0.0227	0.0768	0.0493	0.0682	0.0265
S_6	0.0095	0.0081	0.0117	0.0383	0.0112	0.0000	0.0269	0.0674	0.0130	0.0256	0.0875	0.0419	0.0705	0.0261
S_7	0.0543	0.0541	0.0764	0.0633	0.0733	0.0807	0.0000	0.0660	0.0642	0.0661	0.0703	0.0309	0.0660	0.0684
S_8	0.0130	0.0079	0.0120	0.0328	0.0168	0.0269	0.0568	0.0000	0.0686	0.0250	0.0832	0.037	0.0808	0.0215
S_9	0.0552	0.0520	0.0128	0.0346	0.0189	0.0225	0.0572	0.0638	0.0000	0.0367	0.0753	0.0509	0.0659	0.0773
S_{10}	0.0347	0.0391	0.0119	0.0330	0.0137	0.0119	0.0641	0.0086	0.0239	0.0000	0.0695	0.0278	0.0574	0.0268
S_{11}	0.0627	0.0573	0.0640	0.0579	0.0671	0.0707	0.0720	0.0684	0.0590	0.0574	0.0000	0.0624	0.0672	0.0547
S_{12}	0.0441	0.0469	0.0119	0.0460	0.0175	0.0119	0.0612	0.0081	0.0584	0.0159	0.0787	0.0000	0.0691	0.0362
S_{13}	0.0579	0.0563	0.0538	0.0672	0.0523	0.0580	0.0632	0.0643	0.0614	0.0592	0.0753	0.0683	0.0000	0.0543
S_{14}	0.0423	0.0518	0.0126	0.0437	0.0169	0.0221	0.0580	0.0108	0.0563	0.0594	0.0683	0.0766	0.0682	0.0000

5. 综合影响矩阵 T 的计算

利用公式：

$$T = (t_{ij})_{m \times n} = G(E - G)^{-1} \qquad (6-10)$$

获得综合影响矩阵 T，上述公式中的矩阵 E 为 n 阶单位矩阵。

则京津冀协同发展障碍因子的综合影响矩阵 T 如表 6-5 所示：

表6-5 京津冀产业协同发展障碍因子的综合影响矩阵 T

因子	S_1	S_2	S_3	S_4	S_5	S_6	S_7	S_8	S_9	S_{10}	S_{11}	S_{12}	S_{13}	S_{14}
S_1	0.0856	0.1665	0.1534	0.1895	0.1627	0.1820	0.2030	0.1388	0.1376	0.1207	0.2464	0.1334	0.2285	0.1695
S_2	0.1542	0.0837	0.1480	0.1794	0.1626	0.1614	0.1831	0.1326	0.1342	0.1603	0.2256	0.1291	0.2220	0.1649
S_3	0.0467	0.0472	0.0401	0.0762	0.0679	0.0760	0.1218	0.0789	0.0754	0.0552	0.1520	0.0652	0.1364	0.0611
S_4	0.0771	0.0772	0.0639	0.0713	0.0933	0.1061	0.1353	0.1313	0.1051	0.0688	0.1793	0.1301	0.1693	0.0994
S_5	0.0521	0.0535	0.0562	0.0834	0.0506	0.0781	0.1367	0.1324	0.0898	0.0737	0.1647	0.1071	0.1499	0.0832
S_6	0.0559	0.0546	0.0535	0.0941	0.0582	0.0520	0.0951	0.1201	0.0694	0.0720	0.1676	0.0963	0.1457	0.0778
S_7	0.1306	0.1314	0.1456	0.1611	0.1522	0.1677	0.1235	0.1618	0.1553	0.1458	0.2217	0.1275	0.2059	0.1587
S_8	0.0670	0.0623	0.0602	0.0965	0.0704	0.0854	0.1312	0.0646	0.1275	0.0787	0.1740	0.0986	0.1644	0.0834
S_9	0.1209	0.1190	0.0755	0.1181	0.0884	0.0985	0.1540	0.1379	0.0797	0.1057	0.1943	0.1280	0.1773	0.1519
S_{10}	0.0830	0.0874	0.0589	0.0928	0.0656	0.0685	0.1314	0.0660	0.0793	0.0506	0.1524	0.0829	0.1353	0.0831
S_{11}	0.1388	0.1350	0.1347	0.1566	0.1469	0.1586	0.1903	0.1626	0.1510	0.1374	0.1553	0.1550	0.2063	0.1467
S_{12}	0.1017	0.1047	0.0671	0.1165	0.0787	0.0789	0.1424	0.0773	0.1223	0.0760	0.1778	0.0675	0.1619	0.1039
S_{13}	0.1332	0.1327	0.1233	0.1625	0.1312	0.1445	0.1792	0.1556	0.1510	0.1367	0.2206	0.1581	0.1391	0.1441
S_{14}	0.1064	0.1158	0.0718	0.1218	0.0827	0.0932	0.1491	0.0846	0.1272	0.1221	0.1806	0.1465	0.1720	0.0754

障碍因子 i 的中心度为：

$$M_i = f_i + e_i \quad (i = 1, 2, \cdots, m) \tag{6-11}$$

其中，影响度 $f_i = \sum_{j=1}^{n} t_{ij}$，为综合影响矩阵 T 中元素 i 的行和，被影响度 $e_i = \sum_{j=1}^{n} t_{ji} (i = 1, 2, \cdots, m)$，为综合影响矩阵 T 中元素 i 的列和。

障碍因子 i 的原因度为：

$$N_i = f_i - e_i \quad (i = 1, 2, \cdots, m) \tag{6-12}$$

各障碍因子的影响度、被影响度、中心度和原因度，如表 6-6 所示：

表 6-6　各障碍因子的影响度、被影响度、中心度和原因度

障碍因子	影响度	被影响度	中心度	原因度
S_1	2.3177	1.3532	3.6709	0.9644
S_2	2.2411	1.3710	3.6121	0.8700
S_3	1.1002	1.2522	2.3524	-0.1521
S_4	1.5074	1.7198	3.2272	-0.2124
S_5	1.3112	1.4115	2.7227	-0.1004
S_6	1.2124	1.5508	2.7632	-0.3384
S_7	2.1888	2.0761	4.2649	0.1127
S_8	1.3642	1.6444	3.0087	-0.2802
S_9	1.7493	1.6048	3.3541	0.1444
S_{10}	1.2372	1.4036	2.6408	-0.1664
S_{11}	2.1752	2.6123	4.7875	-0.4370
S_{12}	1.4767	1.6253	3.1020	-0.1485

续表

障碍因子	影响度	被影响度	中心度	原因度
S_{13}	2.1120	2.4140	4.5261	-0.3020
S_{14}	1.6491	1.6033	3.2520	0.0459

二、障碍因子相互关系解析

京津冀协同发展障碍因子的原因度及中心度测算结果表明，在 14 项障碍因子中，共有 5 项障碍因子：S_1、S_2、S_7、S_9 和 S_{14} 属于原因因子。其中，在制度障碍中，能源体系顶层设计缺乏（S_1）和能源合作利益共享机制缺失（S_2）2 项障碍因子的影响度最大，分别居于第 1 位和第 2 位，表明能源体系顶层设计缺乏和能源合作利益共享机制缺失在 14 项障碍因子体系中表现出极强的主动性，能强烈地影响其他障碍因子，但却很难被其他障碍因子影响。值得注意的是，在市场障碍中，能源区域封锁（S_7）这一障碍因子的影响度和被影响度均排在第 3 位，表明该障碍因子与其他 13 项障碍因子的关系较为紧密，既能强烈影响其他障碍因子，又能被其他障碍因子强烈影响。而组织障碍中的能源统筹规划条块分割（S_9）和观念障碍中的能源管理思维滞后（S_{14}）2 项障碍因子在 14 项障碍因子体系中具有较低的影响度和被影响度，表明这 2 项障碍因子与其他障碍因子的关系相对疏远，并不紧密。

共有 9 项障碍因子：S_3、S_4、S_5、S_6、S_8、S_{10}、S_{11}、S_{12} 和 S_{13} 属于结果因子。其中能源发展行政壁垒（S_{11}）具有最大的被影响度和位于第 4 位的影响度，能源协同认知局限（S_{13}）则具有第 2 位的被影响度以及第 5 位的影响度，表明能源发展行政壁垒和能源协同认知局限在 14 项障碍因子体系中表现出强烈的被动性，极易被其他障碍因子影响，与其他障碍因子的联系非常紧密。而能源法律保障体系不完善（S_3）、能源安全保障制度不健全（S_4）、能源生产要素流动受阻（S_5）、劳动力人口层级分布极化（S_6）、能源市场竞争环境恶劣（S_8）、能源区域管理机构松散（S_{10}）和能源本位主义（S_{12}）这 7 项障碍因子虽然也表现出一定的被动性，但被影响度较低，差异并不明显，且影响度也处于较低水平，表明这 7 项障碍因子与其他障碍因子的联系相对较弱，在京津冀协同发展障碍因子体系中发挥的作用较小。

三、关键障碍因子的识别

在 14 项的京津冀协同发展障碍因子中，若以影响度排序，则能源体系顶层设计缺乏（S_1）和能源合作利益共享机制（S_2）分别具有第一、第二大的影响度（2.3177；2.2411），是影响其他障碍因子最大的障碍因子，能主动地强烈影响其他障碍因子，可以确认为是京津冀产业协同发展的关键障碍因子；结合中心度及原因度排序，能源发展行政壁垒（S_{11}）和能源协同认知局限（S_{13}）具有第一、第二小的原因度，分别为 -0.4370、-0.3020，以及第一、第二高的中心度，分别为 4.7875、4.5261，可以认为能源发展行政壁垒和能源协同认知局限是京津冀产业协同发展的关键障碍因子。而能源区域封锁（S_7）在 14 项障碍因子体系中，分别具有第 3 位的中心度（4.2649）、影响度（2.1888）和被影响度（2.0761），与其他障碍因子的关系密切，在京津冀产业协同发展障碍因子系统中发挥着重要的作用，亦可确认为是关键障碍因子。

对其余 7 项障碍因子 S_3、S_4、S_5、S_6、S_8、S_{10} 和 S_{12} 进行影响度、中心度和原因度的全面分析，可以发现这 7 项障碍因子与其他障碍因子的关系相对疏远，在京津冀产业协同发展障碍因子系统中发挥的作用相对较小。经过筛选、甄别，确认 5 项障碍因子：能源体系顶层设计缺乏（S_1）、能源合作利益共享机制缺失（S_2）、能源区域封锁（S_7）、能源发展行政壁垒（S_{11}）和能源协同认知局限（S_{13}）是京津冀产业协同发展的关键障碍因子。

第三节　关键障碍因子的障碍度及其主体差异

经济水平的差异以及发展战略定位的不同必然导致京津冀在协同发展中面临不同的问题，对障碍因子的感知也不尽相同。利用障碍度模型测度京津冀协同发展关键障碍因子的障碍度，揭示障碍度存在的区域差异特征，对于突破京津冀协同发展障碍因子制约，提升首都经济圈的一体化发展水平具有重要意义。

一、障碍度模型

障碍度模型是障碍因子诊断的重要工具，其基本组成要素包括：因子贡献度（U_j）、指标偏离度（I_j）和障碍度（Y_j，y_j）。其中，因子贡献度（U_j）为单因素对总目标的权重（w_j）；指标偏离度（I_j）为单项指标与京津冀协同发展目标之间的差距，即单项指标标准化值与100%之差[1][2]；障碍度（Y_j，y_j）分别为分类指标和单项指标对京津冀协同发展的障碍程度。计算公式如下：

［1］　Wilson W K et al. , "Inhibitors of Sterol Synthesis. Effects of Fluorine Substitution at Carbon Atom 25 of Cholesterol on its Spectral and Chromatographic Properties and on 3-hydroxy-3-methylglutaryl Coenzyme a Reductase Activity in CHO-K1 Cells", *Steroids*, 1994, 59（5）.

［2］　Ghalie, Dietzel W, Kainer k U, "General and Localized Corrosion of Magnesium Alloys: A Critical Review", *Journal of Materials Engineering & Performance*, 2004, 13（1）.

$$y_{ij} = I_{ij}w_j / (\sum_{j=1}^{n} I_{ij} \cdot w_j), \quad Y_{ij} = \sum y_{ij} \qquad (6\text{-}13)$$

其中 $I_{ij} = 1 - r_{ij}$，r_{ij} 为单项指标的标准化值，采用极值标准化法求得。

二、关键障碍因子障碍度的多元区域主体差异

根据被调查能源企业归属地将样本按京、津、冀地区分成三类，利用障碍度模型测度京津冀协同发展关键障碍因子的障碍度，测算结果如表6-7所示：

表6-7 关键障碍因子障碍度的多元区域主体差异

类别		关键障碍因子				
		能源体系顶层设计缺乏（S_1)	能源合作利益共享机制缺失（S_2)	能源区域封锁（S_7)	能源发展行政壁垒（S_{11})	能源协同认知局限（S_{13})
障碍度	京	9.44	8.63	7.75	7.94	7.35
	排序	1	2	4	3	5
	津	9.49	9.22	8.32	8.15	8.07
	排序	1	2	3	4	5
	冀	9.55	9.45	8.35	8.41	8.46
	排序	1	2	5	4	3

表中数据显示，京津冀协同发展关键障碍因子的障碍度存在显著的多元区域主体差异，具体特征如下：

第一，京津冀协同发展的各项关键障碍因子的障碍度在三地中居于首位的是河北。在落实协同发展战略的过程中，河北将会面临着更大的障碍，特别是由于北京、天津强大的"虹吸效应"，

一定程度上会导致河北人才、资金和项目的流失。此外，公共服务水平、产业布局及经济实力等整体上落后，致使河北承接北京、天津产业转移的能力具有一定局限性。

第二，在障碍度的排序方面，均位于京津冀产业协同发展关键障碍因子障碍度第 1 位和第 2 位的，分别是能源体系顶层设计缺乏（S_1）和能源合作利益共享机制缺失（S_2），两者具有一致性。由此可以看出，京津冀三地在能源体系顶层设计和能源合作利益共享机制方面均滞后于各自区域内的经济社会发展状况。因而，京津冀协同发展的着力点应当放在加快完善能源体系顶层设计上，并创新能源合作利益共享机制，搭建利益共享平台，不断探索经济协同发展新的增长极。

在京津冀协同发展各项关键障碍因子中，能源协同认知局限（S_{13}）、能源区域封锁（S_7）与能源发展行政壁垒（S_{11}）的障碍度在三地的排序上呈现出一定的不同之处。河北的能源区域封锁和能源发展行政壁垒的障碍度低于能源协同认知局限的障碍度。与之截然不同的是，北京和天津由于具有全国领先的公共服务水平、人才技术优势以及雄厚的经济实力，能源区域封锁与能源发展行政壁垒的障碍度高于能源协同认知局限的障碍度。

三、关键障碍因子障碍度的多元社会主体差异

对调查样本按社会系统角度分成政府、企业、公众三类，利用障碍度模型测度京津冀协同发展关键障碍因子的障碍度，测算结果如表 6-8 所示：

表6-8　关键障碍因子障碍度的多元社会主体差异

类别		关键障碍因子				
		能源体系顶层设计缺乏（S_1）	能源合作利益共享机制缺失（S_2）	能源区域封锁（S_7）	能源发展行政壁垒（S_{11}）	能源协同认知局限（S_{13}）
障碍度	政府	9.33	8.77	8.41	7.94	7.51
	排序	1	2	3	4	5
	企业	9.41	9.48	8.92	8.99	9.13
	排序	2	1	4	3	5
	公众	9.23	9.45	8.49	8.61	8.79
	排序	2	1	5	4	3

表中数据显示，京津冀协同发展关键障碍因子的障碍度存在显著的多元社会主体差异，具体特征如下：

第一，京津冀协同发展各项关键障碍因子的障碍度在三类主体中居于首位的是企业。在能源效率驱动京津冀协同发展战略实施过程中，企业是最直接的执行主体，必然在生产经营过程中经历过障碍因子的阻碍和约束，对障碍因子的感知尤为强烈。而政府与公众通常以调控监督方式参与能源效率驱动京津冀协同发展，与企业相比，缺乏实践感受，因此对障碍因子的感知相对薄弱。

第二，在障碍度的排序方面，能源体系顶层设计缺乏（S_1）和能源合作利益共享机制缺失（S_2）仍然居于京津冀产业协同发展关键障碍因子障碍度的第1位和第2位，多元社会主体对障碍度的赋值具有一致性。由此表明，多元社会主体"政府、企业、公众"观点相同，皆认为能源体系顶层设计与能源合作利益共享机制对能源效率驱动京津冀协同发展的重要性毋庸置疑。此外也说明现阶段优化能源体系顶层设计、构建能源合作利益共享机制已迫在眉睫。对于其他 3 项障碍因子：能源协同认知局限（S_{13}）、能源区域封锁（S_7）与能源发展行政壁垒（S_{11}），政府、企业、公众对其障碍度的排序存在显著差异。

本章小结

京津冀协同发展障碍因子的探寻及诊断，是突破其协同发展瓶颈的重要基础。本书以文献梳理及京津冀地区部分能源企业实地调研结论为基础，构建能源效率驱动下的京津冀协同发展障碍因子体系框架，以系统论为研究视角，采用 Fuzzy－Dematel 模型对京津冀产业协同发展的障碍因子进行诊断，并进一步揭示关键障碍因子障碍度存在的多元区域主体差异和多元社会主体差异，主要结论如下：

第一，由于各障碍因子构成要素间的相互作用，以及障碍度和变化趋势不一，能源效率驱动下京津冀协同发展的障碍因子体系具有一定的复杂性。经分析得出，影响京津冀协同发展的关键障碍因子包括制度方面的"能源体系顶层设计缺乏、能源合作利益共享机制缺失"、市场方面的"能源区域封锁"、组织方面的"能源发展行政壁垒"以及观念方面的"能源协同认知局限"。

第二，能源效率驱动下京津冀协同发展关键障碍因子的障碍度存在显著的多元区域主体差异。一方面，在三地当中各项关键障碍因子的障碍度较高的是河北；在障碍度的排序方面，京津冀三地制度障碍中的"能源体系顶层设计缺乏"和"能源合作利益共享机制缺失"均位于第 1 位和第 2 位。另一方面，河北的能源区域封锁和能源发展行政壁垒的障碍度低于观念障碍中的"能源协同认知局限"的障碍度，而北京和天津市场障碍中的"能源区域封锁"、组织障碍中的"能源发展行政壁垒"要高于能源协同认知局限的障碍度。

第三，京津冀协同发展关键障碍因子的障碍度存在显著的多元社会主体差异，企业对障碍因子的感知最为强烈，政府、公众紧随其后。这是因为，企业是能源效率驱动京津冀协同发展战略实施的最直接执行主体，在生产经营过程中经历过障碍因子的阻碍和约束，对障碍因子的感知尤为强烈，而政府与公众通常以调控监督方式参与能源效率驱动京津冀协同发展，与企业相比，缺乏实践感受，因此对障碍因子的感知相对薄弱。故企业对关键障碍因子障碍度的赋值最高，政府、公众相对靠后。

第四，在障碍度的排序方面，多元社会主体"政府、企业、公众"皆认为能源体系顶层设计与能源合作利益共享机制对能源效率驱动京津冀协同发展的重要性毋庸置疑，其障碍度均位于5项关键障碍因子的前两位，对于其他3项障碍因子：能源协同认知局限、能源区域封锁与能源发展行政壁垒，政府、企业、公众对其障碍度的排序存在显著差异。

第七章
能源效率驱动下京津冀协同发展 策略研究

正确的认知构建是能源效率驱动京津冀协同发展的基础与前提，科学合理的利益共享机制是能源效率驱动京津冀协同发展战略实施的保证，而障碍因子的甄别与突破则是能源效率驱动京津冀协同发展的关键一环。根据前文研究结论，围绕"提升多元主体认知，构建利益共享机制，突破五项障碍因子：能源体系顶层设计缺乏、能源合作利益共享机制缺失、能源区域封锁、能源发展行政壁垒和能源协同认知局限"提出相应的对策建议。

第一节　提升多元主体认知，激发主体协同意愿

一、能源政策宣导多元化，塑造京津冀协同发展主流舆论新格局

作为我国当前的三大国家战略之一，京津冀协同发展涉及能源政策多元，先后出台的相关政策众多，如《京津冀能源协同发展行动计划》《京津冀绿色电力市场化交易规则》《京津冀新能源商用车推广发展研究》《大兴区促进氢能产业发展暂行办法》等，民众对能源政策的认知与理解较为粗略，京津冀应联合打造跨地区、跨媒体、多领域的区域性广播频率和融媒体传播平台，以"发布京津冀能源协同权威信息、展示发展成就、推动创新协调、

服务民生福祉"为使命，深入宣传习近平总书记关于京津冀协同发展的重要讲话和重要指示精神，权威解读京津冀协同发展战略的能源决策部署、政策措施，全面反映京津冀协同发展的重大能源举措、重大能源工程、重大能源项目推进情况和工作成果，切实肩负起助推京津冀协同发展的重要职责使命。在能源政策宣导中结合通俗易懂的案例解析和易于传播的媒体化语言向市场主体传达，让能源政策内容"看得懂、记得住、用得上"。注重传播途径多元，借助《人民日报》、学习强国、微信公众号、视频号、抖音号等融媒体平台，多渠道裂变传播，提升宣传的广度和吸引力，扩大能源政策知晓度和影响力，塑造京津冀协同发展主流舆论新格局，提升多元主体对京津冀协同发展的认知水平。

二、以内容为基，全面解读，让能源政策"深入民心"

以京津冀协同发展相关文件内容为基础，紧扣能源政策重点、社会热点和民生焦点，全面、详尽、准确地解读京津冀协同发展相关的能源政策背景、出台目的、核心举措等内容，精心编辑，详细解说，并综合运用图片图表、音频视频、卡通动漫等深入浅出、通俗易懂的形式对重大能源政策文件开展多维度解读，尤其是对社会关切、影响深远的能源热点政策，深度挖掘内容要点，以"一问一答"的形式，将生涩难懂、专业性强的专业术语转化为通俗易懂的语言。此外，还可以开设京津冀协同发展"在线访谈"专栏节目，邀请各部门主要负责人解读各级重要能源政策措施，尤其是惠民利民举措、新旧政策差异等，深度解析京津冀协同发展优惠能源政策利好，积极回应市场主体的呼吁和关切，并公开解读部门联系方式，方便公众和企业咨询，做好能源政策文件和解读文件的相互关联，实现"双向链接"，有效确保公众和企业对京津冀协同发展能源政策的易获取、能读懂，使京津冀协同发展能源政策"深入民心"。

三、重视主体认知差异，能源政策解读精准化

在宣导及解读京津冀协同发展能源政策时，应突出政策传达时效，重视主体认知差异，第一时间完成政策宣讲视频制作并在各大宣传平台发布，并在政策宣导及解读过程中，采用"点对点"及时推送方式，精准对接政策目标主体，强化政策宣传指导，带动更多市场主体知晓能源政策、用好能源政策，切实帮助市场主体纾困增效。

以开展能源政策解读系列宣贯活动为契机，引导多元主体掌握政策内容，精准开展解读，及时发现多元主体政策落实难点堵点问题，并建立健全政务舆情收集、研判、处置和回应机制，关注重要能源政策文件及解读信息公开后的社会舆情反映，认真研判，主动跟进，及时回应，针对不同多元利益主体背景特征，使得能源政策文件和解读方式多样化，防止信息被误读误解，对京津冀协同发展造成负面影响。

第二节 多元区域主体协同：利益共享，责任共担

一、构建能源合作利益共享机制

能源效率驱动下京津冀协同发展必然面对区域发展不平衡所导致的利益不均衡问题。在协同发展过程中，京津冀三方利益的协调与补偿至关重要，直接影响京津冀协同发展战略实施成败。因此，构建基于利益让渡的联动协调机制刻不容缓。

构建利益让渡机制的首要条件是京津冀三方必须建立利益共享、责任共担长效合作机制，共建命运共同体。正视区域发展差

异，厘清个体利益与协同利益的相互依存关系，探索整体利益与局部利益的平衡，在实施区域协同发展利益分配与补偿时，进行科学、合理的权益让渡，实现京津冀三方互利互惠、利益共享。

在京津冀协同发展进程中，相较于河北，北京和天津在经济运行和社会发展方面处于前列。本着互利互惠、利益共享的基本原则，北京和天津以包容心态对河北进行利益让渡，通过产业转移、利税分成等调节手段对协同收益进行二次分配和协调。

相对落后的河北，正面临产业结构调整、生态环境恶化的严峻考验，而京津冀协同发展必然要求河北对北京、天津的环境负责，对其境内落后产能进行改造，这无疑会增加河北产业转型升级成本，对其经济利益造成损害，为此需要京津两地对河北进行产业转移或直接实现经济利益的输入性让渡，以期在经济、社会以及生态领域谋求京津冀协同收益的综合改善，从而实现区域协同利益的最大化。

基于区域发展的差异性，京津冀三方的利益诉求与利益关键点不尽相同。厘清最大利益关键点，有助于增强京津冀三方参与协同发展的积极性。对北京而言，技术创新与产业疏解是其面临的主要挑战，也是最大利益关键点；对天津而言，经济发展与产业升级是发展主题，也是最大利益关键点；对河北而言，产业转型与发展是绕不开的话题，是最大利益关键点。在构建利益让渡机制时，着眼于最大利益关键点，本着利益让渡、责任共担原则，对京津冀三方实行差异化的利益让渡策略：对于北京，以有利于其技术创新与产业疏解为判定依据进行利益让渡；对于天津，以有利于其经济发展与产业升级为判定依据进行利益让渡；对于河北，以有利于其产业转型与发展为判定依据进行利益让渡。

二、建立信任与沟通机制

沟通和信任是京津冀协同发展顺利开展的基础和前提，唯有协同发展的参与各方存在充分的沟通交流，以及相当程度的信任，能源市场交易和区域协同发展才具备发生的可能性。能源效率驱动下京津冀协同发展涉及主体多元，且多元主体又存在于不同地域、不同部门，其背景特征差异显著，维持有效的信任与沟通是京津冀协同发展可持续的关键。京津冀具有鲜明的地域特征，建立区域间的信任与沟通机制，是能源效率驱动下京津冀协同发展可持续化推进的重要保障。

第一，京津冀三地应建立不同行政层级对话的定期沟通交流机制。对话的主题包括经济、社会、环境等领域的交流与合作，或跨层级业务协同以及机制体制创新等内容，以提升三地协同发展的紧密性。

第二，对于京津冀协同发展中的重大项目，以平等协商方式订立契约，并按要素参与分配原则规定各方享有的权利以及需要承担的责任，建立利益共享、责任共担的协同机制，引导京津冀三地的积极参与区域协同发展。

三、建立监督和评估机制

能源效率驱动下京津冀协同发展并非一劳永逸，需要借助相关指标，建立动态化的监督和评估机制对协同过程进行监测。在协同发展过程中，京津冀三地功能定位不同，能源产业比较优势存在显著差异，监督和评估机制应综合考虑现实中存在的差异性，进行动态化的监督和评估。而且，京津冀协同发展过程也是动态演进的，产业结构、生态维护等领域的利益让渡方式和程度也处于变化之中，应密切联系具体实践，采用动态化的调整监测手段，确保能源效率驱动下京津冀协同发展的有序推进。

（一）北京协同：发挥模范带头作用，促进资源合理转移

在区域协同发展过程中，京津冀三方的最大利益关键点不尽

相同。对北京而言，技术创新与产业疏解是其最大利益关键点。因此，提升技术创新水平，加快产业向津冀两地疏解是北京协同发展的当务之急。

1. 北京牵头，共建能源监管合作体系

在京津冀三地中，北京经济发展与社会进步程度最高，其发展过程具有示范引领作用。首先，强化京津冀能源合作，可由北京市能源监管部门牵头，协同津、冀两地，共建能源监管合作体系，共享能源监管信息，定期交流监管数据，分析能源利用的整体效率，查找能源配置事务中的漏洞和偏差，防范能源监管风险。其次，提高燃气供应保障能力，持续拓展多源多向气源通道，大幅提升应急储备能力，优化市域输配管网布局；执行剩余农村地区村庄清洁取暖改造计划，针对剩余山区以及浅山区持续推动清洁能源替代工程，全面优化清洁供热和绿色供热体系布局，基本实现村村供热"无煤化"，并实施老旧小区综合整治，有序推进生活能源管线改造。

2. 创新能源产品和服务

以创新能源产品和服务为重点，北京市各类能源机构积极寻求与津冀两地开展深度合作，分享能源项目信息，引导部分能源产业向津冀两地转移。成立京津冀能源产品和服务创新工作小组，统筹规划三地能源项目布局，在基础设施、交通建设、技术改造等方面提供资金支持，并在津冀两地设置工作小组分支机构，对跨区域创新能源产品和服务项目予以政策支持和资金支持，大力实施电、气、热能源系统智能改造项目，优先集中力量对既有建筑进行智能供热改造，完成约 2000 万平方米的试点改造。

以重点区域、重大工程、重大活动为依托，提出加快推动先进可再生能源、新型电力系统、氢能和氢燃料电池、储能等绿色低碳技术攻关和推广应用。高水平建设怀柔国家实验室，打造"能源谷"先进能源产业高地，加快大兴国际氢能示范区等重大示范应用建设，推进能源新技术与智慧城市融合发展，集中力量突破屋顶分布式光伏试点项目难点，加快整区（镇）推进进程，持续推动位于中国人民大学通州校区的地源热泵项目、大兴区安定镇的垃圾焚烧设施项目，加快可再生能源项目建设。

3. 加快京津冀能源市场体系建设

京津冀三地虽区位相近，但经济发展极不均衡，缺乏统一开放的能源市场体系。北京应发挥首都优势，牵头探索建立京津冀产权交易所、京津冀能源交易所，加快构建京津冀统一开放的能源市场体系，促进优质能源企业资金的自由流动和转移，为京津冀三地协同发展提供政策支持。具体措施包括：

提质效，引导全社会绿色低碳生活新风尚。对重点行业或重点企业实行能源、碳排放总量和强度双控目标责任制，淘汰落后产能，调整、优化产业结构；利用多媒体手段加强节能宣传，持续开展全民节能行动，实施严格、精准的节能管理措施，倡导公众绿色低碳生活。此外，严格执行煤炭消费总量削减计划，最迟至 2025 年，煤炭消费总量要保持在 135 万吨以下，实现不超过能源消费总量 1.5% 的预期目标；加快推动京津冀全域可再生能源规模化利用项目建设，尤其是重点区域、重点行业的可再生能源开发利用，至 2025 年，要超过 900 万吨标准煤的利用总量，占全部能源消费总量的比重接近 15%；保持外调绿电规模持续增长，2025 年达到 194.2 亿千瓦时，在 2022 年基础上增加 29.3%，在能源消费总量中，天然气以及外调电等优质能源占比超过 98%。

重创新，推进能源新技术与智慧城市融合发展。大力发展新"IT+绿色能源"技术，推动分布式能源、微电网、多能互补等智慧能源与智慧城市、园区协同发展，依托怀柔国家实验室以及大兴国际氢能示范区，推广应用氢能和氢燃料电池、储能等绿色低碳技术，打造京津冀先进能源产业高地。

稳供给，构建央地协同、区域联动的首都能源安全保障体系和运行机制。扩大和深化与天津和河北的能源资源开发战略合作，建设跨区域电力、燃气等能源项目，打造京津冀能源资源优化配置平台；建立健全煤炭、油气、电力供需预警机制，提高快速响应和能源供应快速恢复能力，着力构建多源多向、区域协同、可控韧性的首都能源安全保障体系。

增协同，制定京津冀能源协同发展行动计划，深化区域能源协同合作。规划制定京津冀能源协同发展总体路线图，聚焦低碳前沿技术研究，推动光伏、风电、生物质能等可再生能源替代行动，优化用能结构；以科技创新为核心，统筹京津冀地区氢能与燃料电池全产业链，推进京津冀区域内能源基础设施互联互通，建立三地氢能产业发展统筹机制。

抓改革，完善能源发展体制机制。加快可再生能源法修订步伐，并研究制定生态碳汇、碳捕集利用与封存标准，进一步完善风电、光伏、输配电、储能、氢能、先进核电和化石能源清洁高效利用标准；持续深化"放管服"，积极推进电力、油气体制改革，突破技术瓶颈，实现能源领域重大科技装备创新。

4. 深化绿色能源开发合作

深化推动京津冀绿色能源开发合作，规划一批可再生能源基地和外送通道工程，提升区域绿色发展水平。包括：

深入挖掘可再生能源资源潜力，坚持"宜建尽建、应用尽用"，聚焦城镇建筑、基础设施、产业园区等重点领域，大力推动浅层地源热泵、再生水源热泵等供热制冷技术与常规能源供热系统耦合应用。推广分布式光伏，有序推进生物质发电，探索风力发电应用新模式，加快构建新型绿色电源支撑体系。

增强绿电进京输送能力，依托国家规划，推动胜利（锡盟）—张北特高压通道建设，形成环北京特高压环网，积极推动大同—天津南、承德 500 千伏等外受电通道建设，提高张北柔性直流输电线路绿电输送水平。加快北京东—通州 500 千伏电力送出工程建设，完成 3400 万千瓦总量，13 条 28 回路的外受电通道建设；推动梨园 220 千伏输变电工程、15.4 公里的老城电力架空线入地改造、"三城一区"能源配套设施建设以及怀柔科学城 500 千伏等输变电工程；落实《北京城市副中心建设国家绿色发展示范区实施方案》，投运昌平高教园区的国际能源电力科技创新中心地源热泵项目，对唐山 LNG 天然气应急调峰保障工程进行验收并投运，保障 1.92 亿立方米总量的应急储气能力。

推动绿电市场化应用，抓住电力市场改革的契机，推动更多绿电资源进行市场化交易。同时，推动绿电在蓄热采暖、错峰充电、数据中心等领域规模化应用，加快城市副中心行政办公区绿电替代，鼓励企业、个人参与绿电认购。

加强京津冀与可再生能源资源丰富的省份的合作，形成京蒙、京晋以及京吉等协同开发联盟，构建跨省（区）可再生能源电力交易机制，打造北方百万千瓦风电基地，预计建设 7 个大型绿电基地、2 个绿电外送通道，大幅提升京津冀地区外调绿电规模。

（二）天津协同：疏解非首都功能，建设清洁能源供给集散枢纽

1. 优化能源产业结构

将部分优质能源项目或能源资源向河北有序转移，依托基础设施优势和港口优势，形成京津冀跨区域产业链，同时，积极引导并承接部分源自北京的高新技术产业，建立京津冀产业协同联合小组，推动产业联动发展，优化能源产业结构。以国家"十四五"规划为任务目标，2025 年年底，天津全社会用电量要达到

1100 亿千瓦时，煤炭的消费总量进一步降低，降至能源消费总量的 28%，而天然气的比重则要提高至 21%，对于新增用能缺口，主要由清洁能源满足，尤其是非化石能源比重要在 2020 年基础上至少提高 4 个百分点，外受电比重提升至 1/3；持续降低万元GDP 能耗，至少比 2020 年下降 14.5%，尤其是大幅降低煤电机组单位供电煤耗。

2. 建设清洁能源供给集散枢纽

由天津牵头，联合京、冀两地政府部门，制定京津冀清洁能源供给集散枢纽建设规划，并出台相应法规制度，明确天津作为京津冀清洁能源供给集散枢纽的发展定位，加强京津冀三地的能源协同创新，以天津港保税区等区域为核心打造重点承接载体，建设国家级氢能示范产业园，形成氢能应用示范中心，大力推广氢燃料电池，完成 900 辆以上的物流车、叉车及公交车等氢燃料电池车辆安装改造。深度融合技术、产业、应用，构建氢能产业生态圈，至 2025 年，基本形成 1300 万千瓦以上的清洁能源装机，并以 1250 万千瓦以内为标准严格控制全市煤电装机容量。

3. 大力发展清洁能源，推动非化石能源规模化发展

坚持集中式和分布式并重，加快绿色能源发展。大力开发太阳能，推进光伏建筑一体化应用，促进光伏发电与城市建筑、基础设施等要素融合发展；盘活低效闲置土地资源，支持利用坑塘水面、农业设施、盐场等发展复合型光伏，推动滨海新区"盐光互补"等百万千瓦级基地建设。有效利用风资源，优化海陆风电布局，加快发展陆上风电，协调突破政策瓶颈，稳妥推进远海、防波堤等海上风电。有序开发中深层水热型地热能，坚持"以灌定采、采灌平衡"，统筹做好资源保护，加快浅层地热能推广应用。因地制宜开发生物质能，支持生物质成型燃料、生物天然气、生物液体燃料等多种形式的生物质能利用，至 2025 年年底，

全市非化石能源装机容量须超过 800 万千瓦，而总装机比重进一步提升至 30%。

加强清洁能源、微纳能源以及动力电池和氢燃料电池等清洁能源领域基础理论研究，集中力量突破能源领域新催化剂关键技术，着力打造滨海新区临港、空港两大氢能应用先行区，形成京津冀清洁能源集成创新基地。

4. 推进新能源汽车的智能化发展

围绕汽车强市建设，加快推进信息技术在新能源汽车领域的应用，实现汽车产业电动化与智能化的融合发展，加速突破新型动力电池与管理系统、驱动电机与电力电子、网联化与智能化等关键核心技术，大力发展氢燃料电池汽车，探索无人驾驶社会治理与安全规范，推动汽车产业向电动化、智能化、网联化方向发展。加大新能源汽车购车补贴力度，到 2025 年年底，新能源汽车新车销售量应提升至汽车新车销售总量的 25%，全市绿色出行比例进一步提升至 75%，新能源汽车充电桩 100%覆盖全市高速公路服务区，全市新增或已建公共充电桩总量达到 40 000 台；政府给予财政补贴鼓励居民和企业在单位或小区内自建充电桩。

5. 加快高性能燃料电池研发

研究高性能高安全动力电池及控制系统、新体系动力电池关键材料、绿色高效回收及梯次利用技术，燃料电池及其关键核心零部件技术，高效驱动电机、自动变速箱、燃料电池发动机等驱动系统技术，研发整车轻量化、控制、集成、测试评估与试验验证等技术及装备。到 2025 年，天津氢能及氢燃料电池等新兴领域工业总产值达 100 亿元，形成 2 个具有较强行业影响力的新能源产业园区，形成 2 家到 3 家具有国际先进水平的新能源龙头企业，打造成我国重要高性能燃料电池产业基地。

6. 强化能源协同应急安全管控

加强能源协同应急安全风险管控，进一步规范风险辨识、评估、预警、管控等环节，组织开展隐患排查，推进应急体系建设，持续完善安全生产突发事件响应机制。强化电力系统网络安全，加强电力行业关键信息基础设施安全保护，深化网络漏洞安全管理，推进攻防关键技术研究，增强态势感知、预警及协同处理能力。

建设京津冀能源互联网云平台，对京津冀大电网、局域网以及微电网进行联通，形成无障碍智慧电网联通系统，实现区域能源系统科学管控、协同管控；供电清洁、精准、安全，多级分布式能源友好消纳。

由国家和京津冀三地协商共同出资设立"京津冀能源发展基金"，提供低息融资支持京津冀构建清洁低碳安全高效的新型能源体系。"京津冀能源发展基金"出资来源多元化，一部分依据当前阶段零售电力价格合理比率直接提取，另一部分则以公用事业企业以及社会组织的专门捐款为主。

（三）河北协同：承接京津产业转移，建设绿色低碳能源服务基地

作为京津水源涵养功能区和京津西北部生态支撑区，河北推动清洁能源产业实现"风光储氢一体化发展"，具有资源优势和产业基础。河北境内风、光、水资源优势明显，属于资源富集地区。河北应充分利用毗邻京津的区位优势，积极抢抓京津冀协同发展的伟大历史机遇，依托自身雄厚的产业基础，在产业、资金、科技、市场等方面与京津深入对接合作、深度融合，高效承接北京非首都功能疏解和京津跨区域的产业转移，到2025年，全市承接自北京非首都功能疏解以及京津产业转移的项目实现量和质的飞跃，项目总量和总投资额累计达到1000项、8000亿元，

主导产业增加值比重增加至地区生产总值的56%；另一方面，以"7+18+N"现代产业体系建设为重点，聚焦合成生物、第三代半导体和氢能，优化高潜力未来产业布局。

全力推进煤炭消费总量削减，严格执行钢铁、水泥、平板玻璃、焦化等行业产能置换规定，严禁新增产能。合理控制煤电、煤化工、煤制油气等行业产能。推动工业、采暖等领域电能和天然气替代，置换锅炉和工业窑炉燃煤。逐步减少全省独立烧结、热轧企业数量，对1000立方米以下高炉进行全面淘汰，清理步进式烧结机和球团竖炉，推动高炉-转炉长流程炼钢转型为电炉短流程炼钢，全省电炉钢比例在2025年达到5%~10%。此外，对未达到超低排放标准的钢铁企业进行引导，并强制实施改造升级，全部钢铁企业应达到环保绩效A级水平，达到能效标杆水平产能的钢铁企业总数达到30%，但其煤炭消费总量需在2020年基础上下降10%左右。

以"京津冀能源发展基金"依托，协同打造绿色低碳能源服务基地。协同加快冀北清洁能源基地建设，推进张承百万千瓦风电基地、张家口可再生能源示范区建设，提高区域内清洁和可再生能源供应规模，提高区域非化石能源占比；共同探索可再生能源制氢（氨）、氢燃料电池生产推广等，推动构建电氢（氨）能源体系，拓宽可再生能源的品种和规模；优先支持区域内可再生能源上网、消纳。共同探索可再生能源制氢、制冷、供热以及可再生能源+储能等多方式灵活消纳新模式。至2025年，河北光伏发电装机总量突破6000万千瓦，新型储能装机容量跃升至400万千瓦以上，风电装机总量超过4600万千瓦，主要可再生资源循环利用量较2020年大幅提升至10%。

举办京津冀绿色发展系列对接活动。深入推动承德、唐山、邯郸等国家工业资源综合利用基地高质量发展，加快推进京津冀地区工业资源综合利用产业协同转型升级。在河北新河组织开展"魅力新河-绿色赋能"京津冀新能源汽车废旧动力蓄电池产业对接活动，打造动力电池回收、性能检测评价、梯次利用、有价组份再生利用共享的全产业链。在河北涉县组织开展"红色涉县-绿色发展"京津冀工业固废产业对接活动，持续壮大京津冀跨区域协同产业规模。降低全省单位地区生产总值能耗，严格控制二氧化碳排放，至 2025 年，主要能源的产出率要比 2020 年提高 20% 左右，单位 GDP 能源消耗以及用水量分别比 2020 年降低 15%、18% 左右，对非化石能源的消费需求进一步提升，比重达到 13%。

强化财政支持。充分发挥省级工业转型升级（技改）资金作用，集中力量支持重点行业节能低碳、节水、资源综合利用技术装备示范项目和节能环保产业发展。协助有关部门推进落实国家支持节能专用装备、技术改造、资源综合利用等税收优惠政策。协助金融机构针对重大节能环保项目实施融资服务。优化完善首台（套）重大技术装备、重点新材料首批次应用保险补偿机制，支持符合条件的绿色低碳技术装备、绿色材料应用。

实施"千企绿色改造"计划，改造重点绿色化建设项目 1000 项以上，提升能源企业关键业务环节数字化水平，全面数字化比例应超过 50%，重点创建钢铁、水泥（熟料）行业能源创新管理平台，平台创建率达到 100%。

发挥服务机构支撑保障作用。支持省工业和信息化发展研究院以及第三方绿色评价机构、相关协会、科研机构等，组织专家进行低碳评估和调查调研，加强工业绿色低碳课题研究，分类指导企业制定实施节能低碳技术措施、开发区编制实施用能规划或节能方案；分行业、分片区对上规入统的重点用能企业组织开展节能、节水、固废利用、绿色低碳等资源能源利用培训，发挥支撑作用，提升服务能力。

在工业七大主导产业中，每个行业认定 1 家到 3 家省级企业设立节能低碳技术互联网平台，到 2025 年，初步建成"1+21"工业互联网平台，引导 10 万家企业上云，分享节能低碳信息与技术。

第三节　多元社会主体协同：多维联动，同向发力

在能源效率驱动下，京津冀协同发展离不开政府、企业、公众的多方联动，构建"政府引导、企业为主、公众参与、多方联动"的协同机制是京津冀协同发展的重要力量。

政府是"全面提升能源效率，贯彻科学发展观"这一政策的制定者和引导者。在能源效率提升行动中，政府应基于引导者或监督员角色，以平等之姿介入，与企业、公众形成协同共治新格局。在面对企业主体时，引导企业订立合作契约，提供公共物品和服务，并制定法律规范、约束企业行为，在此过程中，政府应破除行政垄断，通过规制明晰双方权利义务，并基于合作伙伴关系，与企业一起恪守契约精神。

在面对公众主体时，政府应扮演好公共利益代表者角色，切实转变管理理念，创新管理方式、方法，以合作者身份现身规制环节，通过反复沟通、反馈、协商和研究论证，形成能源规划草案、能源管理政策措施等行政决策，与公众展开合作，实现环保能源"利益共享"。

企业是能源效率提升行动的主体，是能源消耗及环境问题的主要制造者。在面对政府主体时，企业通常以经济利益最大化为判定准则确定是否参与到政府倡导的合作规制中，与政府签订契约，接受政府监管，履行义务并获得相应收益。在面对公众主体

时，企业应开诚布公，依法主动公开环境数据，保障公众知情权，以公众利益为重，增加与公众的情感交流，树立良好的企业形象。

公众是能源产业终端产品的消费者，也是能源效率提升行动的重要参与者和受益者，享有知情权、参与权与监督权，通过对环境的关注或能源消费结构的改变影响政府、企业对能源产业的投资以及生产、经营活动。

政府、企业和公众构成了能源效率提升行动的三大利益主体，但在中国能源经济领域诸多事务中，公众往往成为失语者，合理的利益诉求得不到回应，常常处于被引导、被建构地位，公众在能源生态化进程中的角色需要正确定位与充分尊重。

能源效率驱动京津冀协同发展需要政府、企业、公众的多方联动。政府履行能源效率提升的行政职责，通过能源政策制定，提升公共服务供给质量，引导并监督企业和公众参与能源效率提升行动；企业积极响应政府倡导，关注公众利益，加速落后产能淘汰，实现"节能减排、增产增效"的双赢目标；公众踊跃参与政府或企业能源产业发展规划等重大能源问题的讨论，在环境决策过程中，监督政府和企业改善环境的决策和行为，支持能源效率提升行动，践行绿色生活方式。因此，政府、企业、公众的"多维联动，同向发力"是实现京津冀协同发展战略目标的重要途径和必然选择。

一、政府协同：规划调控与立法监督

1. 构建京津冀协同发展的组织架构

建设政府为主导、企业为主体、公众积极参与的京津冀协同发展体系，确保多元主体间个体利益与协同利益的平衡，强化不同层级、不同领域、不同部门间的协调与互通，坚持经济利益、社会利益与环境利益相统一。以此为出发点，构建由多元利益主体共同组成的京津冀协同发展组织架构，明晰京津冀协同发展的战略目标及定位，制定与京津冀协同发展相适应的能源产业协同计划，并赋予组织架构中协同管理机构相对独立的决策权和强制执行权，在组织架构中单独设置能源项目指导委员会、能源产业发展服务中心等若干能源专业委员会，协调多元主体的利益冲突，推进重大能源产业项目的顺利实施。

2. 优化能源要素的跨区域布局

以能源效率驱动京津冀协同发展的关键在于优化能源要素的跨区域布局，突破行政区划壁垒，并依照产业关联度原则，结合比较优势最大化标准，实现能源要素在上、下游环节的最优化配置。因此，政府应加强对京津冀能源要素跨区域布局的统筹规划和战略指导，设立京津冀能源要素跨区域一体化布局促进基金，健全京津冀能源要素合作机制，鼓励各地政府加速推进能源要素跨区域布局的优化，保障能源要素的跨区域自由流动，实现"无疆域化""大一统"的京津冀能源要素协同格局，为京津冀协同发展提供安全、稳定的能源供给。

3. 加强能源资源的统一规划和调控

政府应加强京津冀能源改革顶层设计，大力整合三地能源产业链信息，对该地区重点能源资源进行统一规划和调控，全面贯彻落实能源安全战略。同时，以水电、太阳能、核电为重点统筹推进新能源基地建设，以市场为导向，超前谋划高质量能源项目，合理把握建设时序和节奏，强化新能源项目统一规划与调控的协调配合。此外，政府还应重点关注实力雄厚的能源企业，监督其利用能源技术和规模经济优势实现节能降耗目标，并定期举办能源效率提升推介会，展示重点能源企业的先进模范事例，发挥典型能源企业的示范作用，带动其他企业走节能降耗发展之路。

4. 构建合理的激励机制

在京津冀协同发展过程中，各级政府对能源效率驱动的利益意识与诉求各不相同，是相对独立的行为主体，其中，财政创收与官员晋升是地方政府是否采取协同策略的主要判定依据，这使得各级政府以竞争方式保持核心竞争力，必然导致京津冀协同发展过程中，市场分割严重、多元主体各自为政以及能源项目重复建设问题凸显，区域发展失衡，协同滞后。因此，以能源效率驱动京津冀协同发展，需要地方政府摒弃唯 GDP 的政绩考核模式，构建能源效率提升行动的多重利益补偿、让渡激励机制，以各级政府协同利益最大化为重点考核内容，撬动京津冀协同发展激励机制的内生动力。

5. 健全部门协调衔接机制

京津冀协同发展必然涉及多部门的协调衔接，在资源要素流动、产业联系、公共服务对接方面，政府应统筹能源、经济、公共服务等部门力量，克服能源项目建设面临的困难，推动能源项目顺利实施。同时，联合高校、科研机构和企业等技术创新主体，努力攻克能源重大科技难题，促进信息技术等高新技术在能源效率提升行动中的应用。此外，在能源的运行过程中，政府应采取联调联供方式对能源运行进行综合协调，以信息化、精细化、智能化为统筹目标健全部门协调衔接机制。

6. 完善技术创新导向机制

能源效率驱动京津冀协同发展的深度和广度依赖于技术创新支持力度。政府应完善技术创新导向机制，提升能源领域关键核心技术创新能力。同时，出台能源产业数字化、智能化发展指导意见，加快现代信息技术与能源产业融合，加快建设工业互联网+数字能源支撑平台，全面接入能源行业生产和消费数据，实现京津冀能源数据的融合贯通、有序共享开放。此外，政府应以绿色低碳发展为导向，借助集中管理智能化模式，推动能源产业的转型升级，构建以太阳能、风能和地热等清洁低碳能源为主体的现代能源系统，为京津冀协同发展提供坚实的能源保障。

7. 构建适应新能源特点的电力市场交易机制

作为清洁能源的重要组成部分，电力在京津冀协同发展中扮演着不可或缺的重要角色，是京津冀协同发展的大动脉。在"双碳"战略目标下，构建与新能源特性相适应的电力市场交易机制成为能源变革的重大方向。首先，政府应大力建设京津冀统一的电力市场，探索电力市场主体与现代信息技术融合拓展，提高京津冀电气化水平。其次，政府应有序推动风电、核电等多种新能源参与电力市场交易，纳入网损电量分摊机制，降低新能源投资风险，鼓励社会资本进入新能源领域，探索绿色证书交易机制、清洁能源配额制度，改革创新资源税、环境税征管举措。

8. 完善能源立法

京津冀协同发展的持续推进，必然导致能源消费的快速增长。而能源问题的重要性与复杂性迫切需要完善能源立法以调整能源领域中的各种社会关系。能源法应覆盖能源勘探、开采、消费、监管等各个环节，赋予能源发展规划的法律地位，突出解决能源管理体制改革、能源与环境的协调、能源效率提升与多元主体利益的协调等综合性问题。

作为我国能源领域的指导性法律，《中华人民共和国能源法》必须取得社会各界共识，并具体化为可操作的法律规范，确立"预防为主、生态优先"的立法理念与基本原则，明确多元主体参与的具体方式及程序，保障各主体参与能源立法的有效性。

二、企业协同：积极响应，持续提高能源效率

1. 树立节能意识，营造降耗氛围

增强员工的节能意识，是企业提高能源效率的有效途径。对此，企业应积极响应政府号召，在企业内部定期开展节能降耗讲座、培训等宣传活动。组织员工参加节能降耗知识培训，举办节能减排知识竞赛，提升全体员工的节能意识。车间和各部门应建立健全节能降耗规章制度，落实岗位责任，细化管理措施，树立节约意识，践行节约行动。企业党群组织应发挥各自优势，号召党员、会员和职工联系实际践行社会主义核心价值观，充分认识节能降耗的重要性、紧迫性，用心普及节能降耗的知识和方法，党员、干部要带头节能降耗，做节能降耗的表率。企业科学技术协会应在活动中广泛动员全体职工家属参与节能降耗，发挥职工家属"半边天"节能降耗的潜能，在企业里大力倡导文明、节约、绿色、低碳的生活习惯、生产方式和消费模式，适时宣传先进典型，利用多种形式营造节能降耗的良好氛围，实现企业产值稳定、节能增效。

组建节能减排指导委员会，设立节能减排综合办公室。由负责生产管理的骨干人员牵头，落实节能减排各项具体工作。在企业范围内，制定完备的节能降耗绩效考核指标体系，量化考核标准，逐层分解能源消耗指标并纳入考核体系，用"碳信用"和"碳足迹"鼓励内部员工低碳出行，用浮动奖惩措施鼓励企业建立"绿色文化"，将节能减排融入企业运营的各个部门和项目管理的各个环节，利用经济杠杆作用落实节能减排目标。此外，加紧研习国家能源政策，梳理相关法律、法规和标准，制定企业节能减排目标、企业日常节能降耗督导检查制度以及公开通报制度，定期对员工进行宣传和培训，对节能减排工作进行考核和

评估。

2. 强化能源管理

企业管理人员应定期深入用能部门，对用能工序以及重点机台进行综合测评，与一线工人一起共同查找能源浪费环节，协同车间重点攻关致耗因素，采用传帮带方式提升基层操作工技能水平，定期检修用能设备使其保持最佳经济运行状态，深挖节能潜力，杜绝能源浪费。

完善企业能源管理规章制度，对能源品种、质量进行分类，科学合理地使用能源，对能源需求进行量化，使之与最合适的能源供给相匹配，减少企业能源的超量储备，降低能源库存损耗。

强化企业能源计量管理，落实能源计量器具日常监督检查工作，保证全部计量仪器的正常运转，并要求专业计量人员每周对企业能源计量进行核定，实行严格审查，提高能源消耗计量的精确度，督促和指导企业提升能源治理水平。

3. 实施节能减排技术改造

企业应全面推行节能减排技术改造，进一步优化产品生产工艺，大力引进新技术、新设备，加速淘汰落后产能，"智能化"改造企业生产流程，统筹推进企业与信息化融合发展，促进企业生产网络化、智能化。

企业可加大节能减排技术改造科研投入，每年拿出一部分资金设立技术改造专项基金，主要用来支持企业进行节能减排的技术创新工作，对已完成的技术改造行为进行奖励，激发员工科技创新的积极性，同时，企业也可以向上级主管部门申请专项补助资金，用于生产设备的智能化改造和更新。此外，企业还可增设知识产权专项资金并将其纳入财政预算，加大知识产权投入，调动员工申请专利的积极性；或设立科技创新、应用技术研究与开发专项资金，支持员工进行科技研发，发挥财政资金对创新驱动的扶持作用。

4. 积极响应政府号召，实施能源绿色低碳转型发展战略

将"绿色低碳"纳入企业发展战略，明确"清洁替代、战略接替、绿色转型"三步走总体部署，并制定时间表、路线图、施工图，利用数字化技术在绿色低碳领域形成新的经济增长点和绿色发展新动力。

围绕"双碳"发展目标，聚焦科技创新，将数字经济与传统制造业融合，将"制造业"转化为"智能制造业"，通过工业互联网、人工智能、大数据等新一代信息技术赋能绿色制造与管理，推动互联网与企业融合发展，最终提升企业绿色低碳生产水平。

三、公众协同：热情参与，加强舆论监督

1. 身体力行，热情参与节能减排行动

节能减排是一项需要全社会积极参与的系统工程，体现在日常生活的诸多环节。公众则是节能减排行动的重要实践者，其参与程度直接影响全社会节能减排行动的有效性。

提升环保意识是公众积极参与节能减排行动的基础，需要全社会广泛参与。尤其是家庭、社区和学校，应成为节能减排宣传教育的主阵地，培育公众的节约意识和环保意识，使京津冀协同、可持续发展理念深入人心。

行为参与则是将环保意识转化为节能减排实践的重要一环。节能减排是应对京津冀协同发展资源环境问题的必然选择，作为社会的一员，公众理应承担相应的社会责任，积极参与各项节能减排行动，把资源节约、保护环境的绿色生活方式演变成个人的自觉行为。以切身行为践行能源效率驱动京津冀协同发展理念。

决策参与是公众彰显权益的体现，也是节能减排的现实需

要。在京津冀协同发展实践中，节能减排具有专业性和复杂性特征，多元主体利益诉求多元化，导致节能减排的实质依然是价值选择与利益平衡问题，是选择经济发展还是环境保护？决策者不可排斥公众意见而作出选择。因此，在节能减排行动中，公众应积极参与决策过程，以进一步提升决策品质，体现决策的民主性和被认可度。

2. 加强舆论监督，完善防范体系

公众参与是京津冀节能减排目标得以实现的重要保障，公众通过行为参与，积极践行节能减排行动，推动京津冀协同发展。然而，节能减排具有明显的外部性特征，对公众而言，"搭便车者"诱因与"搭便车者"困局始终存在，部分政府或企业唯GDP增长观念尚未扭转，经常以能源消耗和环境破坏为代价盲目追求经济发展，或漠视公众利益消极应对能源效率提升计划。因此，节能减排行动需要社会成员的广泛监督，除专门机构的监督外，更需要公众对节能减排执行过程的舆论监督。

以国家法律条文为依据，公众对京津冀协同发展过程中的节能减排执行过程进行监督，尤其是重点关注环保部门以及司法部门工作，及时发现执法问题、错误或相关部门工作人员工作懈怠及滥用职权行为，及时向上级反馈，或直接要求相关者承担责任，按照把握重点、次第推进、客观公允的原则，联合新闻舆论力量对重大节能减排危机事件进行监督，使政府能源决策事务中的漏洞和偏差得以及时补救和处置，从而完善京津冀协同发展危机防范体系。

本章小结

在能源效率驱动京津冀协同发展过程中，北京、天津、河北构成了基于行政边界划分的多元区域利益主体，而政府、企业和公众则构成了基于社会系统划分的多元社会利益主体，各类利益主体在京津冀协同发展系统中相互作用，以竞争或合作形式产生协同效应，最终形成合力推进京津冀协同发展进程。

本章根据前文研究结论，提出一系列有针对性的对策建议，具体包括：

（1）提升多元主体认知，激发主体协同意愿。

（2）多元区域主体协同：利益共享，责任共担。具体内容：①北京协同：发挥模范带头作用，促进资源合理转移；②天津协同：疏解非首都功能，建设清洁能源供给集散枢纽；③河北协同：承接京津产业转移，建设绿色低碳能源服务基地。

（3）多元社会主体协同：多维联动，同向发力。具体内容：①政府协同：规划调控与立法监督；②企业协同：积极响应，持续提高能源效率；③公众协同：热情参与，加强舆论监督。

就实践价值的角度而言，本章的研究结论，将有助于协调政府、企业、公众的利益诉求，推动实现京津冀协同发展系统的整体利益最大化，为我国区域经济、社会的协调发展提供政策参考与行动指南。

第八章
研究结论与展望

第一节　研究结论

　　本书以能源经济学理论、协同理论、利益相关者理论以及博弈理论为指导，奠定本书的理论基础，并借助可持续发展理论、信息经济学、现代管理学以及数理统计学的最新研究成果，以京津冀一体化发展现实情境为依据，基于多元利益博弈视角，对能源效率驱动下京津冀协同发展进行量化和实证研究，探索如何借助能源效率手段驱动京津冀协同发展，为京津冀协同发展路径选择提供政策参考。本书突破传统区域协同发展研究忽视多元主体利益博弈的局限，创新研究视角，对多元主体利益博弈下的京津冀协同发展进行研究，充实和完善了京津冀协同发展研究的方法和内容。主要研究结论如下：

　　（1）2011 年至 2021 年，京津冀地区绿色全要素能源效率相对较低，其中，北京及天津只有部分年度（2013 年、2014 年、2017 年）绿色全要素能源效率达到生产前沿面，而河北整体绿色全要素能源效率测度值更是低于京、津地区，其 2011 年至 2021 年绿色全要素能源效率未达到生产前沿面。在区域协同发展方面，京津冀 2011 年至 2021 年总体协同度处于一般协同水平，但一直呈现上升趋势。

　　（2）多元利益主体对能源效率驱动下京津冀协同发展存在认

知局限，认知水平的综合评价仅仅停留在了解水平。且多元区域利益主体"京、津、冀"对能源效率驱动京津冀协同发展的认知存在显著差异，北京、天津、河北的认知度依次降低；而多元社会利益主体"政府、企业、公众"对京津冀协同发展的认知亦显著不同，其中，政府认知度最高，企业次之、公众暂居第三；同时，不同行政级别政府部门，不同性质企业和不同性别、年龄、学历公众对京津冀协同发展的认知亦存在差异。

（3）对多元区域利益主体"京、津、冀"而言，在能源效率驱动下，若无中央政府调控约束条件，由于"政治位势"差异的普遍存在，"协同小组"等合作机构的权威性会受到质疑与挑战，《京津冀协同发展规划纲要》等纲领性文件或规章制度的约束效力也会受到限制，京津冀三方的能源协同收益不稳定，导致京津冀协同发展系统最终朝"三方都协同"或"三方都不协同"的方向演进。若有中央政府调控约束条件，则京津冀三方均受到能源合作收益、合作成本以及中央政府宏观调控等多重影响，容易达成协同发展联盟，致使京津冀协同发展系统朝"三方都协同"方向演进的概率大增。

对多元社会利益主体"政府、企业、公众"而言，在京津冀协同发展系统中，政府主体通过能源规划调控与立法监督，引导企业主体与公众主体参与京津冀协同发展，形成以政府为主导、企业为主体、公众积极参与的协同机制。在此过程中，企业主体（规范生产）和公众主体（合作监督）的策略选择取决于政府主体（调控监督）的策略行动。

（4）在14项京津冀协同发展障碍因子内，制度方面的"能源体系顶层设计缺乏、能源合作利益共享机制缺失"、市场方面的"能源区域封锁"、组织方面的"能源发展行政壁垒"和观念方面的"能源协同认知局限"等5项障碍因子是京津冀协同发展的关键障碍因子；能源效率驱动下京津冀协同发展关键障碍因子的障碍度存在多元区域主体差异：与京、津相比，河北协同发展各项关键障碍因子的障碍度更高；以及多元社会主体差异：企业对障碍因子的感知最为强烈，政府、公众紧随其后，但政府、企业、公众对"能源协同认知局限、能源区域封锁、能源发展行政壁垒"3项障碍因子障碍度的排序存在显著差异。

（5）能源效率驱动下京津冀协同发展策略包括：①提升多元主体认知，激发主体协同意愿；②多元区域利益主体协同：利益共享，责任共担。具体内容：一是北京协同：发挥模范带头作用，促进资源合理转移；二是天津协同：疏解非首都功能，建设清洁能源供给集散枢纽；三是河北协同：承接京津产业转移，建设绿色低碳能源服务基地。③多元社会利益主体协同：多维联动，同向发力。具体内容：一是政府协同：规划调控与立法监督；二是企业协同：积极响应，持续提高能源效率；三是公众协同：热情参与，加强舆论监督。

第二节　研究局限与未来研究展望

在能源效率驱动下，京津冀协同发展是复杂的系统工程，其本质是系统中宏观、中观、微观等多个层面和维度实现自组织化和协同化的过程，遵循系统演化机制和规律。系统中的多元利益主体相互影响，在竞争与合作中产生协同效应，推动京津冀协同发展系统向有序演进，实现整体功能大于各要素或各子系统功能之和。

基于多元利益博弈视角可以为能源效率驱动下京津冀协同发展研究提供一种全新的思路和方法，进一步深化对区域协调发展系统性、重要性、科学性和复杂性的认识。本书正是基于深切关注区域协调发展问题，契合多元利益博弈理论研究能源效率驱动下京津冀协同发展问题，取得了一定兼具理论价值和实践价值的结论。

但鉴于能源效率驱动下京津冀协同发展涉及利益主体多元，各主体在竞争与合作中产生交互，交织成复杂的利益网络关系，且各主体利益的博弈与均衡具有复杂性和多样性特征，必然导致京津冀协同发展问题的研究出现新的特性，对此需要进一步探讨。然而，由于笔者学识和能力的不足，以及研究资料的匮乏和工作时间的限制，本书不可避免地存在诸多疏漏与不足，要尽量完善能源效率驱动下京津冀协同发展策略，仍有许多问题有待进一步深入研究：

（1）绿色全要素能源效率测度涉及指标众多，本书选取的投入指标（变量）以及期望产出、非期望产出指标还不够完备，更多反映绿色要素的指标尚未纳入，各变量权重的确立以及数据的测量值也存在一定误差，导致研究结论精度存疑。另外，本书虽然剖析了京津冀绿色全要素能源效率的区域差异，以及同一区域绿色全要素能源效率的时间差异，但对造成此种现象的深层次原因并未阐明，故在今后进一步的研究中，笔者将会纳入更多的绿色要素指标，提高统计数据精度，着重探讨造成绿色全要素能源效率区域差异、时间差异的根本原因。

（2）本书采用多层次灰色评价模型测度多元利益主体对京津冀协同发展的认知水平。所建立的京津冀协同发展的认知度的评价灰类和白化权函数相对简单，而在对认知度的群体差异特征进行分析时，还可以进一步细化被调查者背景特征的差异，如本书对不同规模企业、不同年收入公众对京津冀协同发展认知度的差异并未说明，认知度与京津冀协同度在时间序列上的关联性需要进一步厘清。在后续的研究中，笔者将会尝试对评价灰类和白化权函数进行改进，将更多的被调查者背景特征纳入分析内容，揭示认知度与京津冀协同度在时间序列上的关联性。

（3）本书基于多元利益博弈视角，探讨能源效率驱动下京津冀协同发展，但对于多元主体利益关系的分析略为单一，在利益博弈与均衡的分析过程中，对于支付矩阵的构建、多元主体的双向互动关系探析，以及理论支撑力度还有待加强。模型推导、证明以及定性分析、量化分析不足，在未来的研究中，笔者将会及时引入博弈理论的最新观点，并对支付矩阵进行改进，建立更为科学的博弈模型，辅以实际数据为支撑，借助定量化分析手段对能源效率驱动下京津冀协同发展进行研究。

参考文献

一、中文期刊

[1] 江曼琦:《京津冀协同发展战略下的京津雄功能重构与产业协同发展》，载《上海交通大学学报（哲学社会科学版）》2022年第2期。

[2] 郑志丹:《京津冀协同发展背景下金融聚集的溢出效应——基于长三角、珠三角空间面板的对比分析》，载《经济管理》2016年第3期。

[3] 王彩明、李健:《一次能源消费结构调整对京津冀碳强度目标的贡献力分析》，载《科技管理研究》2017年第7期。

[4] 申伟宁等:《京津冀生态环境治理的制约因素与协同机制研究》，载《华北理工大学学报（社会科学版）》2020年第3期。

[5] 孟璐莎等:《西部大开发二十年贵州省能源效率评价及影响路径研究》，载《煤炭经济研究》2022年第5期。

[6] 邹克:《我国钢铁行业上市公司能源效率的测度研究》，湖南大学2012年硕士学位论文。

[7] 鞠伟:《企业研发投入能够提升能源利用效率吗——来自中国上市公司能源消耗强度的微观经验证据》，载《会计之友》2021年第17期。

[8] 史丹:《中国能源效率的地区差异与节能潜力分析》，载《中国工业经济》2006年第10期。

[9] 张文彬、郝佳馨:《生态足迹视角下中国能源效率的空间差异性和收敛性研究》，载《中国地质大学学报（社会科学版）》2020年第5期。

[10] 王萌等:《基于虚拟能源强度法的地区能源效率分析》，载《中外能源》2012年第10期。

[11] 郭一鸣、蔺雪芹、王岱:《中国城市能源效率空间演化特征及影响因

素——基于两阶段 Super SBM 的分析》，载《地域研究与开发》2020
年第 2 期。

[12] 张艳玲：《我国区域能源效率测度及投入冗余比较》，载《煤炭经济研
究》2020 年第 5 期。

[13] 张媛、许罗丹：《基于 SFA 的微观企业能源效率及影响因素实证研
究》，载《社会科学家》2018 年第 5 期。

[14] 李静、汪克亮：《多重目标约束下我国能源效率变动分解、区域差异与
影响因素研究》，载《华东经济管理》2013 年第 10 期。

[15] 汪克亮、杨宝臣、杨力：《基于 DEA 和方向性距离函数的中国省际能
源效率测度》，载《管理学报》2011 年第 3 期。

[16] 廖进球、徐加涛：《企业创新与能源强度》，载《当代财经》2019 年第
1 期。

[17] 齐绍洲、罗威：《中国地区经济增长与能源消费强度差异分析》，载
《经济研究》2007 年第 7 期。

[18] 姚震、罗世兴：《基于 LMDI 法的中国有色金属行业能源消费驱动因素
分析》，载《济南大学学报（自然科学版）》2018 年第 6 期。

[19] 马晓微等：《中国产业结构变化对能源强度的影响》，载《资源科学》
2017 年第 12 期。

[20] 张瑞、丁日佳：《能源价格、经济增长与我国能源强度的变动——基于
LMDI 分解与计量模型的实证研究》，载《软科学》2018 年第 3 期。

[21] 王韶华、张伟：《中国能源强度的空间特征及供给侧影响因素分析》，
载《技术经济与管理研究》2022 年第 3 期。

[22] 陈迅等：《中国地区能源强度与经济的同步收敛性研究》，载《管理工
程学报》2016 年第 3 期。

[23] 李双杰、李春琦：《全要素能源效率测度方法的修正设计与应用》，载
《数量经济技术经济研究》2018 年第 9 期。

[24] 师博、沈坤荣：《市场分割下的中国全要素能源效率：基于超效率 DEA
方法的经验分析》，载《世界经济》2008 年第 9 期。

[25] 马海良、黄德春、姚惠泽：《中国三大经济区域全要素能源效率研
究——基于超效率 DEA 模型和 Malmquist 指数》，载《中国人口·资

源与环境》2011年第11期。

［26］李国璋、霍宗杰：《我国全要素能源效率及其收敛性》，载《中国人口·资源与环境》2010年第1期。

［27］王维国、范丹：《中国区域全要素能源效率收敛性及影响因素分析——基于Malmquist-Luenberger指数法》，载《资源科学》2012年第10期。

［28］陈关聚：《中国制造业全要素能源效率及影响因素研究——基于面板数据的随机前沿分析》，载《中国软科学》2014年第1期。

［29］杨慧慧：《环境管制方式对能源效率影响的差异性——基于内生视角下的PVAR方法的分析》，载《商业研究》2019年第7期。

［30］王腾：《中国能源生态效率评价及其影响因素研究》，中国地质大学2017年博士学位论文。

［31］马晓明等：《中国区域工业环境效率及其影响因素：基于Super-SBM的实证分析》，载《生态经济》2018年第11期。

［32］王强等：《能源效率对产业结构及能源消费结构演变的响应》，载《地理学报》2011年第6期。

［33］李春霄、王晓娟、何珊：《产业结构合理化对全要素能源效率的影响研究——一个非径向DEA模型分析框架》，载《工业技术经济》2017年第5期。

［34］魏楚、沈满洪：《结构调整能否改善能源效率：基于中国省级数据的研究》，载《世界经济》2008年第11期。

［35］臧传琴、刘岩：《山东省全要素能源效率及其影响因素分析》，载《中国人口·资源与环境》2012年第8期。

［36］于斌斌：《产业结构调整如何提高地区能源效率？——基于幅度与质量双维度的实证考察》，载《财经研究》2017年第1期。

［37］罗朝阳、李雪松：《产业结构升级、技术进步与中国能源效率——基于非动态面板门槛模型的实证分析》，载《经济问题探索》2019年第1期。

［38］陶长琪、李翠、王夏欢：《环境规制对全要素能源效率的作用效应与能源消费结构演变的适配关系研究》，载《中国人口·资源与环境》2018年第4期。

［39］袁晓玲、张宝山、杨万平：《基于环境污染的中国全要素能源效率研究》，载《中国工业经济》2009 年第 2 期。

［40］李春发等：《天津市工业行业全要素能源效率变动的影响因素分析》，载《中国人口·资源与环境》2012 年第 4 期。

［41］邱灵等：《中国能源利用效率的区域分异与影响因素分析》，载《自然资源学报》2008 年第 5 期。

［42］陈关聚：《中国制造业全要素能源效率及影响因素研究——基于面板数据的随机前沿分析》，载《中国软科学》2014 年第 1 期。

［43］刘争、黄浩：《中国省际能源效率及其影响因素研究——基于 Shephard 能源距离函数的 SFA 模型》，载《南京财经大学学报》2019 年第 1 期。

［44］赵亚琼、秦放鸣、刘琦平：《能源效率对中国油气进口贸易影响研究——基于与主要能源伙伴国全要素能源效率的面板数据》，载《技术经济与管理研究》2021 年第 8 期。

［45］董利：《我国能源效率变化趋势的影响因素分析》，载《产业经济研究》2008 年第 1 期。

［46］张兵兵：《碳排放约束下中国全要素能源效率及其影响因素研究》，载《当代财经》2014 年第 6 期。

［47］刘晴晴：《绿色全要素能源效率测度及影响因素研究》，吉林大学 2020 年博士学位论文。

［48］张意翔等：《技术进步偏向性、产权结构与中国区域能源效率》，载《数量经济技术经济研究》2017 年第 8 期。

［49］王秋彬：《工业行业能源效率与工业结构优化升级——基于 2000～2006 年省际面板数据的实证研究》，载《数量经济技术经济研究》2010 年第 10 期。

［50］刘叶：《国际贸易会恶化全要素能源效率吗——基于中国 33 个工业行业的经验分析》，载《中国人口·资源与环境》2018 年第 6 期。

［51］王喜平、姜晔：《碳排放约束下我国工业行业全要素能源效率及其影响因素研究》，载《软科学》2012 年第 2 期。

［52］莫小鹏：《国有企业与民营企业投资比较研究——基于效率、就业效应和全要素生产率的经验数据》，载《经济研究参考》2015 年第

13 期。

[53] 王维国、范丹:《基于三阶段 DEA 模型的中国省际全要素能源效率研究》,载《数学的实践与认识》2012 年第 24 期。

[54] 马晓明、闫柯旭:《"十二五"期间我国省际能源效率综合评价及影响因素分析》,载《科技管理研究》2018 年第 23 期。

[55] 张志辉:《中国区域能源效率演变及其影响因素》,载《数量经济技术经济研究》2015 年第 8 期。

[56] 屈小娥:《中国省际能源效率差异及其影响因素分析》,载《经济理论与经济管理》2009 年第 2 期。

[57] 李世祥、成金华:《中国工业行业的能源效率特征及其影响因素——基于非参数前沿的实证分析》,载《财经研究》2009 年第 7 期。

[58] 王兵、张技辉、张华:《环境约束下中国省际全要素能源效率实证研究》,载《经济评论》2011 年第 4 期。

[59] 成金华、李世祥:《结构变动、技术进步以及价格对能源效率的影响》,载《中国人口·资源与环境》2010 年第 4 期。

[60] 刘丹丹、赵颂扬旸、郭耀:《全要素视角下中国西部地区能源效率及影响因素》,载《中国环境科学》2015 年第 6 期。

[61] 王玉燕、林汉川:《我国西部地区能源效率:趋同、节能潜力及其影响因素》,载《经济问题探索》2013 年第 4 期。

[62] 张志雯、王子龙:《技术异质与雾霾约束下能源效率空间分异测度研究》,载《华东经济管理》2018 年第 7 期。

[63] 傅天姿:《中国高技术产业绿色创新效率测度及其经验研究——来自省际层面证据》,浙江财经大学 2018 年硕士学位论文。

[64] 万伦来、童梦怡:《环境规制下中国能源强度的影响因素分析——基于省际面板数据的实证研究》,载《山西财经大学学报》2010 年第 S2 期。

[65] 彭树远:《我国省域全要素能源效率研究——基于三阶段全局 UHSBM 模型》,载《经济问题》2020 年第 1 期。

[66] 胡本田、皇慧慧:《政府环境规制对中国能源效率的影响分析》,载《华北理工大学学报(社会科学版)》2018 年第 2 期。

［67］杨先明、田永晓、马娜：《环境约束下中国地区能源全要素效率及其影响因素》，载《中国人口·资源与环境》2016年第12期。

［68］雷明、虞晓雯：《资本跨期效应下中国区域能源—经济—环境效率研究》，载《经济理论与经济管理》2013年第11期。

［69］李鑫、杜建国、金帅：《环境规制对中国工业全要素生产率影响的实证》，载《统计与决策》2014年第13期。

［70］祁毓、卢洪友、张宁川：《环境规制能实现"降污"和"增效"的双赢吗——来自环保重点城市"达标"与"非达标"准实验的证据》，载《财贸经济》2016年第9期。

［71］曾贤刚：《环境规制、外商直接投资与"污染避难所"假说——基于中国30个省份面板数据的实证研究》，载《经济理论与经济管理》2010年第11期。

［72］张华、王玲、魏晓平：《能源的"波特假说"效应存在吗?》，载《中国人口·资源与环境》2014年第11期。

［73］陶长琪、李翠、王夏欢：《环境规制对全要素能源效率的作用效应与能源消费结构演变的适配关系研究》，载《中国人口·资源与环境》2018年第4期。

［74］李丹丹、王平田：《全要素生产率、产品质量和企业亏损——基于2015年中国企业-员工匹配调查的实证研究》，载《华中科技大学学报（社会科学版）》2016年第3期。

［75］吴传清、杜宇：《偏向型技术进步对长江经济带全要素能源效率影响研究》，载《中国软科学》2018年第3期。

［76］李廉水、周勇：《技术进步能提高能源效率吗?——基于中国工业部门的实证检验》，载《管理世界》2006年第10期。

［77］张江山、张旭昆：《技术进步、能源效率与回弹效应——来自中国省际面板数据的经验测算》，载《山西财经大学学报》2014年第11期。

［78］韩颖、石建华、翟洁丽：《技术进步视角下回弹效应测算的改进模型》，载《技术经济》2018年第1期。

［79］李博文等：《推进京津冀区域生态协同发展面临的问题与对策》，载《河北农业大学学报（农林教育版）》2016年第1期。

［80］ 朱晓青、寇静：《京津冀产业协同发展探析》，载《新视野》2015 年第 1 期。

［81］ 石娟、刘彦缨、逯业娜：《京津冀产业协同发展评价模型研究》，载《天津大学学报（社会科学版）》2018 年第 4 期。

［82］ 张亚鹏：《京津冀产业协同发展反思：一个整体框架设计》，载《区域经济评论》2018 年第 2 期。

［83］ 孙虎、乔标：《京津冀产业协同发展的问题与建议》，载《中国软科学》2015 年第 7 期。

［84］ 高峰、刘志彪：《产业协同集聚：长三角经验及对京津唐产业发展战略的启示》，载《河北学刊》2008 年第 1 期。

［85］ 马俊炯：《京津冀协同发展产业合作路径研究》，载《调研世界》2015 年第 2 期。

［86］ 赵黎明、张莉：《京津冀产业一体化动力基础研究》，载《天津师范大学学报（社会科学版）》2011 年第 6 期。

［87］ 徐达松：《促进京津冀产业协同发展的财税政策研究》，载《财政研究》2015 年第 2 期。

［88］ 李峰、韩静、孙丽文：《经济新常态下京津冀产业协同与发展研究——以电子信息制造产业为例》，载《河北工业大学学报（社会科学版）》2015 年第 2 期。

［89］ 孙久文：《〈产业集聚与集聚经济圈的演进〉书评》，载《江苏师范大学学报（自然科学版）》2015 年第 1 期。

［90］ 孙久文、姚鹏：《京津冀产业空间转移、地区专业化与协同发展——基于新经济地理学的分析框架》，载《南开学报（哲学社会科学版）》2015 年第 1 期。

［91］ 刘戒骄：《京津冀产业协同发展的动力来源与激励机制》，载《区域经济评论》2018 年第 6 期。

［92］ 王玉海：《战略思维透视下的区域空间优化趋向》，载《开发研究》2019 年第 6 期。

［93］ 孙彦明：《京津冀产业协同发展的路径及对策》，载《宏观经济管理》2017 年第 9 期。

［94］纪良纲、晓国：《京津冀产业梯度转移与错位发展》，载《河北学刊》2004 年第 6 期。

［95］李爱民、孙久文：《基于新经济地理学的区域发展总体格局演变研究》，载《江淮论坛》2014 年第 1 期。

［96］张贵等：《创新驱动与高新技术产业发展——产业链视角》，社会科学文献出版社 2014 年版。

［97］王建峰、卢燕：《京津冀区域产业转移综合效应实证研究》，载《河北经贸大学学报》2013 年第 1 期。

［98］刘怡、周凌云、耿纯：《京津冀产业协同发展评估：基于区位熵灰色关联度的分析》，载《中央财经大学学报》2017 年第 12 期。

［99］刘李佳、王浩宇：《基于投入产出模型的京津冀区域产业溢出及反馈效应研究》，载《经济问题》2018 年第 7 期。

［100］张晗、舒丹：《京津冀产业协同的影响因素研究》，载《金融与经济》2019 年第 3 期。

［101］王悦泽：《基于全球价值链视角的京津冀产业升级研究》，天津商业大学 2013 年硕士学位论文。

［102］陈福中、朱妤鑫、古慧杰：《京津冀产业升级调整的影响因素研究》，载《北京金融评论》2019 年第 2 期。

［103］张伯旭：《创新驱动引领京津冀产业升级》，载《中国工业评论》2015 年第 7 期。

［104］周桂荣、王冬：《推动京津冀区域产业升级与创新浅探》，载《现代财经（天津财经大学学报）》2011 年第 3 期。

［105］徐永利：《逆梯度理论下京津冀产业协作研究》，载《河北大学学报（哲学社会科学版）》2013 年第 5 期。

［106］魏后凯：《改革开放 30 年中国区域经济的变迁——从不平衡发展到相对均衡发展》，载《经济学动态》2008 年第 5 期。

［107］郭琪：《公众节能行为的经济分析及政策引导研究》，经济科学出版社 2008 年版。

［108］穆献中、周文韬、胡广文：《不同类型环境规制对全要素能源效率的影响》，载《北京理工大学学报（社会科学版）》2022 年第 3 期。

［109］赵佳丽、马克卫：《中国能源效率和能源消费的倾向性研究》，载《统计与信息论坛》2015 年第 10 期。

［110］魏一鸣等：《关于我国碳排放问题的若干对策与建议》，载《气候变化研究进展》2006 年第 1 期。

［111］王晓岭、武春友、赵奥：《中国城市化与能源强度关系的交互动态响应分析》，载《中国人口·资源与环境》2012 年第 5 期。

［112］郝青：《人力资本与技术进步对能源效率的影响效应分析》，中国海洋大学 2014 年硕士学位论文。

［113］罗崇华：《产业结构演变过程中我国经济增长与能源消费的关联关系研究》，重庆大学 2009 年硕士学位论文。

［114］张兵兵：《碳排放约束下中国全要素能源效率及其影响因素研究》，载《当代财经》2014 年第 6 期。

［115］金永刚：《关于能源效率问题的内涵、逻辑及影响因素的研究综述》，载《辽宁大学学报（哲学社会科学版）》2020 年第 2 期。

［116］巩芯仪：《能源效率概念、分类及影响因素研究综述》，载《新西部（理论版）》2015 年第 3 期。

［117］曾绍伦、张雨朦、邓想：《工业全要素能源效率研究进展与展望》，载《生态经济》2018 年第 11 期。

［118］葛殊：《制造行业能源效率变动及其影响因素分析——以宁波市制造行业为例》，宁波大学 2015 年硕士学位论文。

［119］孙敬水、汪德兴：《中国地区能源效率差异及其影响因素分析》，载《技术经济与管理研究》2011 年第 12 期。

［120］饶杨平：《我国能源消费效率影响因素的实证分析》，西南财经大学 2014 年硕士学位论文。

［121］金永刚：《经济发展中的能源效率问题：测度方法及评价体系》，载《沈阳师范大学学报（社会科学版）》2020 年第 3 期。

［122］杨正林、方齐云：《能源生产率差异与收敛：基于省际面板数据的实证分析》，载《数量经济技术经济研究》2008 年第 9 期。

［123］张宗益等：《产业结构调整、能源要素流动与能源生产率增长——基于结构红利假说的实证分析》，载《管理工程学报》2014 年第 2 期。

［124］ 蔡正平、樊豪：《经济增长中生产要素贡献的实证研究——基于C-D生产函数和CES模型的比较分析》，载《技术与市场》2012年第7期。

［125］ 谢洪军、任玉珑：《技术效率研究中的前沿分析方法及其比较》，载《科技管理研究》2006年第8期。

［126］ 张倩伟：《生产前沿面的规模收益结构分析》，载《统计与决策》2010年第14期。

［127］ 臧新、陆俊杰：《我国物流业能源效率的地区差异及影响因素——基于DEA-BCC模型的实证研究》，载《北京交通大学学报（社会科学版）》2018年第3期。

［128］ 陈艳玲：《基于DEA的建筑业科技成果推广绩效评价研究》，广州大学2012年硕士学位论文。

［129］ 路正南、冯阳、王健：《基于内生增长模型的能源强度与经济增长率关系研究》，载《统计与决策》2017年第12期。

［130］ 彭代彦、张俊：《环境规制对中国全要素能源效率的影响研究——基于省际面板数据的实证检验》，载《工业技术经济》2019年第2期。

［131］ 张雪：《论地方政府环境规制失灵：内在机理与破解途径——基于"智猪博弈"模型视阈》，载《成都行政学院学报》2012年第5期。

［132］ 张纪岳、郭治安、胡传机：《评〈协同学导论〉》，载《系统工程理论与实践》1982年第3期。

［133］ 杨春宇、黄震方、毛卫东：《旅游地复杂系统演化理论研究流派、进程与展望》，载《人文地理》2009年第3期。

［134］ 楼慧心：《自组织理论与观念的变革》，载《探索》1987年第4期。

［135］ 孙汉忠：《对协同执行机制的分析——以"执行难"的综合治理为视角》，载《人民司法》2010年第1期。

［136］ 武杰、李润珍、程守华：《从无序到有序——非线性是系统结构有序化的动力之源》，载《系统科学学报》2008年第1期。

［137］ 孙久文：《"十四五"背景下京津冀协同发展与雄安新区建设》，载《金融理论探索》2022年第2期。

［138］ 王利敏、王东波：《新发展格局下的京津冀协同发展》，载《商展经

济》2022 年第 7 期。

[139] 《努力推动京津冀协同发展迈上新台阶取得新成效》，载《中国产经》
2022 年第 6 期。

[140] 曹治国、姚帅：《利益相关者视角下董事多元化分析——以职工与银
行债权人为例》，载《北京政法职业学院学报》2022 年第 1 期。

[141] 张瑞军：《利益相关者视域下社会主体参与现代学徒制研究》，载
《上海教育评估研究》2021 年第 6 期。

[142] 陈建煊：《利益相关者管理》，载《经济管理》2000 年第 4 期。

[143] 李心合：《面向可持续发展的利益相关者管理》，载《当代财经》
2001 年第 1 期。

[144] 贾生华、陈宏辉、田传浩：《基于利益相关者理论的企业绩效评价——
一个分析框架和应用研究》，载《科研管理》2003 年第 4 期。

[145] 王佳琦、毛春梅：《基于博弈理论的跨域水体联治府际行为研究——
以太湖流域为例》，载《环境保护科学》2022 年第 2 期。

[145] 马立伟、房建恩：《进化博弈理论视角下河北省农业水价制度优化研
究》，载《农业与技术》2022 年第 7 期。

[146] 韩九林、马利：《基于博弈理论的最优招标价格研究》，载《中国商
论》2022 年第 7 期。

[147] 任丽蓉：《基于群体博弈理论的个人征信体系构建研究》，载《经济
研究导刊》2022 年第 9 期。

[149] 郭梦菲、陆青竹：《基于演化博弈理论职业体育赛事利益相关主体合
作行为研究》，载中国体育科学学会：《第十二届全国体育科学大会
论文摘要汇编——专题报告（体育产业分会）》，2022 年。

[150] 李巧茹等：《基于演化博弈理论的疏散动力学研究》，载《系统仿真
学报》2023 年第 2 期。

[151] 葛婷婷：《博弈困境理论视角下惩戒权的分析》，载《鄂州大学学报》
2021 年第 6 期。

[152] 范丽伟等：《基于异质性环境生产技术的我国城市能源效率测度研
究》，载《中国石油大学学报（社会科学版）》2022 年第 1 期。

[153] 郑祥生、徐若梅：《碳排放约束下中国全要素农业能源效率测度与地

区差异研究》，载《云南农业大学学报（社会科学）》2022 年第
3 期。

[154] 金永刚：《中美工业能源效率比较研究》，辽宁大学 2020 年博士学位
论文。

[155] 单豪杰：《中国资本存量 K 的再估算：1952～2006 年》，载《数量经
济技术经济研究》2008 年第 10 期。

[156] 陈昌敏：《中国工业部门能源效率测度及其影响因素研究》，江西财
经大学 2020 年硕士学位论文。

[157] 金浩、李娜：《京津冀区域经济系统的协同度分析》，载《天津商业
大学学报》2016 年第 4 期。

[158] 熊晓炼、樊健：《"一带一路"沿线省域金融生态系统协同演化机制
与水平差异——基于哈肯模型的实证分析》，载《工业技术经济》
2021 年第 12 期。

[159] 袁峰、许凌珠、邵祥理：《对外开放、科技创新与经济高质量发展耦
合协调研究》，载《沈阳工业大学学报（社会科学版）》2022 年第
2 期。

[160] 谌杨：《论中国环境多元共治体系中的制衡逻辑》，载《中国人口·
资源与环境》2020 年第 6 期。

[161] 李静：《从"一元单向分段"到"多元网络协同"——中国食品安全
监管机制的完善路径》，载《北京理工大学学报（社会科学版）》
2015 年第 4 期。

[162] 郝祖涛等：《基于禀赋异质性视角的荆门市农户绿色生产认知诊断》，
载《河南农业大学学报》2021 年第 3 期。

[163] 欧名豪、孙涛、郭杰：《成本收益、政策认知与农户种粮意愿研究》，
载《干旱区资源与环境》2022 年第 12 期。

[164] 徐强、王亚影、蒋晨曦：《政策认知、实施效果与城乡居民养老保险
满意度影响关系研究》，载《公共治理研究》2022 年第 4 期。

[165] 徐丽：《我国区域经济协同发展的策略思考》，新疆师范大学 2006 年
硕士学位论文。

[166] 周桂荣、闫晋凤：《京津冀产业创新生态系统构建与协同机制创新》，

载《产业创新研究》2021 年第 8 期。

[167] 王月英:《京津冀协同发展中一体化法治环境构建的思考》,载《公安研究》2016 年第 10 期。

[168] 杨秀瑞、栗继祖:《京津冀产业协同发展障碍因子诊断及对策研究——基于系统论视角》,载《经济问题》2020 年第 10 期。

二、英文期刊

[1] Tatsu K, "The Energy Situation in China", *China Quarterly*, 1992 (131).

[2] Zhang Z X, "Why Did the Energy Intensity Fall in China's Industrial Sector in the 1990s? The Relative Importance of Structural Change and Intensity Change", *MPRA Paper*, 2003, 25 (6).

[3] Saeed H et al., "Using Patient Serum to Epitope Map Soybean Glycinins Reveals Common Epitopes Shared with many Legumes and Tree Nuts", *Molecular Immunology*, 2016, 70.

[4] Choi K H, Ang B W, "Attribution of Changes in Divisia Real Energy Intensity Index—An Extension to Index Decomposition Analysis", *Energy Economics*, 2012, 34 (1).

[5] Wilson W K et al., "Inhibitors of Sterol Synthesis. Effects of Fluorine Substitution at Carbon Atom 25 of Cholesterol on its Spectral and Chromatographic Properties and on 3-hydroxy-3-methylglutaryl Coenzyme a Reductase Activity in CHO-K1 Cells", *Steroids*, 1994, 59 (5).

[6] Ghali E, Dietel W, Kainer K U, "General and Localized Corrosion of Magnesium Alloys: A Critical Review", *Journal of Materials Engineering & Performance*, 2004, 13 (1).

[7] Proskuryakova L, Kovalev A, "Measuring Energy Efficiency: Is Energy Intensity a Good Evidence Base?", *Applied Energy*, 2015, 5.261 (Jan. 15).

[8] Z Hu et al., "Energy Efficiency and Potentials of Cassava Fuel Ethanol in Guangxi Region of China", *Energy Conversion & Management*, 2006, 47 (13-14).

[9] Gao D et al., "Resonance Energy Transfer-amplifying Fluorescence Quenching

at the Surface of Silica Nanoparticles Toward Ultrasensitive Detection of TNT", *Analytical Chemistry*, 2008, 80 (22).

[10] Yeh Y, Lee T, Woidtke T, "Family Control and Corporate Governance: Evidence from Taiwan", *International Review of Finance*, 2010, 2 (1&2).

[11] Hu J L, Kao C H, "Efficient Energy–saving Targets for APEC Economies", *Energy Policy*, 2007, 35 (1).

[12] Honma S, Hu J L, "Total-factor Energy Productivity Growth of Regions in Japan", *Energy Policy*, 2009, 37 (10).

[13] Zhang D, Ching H, Kong C, "An Integral Sliding Mode Controller for the Ultra-precision Direct Drive Motor", 2009 IEEE International Symposium on Industrial Electronics.

[14] Mukherjee R et al., "Compositional Variations in the Mesoarchean Chromites of the Nuggihalli Schist Belt, Western Dharwar Craton (India): Potential Parental Melts and Implications for Tectonic Setting", *Contributions to Mineralogy and Petrology*, 2010, 160 (6).

[15] Samuels G, "Potential Production of Energy Cane for Fuel in the Caribbean", *Energy Progress*, 1984, 4 (4).

[16] Ang B W, "Decomposition of Industrial Energy Consumption: the Energy Intensity Approach", *Energy Economics*, 1994, 16 (3).

[17] Newell R G, Jaffe A B, Stavins R N, "The Induced Innovation Hypothesis and Energy–saving Technological Change", *Journal of Economics*, 1999, 114 (3).

[18] Ang B W, Zhang F Q, "A Survey of Index Decomposition Analysis in Energy and Environmental Studies", *Energy*, 2000, 25 (12).

[19] Wei C, Shen M H, "Impact Factors of Energy Productivity in China: An Empirical Analysis", *Chinese Journal of Population, Resources and Environment*, 2007, (2).

[20] Chien T, Hu J L, "Renewable Energy and Macroeconomic Efficiency of OECD and Non-OECD Economies", *Energy Policy*, 2007, 35 (7).

[21] Yu S et al., "Exploring the Regional Characteristics of Inter-provincial CO_2

Emissions in China: An Improved Fuzzy Clustering Analysis Based on Particle Swarm Optimization", *Applied Energy*, 2012, (92).

[22] Filippini M, Tosetti E, "Stochastic Frontier Models for Lon Panel Data Sets: Measurement of the Underlying Energy Efficiency for the OECD Countries", CER-ETH-Center of Economic Research at ETH Zurich Working Paper, 2014, 14.

[23] Li K, Lin B, "The Nonlinear Impacts of Industrial Structure on China's Energy Intensity", *Energy*, 2014, 69 (5).

[24] Hu J L, Wang S C, "Total-factor Energy Efficiency of Regions in China", *Energy policy*, 2006, 34 (17).

[25] Al-Oquili O, Kouhy R, "Future Environmental Regulation Issues to Promote Energy Efficiency", *Journal of Energy Engineering*, 2006, 132 (2).

[26] Xepapadeas A, Zeeuw A D, "Environmental Policy and Competitiveness: The Porter Hypothesis and the Composition of Capital", *Journal of Environmental Economics & Management*, 1999, 37 (2).

[27] Morales-Lage R, Morancho A B, "Does Environmental Policy Stringency Foster Innovation and Productivity in OECD Countries?", *Social Science Electronic Publishing*, 2019, 134 (2).

[28] Porter M E, Linde C, "Towards a New Conception of the Environment-Competitiveness Relationship", *Journal of Economic Perspectives*, 1995, 4 (4).

[29] Albrizio et al., "Environmental Policies and Productivity Growth: Evidence Across Industries and Firms", *Journal of Environmental Economics and Management*, 81, issue C.

[30] Fishervanden K et al., "Technology Development and Energy Productivity in China", *Energy Economics*, 2006, 28 (5).

[31] Okushima S, Tamura M, "A Double Calibration Approach to The Estimation of Technological Change", *Journal of policy modeling*, 2009, 31 (1).

[32] Fisher-Vanden K et al., "What is Driving China's Decline inEnergy Intensity?", *Resource and Energy Economics*, 2004, 26 (1).

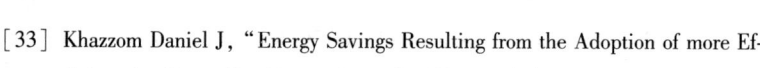

[33] Khazzom Daniel J, "Energy Savings Resulting from the Adoption of more Efficient Appliances", *Energy Journal*, 1987, 8 (4).

[34] Bosseboeuf, Chateau, Lapillonne, "Cross-country Comparison on Energy Efficiency Indicators: the On-going European Effort Towards a Common Methodology", *Energy Policy*, 2007, 25 (7-9).

附　录

调查问卷一：京津冀协同发展认知度调查问卷

尊敬的先生/女士：

您好！为了了解大家对能源效率驱动下京津冀协同发展的认知度，围绕能源协同"政策认知、法律认知、效益认知"以及能源效率与协同发展关系认知，精心设计了该问卷，您的认真填写即是对本研究的最大支持。

本问卷采用无记名的调查形式，您的答案仅用于学术研究分析，完全保密，不会泄露给除您本人以外的任何个人和组织。此问卷共计20题，大概需要占用您10分钟左右的时间。选项无对错之分，请您以实际情况作答。

感谢您的支持与配合！祝您工作顺利，身体健康！

第一部分：基本资料

1. 性别

○男性

○女性

2. 年龄

○≤20 岁

○20 岁~35 岁

○35 岁~50 岁

○50 岁~65 岁

○≥65 岁

3. 学历

○高中及以下

○专科

○本科

○研究生

4. 身份类别

★政府

○中央政府

○省级政府

○市级政府

○县级政府

★企业

○国有企业

○民营企业

★公众

5. 地区归属

○北京

○天津

○河北

第二部分：问卷

1. 您对京津冀协同发展的能源财税政策认知？

○非常清楚

○介于非常清楚与比较清楚

○比较清楚

○介于比较清楚与了解

○了解

○介于了解与一般

○一般

○介于一般与不知道

○不知道

2. 您对京津冀协同发展的能源金融政策认知？

○非常清楚

○介于非常清楚与比较清楚

○比较清楚

○介于比较清楚与了解

○了解

○介于了解与一般

○一般

○介于一般与不知道

○不知道

3. 您对京津冀协同发展的能源政策认知？

○非常清楚

○介于非常清楚与比较清楚

○比较清楚

○介于比较清楚与了解

○了解

○介于了解与一般

○一般

○介于一般与不知道

○不知道

4. 您对京津冀协同发展的能源公共服务政策认知？

○非常清楚

○介于非常清楚与比较清楚

○比较清楚

○介于比较清楚与了解

○了解

○介于了解与一般

○一般

○介于一般与不知道

○不知道

5. 您对京津冀协同发展的能源法律制度认知？

○非常清楚

○介于非常清楚与比较清楚

○比较清楚

○介于比较清楚与了解

○了解

○介于了解与一般

○一般

○介于一般与不知道

○不知道

6. 您对京津冀协同发展的能源法律环境认知？

○非常清楚

○介于非常清楚与比较清楚

○比较清楚

○介于比较清楚与了解

○了解

○介于了解与一般

○一般

○介于一般与不知道

○不知道

7. 您对京津冀协同发展的能源法律协调机制认知？

○非常清楚

○介于非常清楚与比较清楚

○比较清楚

○介于比较清楚与了解

○了解

○介于了解与一般

○一般

○介于一般与不知道

○不知道

8. 您对京津冀协同发展的能源法律保障机制认知？

○非常清楚

○介于非常清楚与比较清楚

○比较清楚

○介于比较清楚与了解

○了解

○介于了解与一般

○一般

○介于一般与不知道

○不知道

9. 您对京津冀能源协同发展的经济效益认知？

○非常清楚

○介于非常清楚与比较清楚

○比较清楚

○介于比较清楚与了解

○了解

○介于了解与一般

○一般

○介于一般与不知道

○不知道

10. 您对京津冀能源协同发展的社会效益认知？

○非常清楚

○介于非常清楚与比较清楚

○比较清楚

○介于比较清楚与了解

○了解

○介于了解与一般

○一般

○介于一般与不知道

○不知道

11. 您对京津冀能源协同发展的存在关系认知？

○非常清楚

○介于非常清楚与比较清楚

○比较清楚

○介于比较清楚与了解

○了解

○介于了解与一般

○一般

○介于一般与不知道

○不知道

12. 您对京津冀能源协同发展的事实关系认知？
○非常清楚
○介于非常清楚与比较清楚
○比较清楚
○介于比较清楚与了解
○了解
○介于了解与一般
○一般
○介于一般与不知道
○不知道

13. 您对京津冀能源协同发展的价值关系认知？
○非常清楚
○介于非常清楚与比较清楚
○比较清楚
○介于比较清楚与了解
○了解
○介于了解与一般
○一般
○介于一般与不知道
○不知道

14. 您对京津冀能源协同发展的行为关系认知？
○非常清楚
○介于非常清楚与比较清楚
○比较清楚
○介于比较清楚与了解
○了解
○介于了解与一般

○一般

○介于一般与不知道

○不知道

15. 您认为政府应该采取什么措施来提高大家对于京津冀协同发展的认知水平？

调查问卷二：能源效率驱动下京津冀协同发展障碍因子相互影响程度调查问卷

尊敬的专家：

您好！为了了解能源效率驱动下京津冀协同发展障碍因子相互影响程度，精心设计了该问卷，您的认真填写对本研究大有裨益。

本问卷采用无记名的调查形式，此问卷大概需要5分钟的时间进行填写，希望您以实际情况进行作答，选项无对错之分。

感谢您的支持与配合！祝您工作顺利，身体健康！

请按照您的真实感受描述下表中各因子的相互影响程度，影响程度共分为五个类别：没有影响（No）、影响很小（VL）、影响不大（L）、影响较大（H）、影响很大（VH），并在表中用相应字母符号填写所代表的影响程度类别（仅填写字母）。

因子	能源体系顶层设计缺乏	能源合作利益共享机制尚未建立	法律保障体系不完善	能源安全保障制度不健全	能源生产要素流动受阻	劳动力人口层级分布极化	能源区域封锁	能源市场竞争环境恶劣	能源统筹规划条块分割	能源区域管理机构松散	能源发展行政壁垒	能源管理思维滞后	能源协同认知局限
体系顶层设计缺乏													

续表

因子	能源体系顶层设计缺乏	能源合作利益共享机制尚未建立	法律保障体系不完善	能源安全保障制度不健全	能源生产要素流动受阻	劳动力人口层级分布极化	能源区域封锁	能源市场竞争环境恶劣	能源统筹规划条块分割	能源区域管理机构松散	能源发展行政壁垒	能源管理思维滞后	能源协同认知局限
能源合作利益共享机制尚未建立													
法律保障体系不完善													
能源安全保障制度不健全													
能源生产要素流动受阻													
劳动力人口层级分布极化													
能源区域封锁													
能源市场竞争环境恶劣													
能源统筹规划条块分割													
能源区域管理机构松散													
发展行政壁垒													

续表

因　子	能源体系顶层设计缺乏	能源合作利益共享机制尚未建立	法律保障体系不完善	能源安全保障制度不健全	能源生产要素流动受阻	劳动力人口层级分布极化	能源区域封锁	能源市场竞争环境恶劣	能源统筹规划条块分割	能源区域管理机构松散	能源发展行政壁垒	能源管理思维滞后	能源协同认知局限
能源管理思维滞后													
能源协同认知局限													